Témoignages

« *Éveiller le Robot Humain*, dernier opus du Dr Mario Beauregard, est un livre urgent et nécessaire face aux dangers qui menacent notre civilisation. Véritable plaidoyer pour la recherche de la vérité à l'heure de l'exploration de la conscience, il démasque les mécanismes qui enchaînent l'Humain par les automatismes du cerveau archaïque, et nous autorise à voir un monde plus grand, libéré et désautomatisé par les nouvelles connaissances sur le fonctionnement de la conscience la plus élevée, hors du réductionnisme et du transhumanisme.

À l'heure de l'IA, un livre qui rappelle les fondamentaux de l'être humain, jusqu'à l'Ultime. Les perspectives ouvertes par ce que nous pouvons appeler les neurosciences de la civilisation, incluant la révolution post-matérialiste, sont d'importance majeure, notamment pour la médecine et la psychiatrie, et nous font changer de point de vue radicalement.

Ce livre offre l'espoir d'un monde réconciliant science et spiritualité, dans une perspective transformatrice en vue de la liberté, de la responsabilité et de la créativité. Un cri du cœur étayé scientifiquement, à lire absolument. »

— Prof. Hon. Jacques Besson,
Faculté de biologie et de médecine, Université de Lausanne

« Le Dr Mario Beauregard est un des rares intellectuels de cette planète qui aura su impulser le grand courant post-matérialiste constituant une véritable révolution copernicienne sur le fonctionnement de la conscience. L'ouvrage qu'il nous propose finalise de façon magistrale cette démarche fondamentale. »

— Dr Jean-Jacques Charbonier,
médecin anesthésiste-réanimateur et auteur

« Cet ouvrage, remarquablement original par sa profondeur et par sa largeur de vue, constitue un authentique manuel proposant d'infuser plus de conscience dans tous les domaines de la vie, individuels et collectifs.
Il offre une vision holistique et intégrative des fondements théoriques et des méthodes de soins concrètes et pratiques visant à déprogrammer, désintoxiquer, « désensorceler » et déconditionner notre conscience, vis-à-vis de tous les traumas et croyances acquises au cours de notre existence. Il aide à conscientiser, pour mieux les désamorcer, les mécanismes sociaux de contrôle et de manipulation, mobilisés à travers la peur, la culpabilisation et l'ignorance, principalement.
Un vrai guide pratique, solidement ancré scientifiquement, et dont on ressort réellement transformé. »

— Dr Olivier Chambon,
médecin psychiatre et auteur

« Les travaux de recherches du Dr Mario Beauregard furent pour moi une révélation. Il est un des fondateurs du courant scientifique post-matérialiste dont les études suggèrent la survie de la conscience après la mort. Cela représenterait une avancée majeure pour notre humanité et l'espoir d'un monde plus harmonieux. »

— Valérie Séguin,
auteure et réalisatrice de documentaires

« Ce livre marquera un tournant vers une nouvelle vision possible du monde dans lequel nous vivons et de celui dans lequel nous pourrions vivre. C'est un véritable manuel de déconditionnement, d'une grande puissance de réflexion. Un constat implacable, lucide et sans compromission, mais également un regard sensible, subtil et délicat. Il recèle un grand potentiel de réalisation à travers des propositions concrètes d'évolution. C'est un grand livre qui transmet un véritable élan d'émancipation et d'empowerment ! »

— Marie Odile Riffard,
psychologue clinicienne,
psychothérapeute et auteure

« En tant que neuroscientifique internationalement reconnu pour ses travaux novateurs visant à remettre la conscience au premier plan de la création, Mario Beauregard jette avec *Éveiller Le Robot Humain* un éclairage puissant sur tous les conditionnements qui emprisonnent l'individu dans une matrice de la pensée, résultant de la vision matérialiste erronée que le courant dominant entretient sur la nature de l'humain et de la réalité. Ce livre est une œuvre essentielle pour donner au lecteur le courage de sortir de cette matrice en retrouvant sa souveraineté intérieure. Merci à mon frère d'âme Mario de contribuer ainsi à ce que notre conscience collective trouve enfin la voie de son futur le plus lumineux. »

— Philippe Guillemant,
ingénieur physicien, cristal du CNRS

« Ce livre exceptionnel est un voyage de dévoilement, percutant et fascinant, au cœur des mécanismes invisibles de notre monde. Il s'adresse aux esprits curieux, aux amoureux de la connaissance et à celles et ceux qui aspirent à l'éveil. »

— Catherine Larouche,
artiste peintre

« Je connaissais le Mario Beauregard neuroscientifique, étudiant le cerveau de vieilles nonnes, découvrant qu'elles auraient dû être atteintes de maladies dégénératives graves, vu l'état de leurs synapses, alors qu'elles étaient pétillantes d'esprit, ce qui démontrait que la conscience transcende et précède les neurones. Je connaissais le Mario Beauregard premier signataire du Manifeste post-matérialiste, avec les chercheurs Gary Schwartz, Larry Dossey, Rupert Sheldrake, Dean Radin... et bientôt des centaines d'autres, qui appellent les scientifiques à se réveiller de la transe réductionniste où la logique cartésiano-newtonienne et l'esprit capitaliste ont fini par les emprisonner. Je connaissais plusieurs autres visages du même homme... Mais j'ignorais que l'intrépide Québécois était en fait un révolutionnaire. Sur tous les plans. D'une certaine façon, lire son nouvel essai m'a ramené à mes vingt ans, en 1968, quand nous voulions changer le monde sur TOUS les plans : psychologique, pédagogique, écologique, économique, politique, et, déjà, spirituel. Près de six décennies plus tard, Mario reprend le flambeau, mais avec de puissants arguments supplémentaires. Notamment celui de pouvoir précisément (scientifiquement) décrire ce qui relie ces différents plans entre eux : la logique du vivant. Si les sociétés humaines ne veulent pas être éliminées de la surface de la Terre, cette logique doit reprendre les rênes. À l'intérieur de chacun de nous et à l'échelle collective, dans l'émerveillement, et avec la divine certitude que chaque être de l'univers est radicalement unique et singulier. »

— **Patrice Van Eersel**,
journaliste et écrivain

Éveiller le Robot Humain

Démanteler l'empire de la peur, des croyances et du contrôle

Dr Mario Beauregard, PhD

ÉDITIONS MIEUX-ÊTRE GLOBAL

GLOBAL WELLNESS MEDIA

LOS ANGELES, TORONTO, MONTREAL

Pour toute demande d'autorisation, veuillez envoyer un courriel à : mario@eveillerlerobothumain.com

Publié par :
Éditions Mieux-Être Global /
Global Wellness Media
Stratedgy LLC
440 N Barranca Ave #2027
Covina, California, 91723
(866) 467-9090
GlobalWellnessMedia.com

Note de l'éditeur : Les opinions exprimées dans cet ouvrage sont uniquement celles des auteurs et ne reflètent pas nécessairement celles de l'éditeur, lequel décline par la présente toute responsabilité à leur égard.

Couverture : Eric D. Groleau

Éveiller le Robot Humain / Mario Beauregard. — Première édition.
ISBN : 978-1-957343-44-0 (Broché)
ISBN : 978-1-957343-45-7 (ePub)

Table des matières

Dédicace

À celles et ceux qui portent encore le courage de rêver,

et qui, par leurs gestes, préparent la

naissance d'un monde nouveau.

Aux compagnons de ce présent fragile,

et aux êtres à venir, dont le souffle

déjà murmure dans l'avenir.

Et à Morgane, amie merveilleuse et radieuse,

dont l'éclat veille sur ma route comme

une étoile de grâce et de destinée.

Prologue

Le sommeil des machines et la naissance du feu conscient

« Le véritable voyage de découverte ne consiste pas à chercher de nouveaux paysages, mais à avoir de nouveaux yeux. »
— Marcel Proust

Nous ne naissons pas libres mais programmés, enchaînés à des scénarios écrits d'avance, prisonniers de cellules doucement éclairées sous les traits de salles de classe, de sanctuaires et d'écrans lumineux. Du berceau à la tombe, nous sommes bercés par des systèmes qui prétendent nous servir tout en nous façonnant en silence.

Nous portons l'héritage de nos dieux, nos pensées ne sont qu'empruntées et nos peurs s'inscrivent dans nos systèmes nerveux à force de coups répétés et de blessures anciennes. En vérité, nous sommes des programmés par d'autres programmés, enfermés dans des architectures de pouvoir érigées par ceux qui, depuis longtemps déjà, ont oublié la saveur indomptée du *Réel*.

Trop souvent, l'« éducation » n'est qu'endoctrinement, l'« information » n'est que mensonge et la « médecine » n'est qu'obéissance chimique. Les structures qui prétendent nous libérer — qu'elles soient religieuses, politiques, scientifiques ou économiques — deviennent des prolongements de la *Matrice*, conditionnant non seulement nos comportements, mais la perception même dont ils naissent.

On nous dit que nous sommes des individus souverains. Mais la souveraineté ne peut s'épanouir en captivité. Nos désirs sont installés, nos passions téléchargées et nos rêves implantés comme des applications dans un appareil dont le système d'exploitation est l'obéissance. La programmation se fait passer pour la personnalité, et le confort capitonné d'une cellule se confond avec la dignité de la liberté.

Dès la naissance, la conscience est enrôlée au service de l'ordre et du contrôle. Les institutions humaines orchestrent nos perceptions et forgent l'obéissance par la répétition, la récompense et, toujours en arrière-plan, la menace. Ces structures ne sont pas neutres : elles sont des instruments de pouvoir fondés sur des programmes de pensée. Pourtant, au cœur même de ces chorégraphies de conditionnement, une fissure persiste, une faille dans le code, d'où filtre la lumière d'une conscience indomptée : la possibilité d'un éveil.

S'éveiller, ce n'est pas seulement résister aux engrenages de la peur et de la croyance. C'est aussi se souvenir que la conscience est créatrice. En effet, la réalité n'est pas une scène figée sur laquelle nous jouons, mais un champ de possibles qui se plie à la qualité de notre regard.

De cette reconnaissance est née une approche psychospirituelle que j'ai appelée *Holosynthèse*© (Beauregard, 2025). Elle repose à la fois sur mes recherches en neurosciences — concernant les soubassements neuronaux de la conscience — et sur mes expériences transpersonnelles, qui m'ont révélé des dimensions bien au-delà du monde physique. Holosynthèse© est à la fois théorie et pratique, une manière de retisser ce qui a été fragmenté et de restaurer la cohérence entre le corps et la dimension spirituelle.

J'introduis Holosynthèse© dans ce prologue parce qu'elle constitue une réponse directe au constat que je viens d'esquisser. Si le *Robot Humain* est le produit de la programmation, Holosynthèse© est l'art du déconditionnement. Là où la *Matrice* fragmente, elle retisse ; là où les institutions imposent, elle restaure la liberté intérieure. La structure même de ce livre en porte la trace : la première partie explore les mécanismes de l'asservissement, la seconde ouvre vers les pratiques et les visions qui rendent possible l'éveil et la libération.

Lorsque nous vibrons à l'unisson, que la peur se dissout dans la présence et que l'imagination s'émancipe des dogmes, nous ne faisons pas que résister à l'ancien monde : nous commençons à co-créer un monde nouveau. Ce n'est pas une utopie, mais un principe vivant, rappelé par les traditions mystiques, la sagesse autochtone et les sciences de la complexité. La réalité elle-même s'incline devant la profondeur de notre participation : la braise en nous n'est pas seulement mémoire, mais semence de création.

La religion a perfectionné l'obéissance en sanctifiant la peur. Le salut et la damnation ont conditionné des milliards d'individus à se soumettre à des doctrines se proclamant vérités éternelles. La politique a remodelé cette obéissance en nationalisme et en loyauté tribale. L'économie a poursuivi le schéma, brandissant la dette et la rareté comme de nouveaux sacrements enchaînant les sociétés à une croissance perpétuelle (Graeber, 2011). L'éducation, parée des atours des Lumières, a réduit la curiosité en notes de test et appris aux enfants à répéter plutôt qu'à penser (Illich, 1971). Puis les médias sont apparus comme une nouvelle religion, saturant nos sens de récits orchestrés jusqu'à ce que le spectacle se confonde avec la réalité.

Quelle que soit leur apparence, les institutions humaines obéissent à la même mécanique : la peur rétrécit l'esprit, la répétition le reconfigure et l'appartenance scelle le contrat. Le résultat est un être humain qui confond programmation et personnalité, captivité et civilisation. S'éveiller n'est pas échanger une idéologie contre une autre, mais voir les mécanismes par lesquels toutes ces structures de persuasion nous enchaînent.

Au cœur de chaque grand récit sur Dieu, la patrie, l'économie ou la science se dissimule un programme maître, un méta-script. Il génère les scénarios quotidiens : ce qu'il faut valoriser, ce qu'il faut craindre, comment se comporter, etc. Ce programme maître maintient les croyances et la hiérarchie, récompense la conformité et punit la déviation.

La métaphore du *Robot Humain* n'est pas une hyperbole mais une constatation. Elle désigne un état mécanisé de la conscience : un esprit exécutant des règles héritées sans jamais les interroger. Les neurosciences confirment que le cerveau est sculpté par l'expérience : la neuroplasticité façonne l'architecture de la pensée bien avant que nous la revendiquions comme nôtre (Doidge, 2007). La *théorie du traitement prédictif* suggère que la perception n'est pas le reflet direct du monde, mais la meilleure hypothèse formulée par le cerveau — une « hallucination » contrôlée, façonnée et contrainte par nos croyances (Friston, 2010). Lorsque institutions, traumatismes et propagande forgent ces croyances, la perception elle-même finit par s'incliner devant l'obéissance.

Nous n'obéissons pas par cruauté, mais parce que le conditionnement a gravé l'obéissance en nous. Les voies neuronales s'enflamment le long de sillons tracés par la peur, la tradition et le besoin de survie sociale, tandis que des cicatrices épigénétiques infusent la conformité à travers les générations. Au centre de ce cycle se trouve le trauma : la clé maîtresse. Les blessures précoces reconfigurent le système limbique, affaiblissent la réflexion et préparent les réponses de survie (van der Kolk, 2014). Quand la peur devient persistante, le cortex préfrontal — médiateur cérébral de l'imagination et de la prévoyance — s'assombrit sous le poids du cortisol, nous rendant programmables. Ainsi, le trauma ouvre la porte par laquelle la croyance s'installe, s'enracine et se durcit en identité.

Les croyances paraissent intimes, sacrées et choisies par soi. Pourtant, la plupart sont des *maliciels* culturels, installés sans consentement, renforcés par la répétition et défendus par les pare-feux sociaux de la famille, de la tribu et des médias. La certitude enivre comme une drogue en illuminant les circuits cérébraux de la récompense et du plaisir (Sapolsky, 2017), tandis que le doute et l'ambiguïté paraissent menaçants, presque insupportables. Alors nous nous accrochons aux idéologies, confondant confort et clarté, accord et vérité.

Le système nerveux autonome en explique la raison. La *théorie polyvagale* (Porges, 2011) montre que la sécurité et l'appartenance gouvernent nos réponses avant même que la pensée consciente n'émerge. La résonance avec la tribu semble plus sûre que la dissonance avec la réalité : mieux vaut avoir tort ensemble qu'être exilé seul.

La caverne de Platon se projette désormais en haute définition, ses ombres devenues pixels et flux. L'hypothèse de simulation de Bostrom (2003) prolonge la métaphore : et si ces ombres n'étaient pas le reflet d'un feu, mais du code ? Ce n'est pas seulement une question métaphysique ou technologique, mais psychologique : nous habitons des modèles de réalité projetés par nos propres esprits et amplifiés par nos machines. Dans cet ordre inversé, l'image précède la substance, le récit précède le fait et la perception précède l'existence (Debord, 1967). De telles conditions rendent le consentement malléable, manufacturé comme l'avaient observé Chomsky et Herman (1988), mais aujourd'hui raffiné avec une précision industrielle par les algorithmes. Ce qui fut jadis simple propagande est devenu commerce prédictif, où la prévision comportementale constitue une industrie à mille milliards, et où l'attention humaine elle-même est exploitée comme ressource première.

Mais aucune machine n'est parfaite, et nulle prison n'est sans fissures. En chacun de nous subsiste une brèche, une faille dans le programme : la mémoire d'une conscience encore indomptée. Cette étincelle fragile, semence première, est ce que ce livre s'efforce de cultiver. Car il se veut à la fois confrontation et invitation : confrontation, en dévoilant la mécanique subtile de l'emprisonnement invisible ; invitation, en ouvrant une voie vers le réveil souverain. Ainsi, plus qu'un simple discours, ce livre se présente comme un message d'espoir, une carte tendue à qui cherche à s'orienter dans le tumulte de la rébellion intérieure.

PARTIE I : LE PLAN DE L'ASSERVISSEMENT

La Partie I (chapitres 1 à 11) dévoile l'architecture invisible des forces qui nous façonnent. Tout commence par l'exploration de la peur et des croyances : ces mécanismes subtils qui, en s'enracinant dans nos circuits neuronaux, dressent le *Robot Humain* à confondre obéissance et survie. Puis le regard se tourne vers le sacré, capturé et détourné : la religion, au lieu d'être porte d'accès au mystère, devient dispositif idéologique, liant l'élan mystique à la culpabilité et au dogme. La politique reprend cette approche en orchestrant la scène tribale : derrière le masque de la gouvernance se perpétue la machinerie implacable du pouvoir.

L'éducation, elle aussi, révèle ses rouages secrets : horaires martelés par les cloches, examens standardisés et programmes invisibles. Tout y privilégie l'obéissance à la créativité, la répétition à l'originalité et le silence à la souveraineté. Puis vient le monde des finances, où la dette se mue en laisse et la rareté en fable, toutes deux forgées pour enchaîner l'humanité à l'esclavage économique. Même la science, malgré sa rigueur et son éclat, se laisse coloniser par les intérêts corporatifs, perdant parfois sa vocation première de quête de vérité.

Les médias, loin d'éclairer, apparaissent comme des alchimistes d'illusions. Non plus diffuseurs de vérité, mais artisans de captivité émotionnelle, ils transforment l'attention humaine en marchandise. La spiritualité elle-même, dépouillée de sa nudité sacrée, se fait produit : cultes de gourous, marchandisation du spirituel et cages dorées aux barreaux invisibles.

Enfin, jusqu'au souffle même de la planète, le climat, se trouve intégré à la *Matrice*. Les crises écologiques bien réelles se métamorphosent en spectacles apocalyptiques : le carbone devient péché, la science sermon, et la survie planétaire un prétexte à la surveillance, à l'austérité et au contrôle. La peur de l'effondrement est recyclée en stratégie de gouvernance : l'individu est accablé de culpabilité, tandis que les élites répètent leur hypocrisie rituelle lors des sommets mondiaux. Dans cette mise en scène, les véritables chemins de régénération — fondés sur la réciprocité, la révérence et la résilience communautaire — disparaissent derrière le théâtre hypnotique de l'apocalypse. L'issue n'est pas la guérison de la Terre, mais une humanité conditionnée à confondre peur et soin, conformité et sagesse.

Les chapitres de cette première partie lèvent également le voile sur les orchestrateurs invisibles, architectes de l'ombre qui alimentent les mécanismes et les programmes mentaux nous maintenant dans un état de servitude.

PARTIE II : SORTIR DE LA MATRICE

La Partie II (chapitres 12 à 18) s'oriente vers l'éveil et la libération. Les psychédéliques y apparaissent non comme des échappatoires, mais comme des médecines anciennes, desserrant les rigidités de l'ego et révélant les motifs cachés de la conscience. De ces portails intérieurs jaillit une voie vers la souveraineté économique : cryptomonnaies, réseaux coopératifs, productions communautaires et entraide deviennent autant de manières de trancher la laisse du contrôle financier. Le refus lui-même devient un art, une désobéissance sacrée : ne pas nourrir les algorithmes de notre indignation, ne pas externaliser notre guérison et ne pas livrer notre attention — notre ressource la plus précieuse — au marché de la distraction.

Cet esprit de réappropriation s'incarne aussi dans le corps. L'intelligence somatique, le souffle, la résolution des traumas, la rébellion créative et la cohérence communautaire se déploient comme pratiques de déprogrammation, restaurant le choix là où le conditionnement dictait la réponse. Dans leur sillage, l'identité se détend en processus plutôt qu'en prison, et l'éthique jaillit non d'une autorité imposée, mais de la conscience elle-même.

La spiritualité se transforme à son tour : elle cesse d'être une doctrine à défendre pour redevenir une immédiateté, découverte non dans les temples mais dans le souffle, non dans la croyance mais dans la présence vécue. La science aussi est invitée à s'élargir : accueillir les données de première personne et les méthodes contemplatives, sans rien sacrifier de sa rigueur. L'éducation, affranchie des chaînes de la conformité, peut alors nourrir la cohérence, l'imagination et l'intelligence incarnée plutôt que la répétition servile.

Tous ces fils convergent vers un horizon plus vaste : l'émergence de sociétés parallèles où la libération n'est plus seulement imaginée, mais vécue. En leur sein, les systèmes régénératifs prospèrent, les communautés s'organisent par décentralisation, la gouvernance devient un acte de sens collectif, le droit se vit comme un organisme évolutif, et la technologie redevient outil plutôt que maître. Cette vision de l'éveil du *Robot Humain* esquisse une renaissance : un passage de la rareté à la suffisance, de la domination au partenariat (Eisler, 1987), où la certitude cède devant la curiosité et où les esprits programmés s'éveillent à la présence.

Éveiller le Robot Humain porte en lui un paradoxe : il est à la fois poétique et scientifique, critique et visionnaire, enraciné et transcendant. Ce n'est pas un livre pour les confortables, mais pour ceux qui ressentent la faille, ce malaise sacré qui murmure en nous : *il y a plus*. Il s'adresse aux scientifiques qui pressentent que la matière ne suffit pas, aux mystiques qui refusent d'abandonner la rigueur, aux activistes qui savent qu'une révolution sans guérison n'est que répétition, et aux guérisseurs qui reconnaissent que le trauma est politique et que la politique est somatique.

Si ces mots vous atteignent, c'est que vous n'êtes pas endormi. Vous opérez sans doute encore dans la *Matrice*, mais quelque chose en vous se souvient d'une liberté plus ancienne que le programme, d'une âme plus vaste que la survie. Vous n'êtes ni machine, ni masque, ni assemblage d'opinions, mais une étincelle tissée dans la trame vivante du devenir. Et à mesure que vous vous éveillez, le programme se défait, le voile s'amincit et la *Matrice* se désintègre.

Écrit à Champex-Lac (Valais), Suisse

RÉFÉRENCES

Beauregard, M. (2025). Pour une description plus complète de cette approche, voir
https://www.drmariobeauregard.com/holosynthese
Bostrom, N. (2003). *Are You Living in a Computer Simulation?* Philosophical Quarterly, 53(211), 243-255.
Chomsky, N., & Herman, E. S. (1988). *Manufacturing Consent: The Political Economy of the Mass Media.* New York: Pantheon Books.
Debord, G. (1967). *La société du spectacle.* Paris : Buchet-Chastel.
Doidge, N. (2007). *The Brain That Changes Itself: Stories of Personal Triumph from the Frontiers of Brain Science.* New York: Viking.

Eisler, R. (1987). *The Chalice and the Blade: Our History, Our Future.* San Francisco: Harper & Row.

Friston, K. (2010). *The free-energy principle: A unified brain theory?* Nature Reviews Neuroscience, 11(2), 127-138.

Graeber, D. (2011). *Debt: The First 5,000 Years.* Brooklyn, NY: Melville House.

Illich, I. (1971). *Une société sans école.* Paris : Éditions du Seuil.

Porges, S. W. (2011). *The Polyvagal Theory: Neurophysiological Foundations of Emotions, Attachment, Communication, and Self-Regulation.* New York: W. W. Norton & Company.

Proust, M. (1919). *À la recherche du temps perdu, tome II : À l'ombre des jeunes filles en fleurs.* Paris: Gallimard.

Sapolsky, R. M. (2017). *Behave: The Biology of Humans at Our Best and Worst.* New York: Penguin Press.

van der Kolk, B. (2014). *The Body Keeps the Score: Brain, Mind, and Body in the Healing of Trauma.* New York: Viking.

Partie 1

Le plan de l'asservissement

Chapitre 1

La peur, la croyance et la prison neuronale

« La conscience n'est pas un produit du cerveau,
mais le fondement de l'univers. »
— Robert Anton Wilson

N ous vivons dans un monde où la croyance se déguise en vérité et où la peur se fait passer pour du réalisme. Ces deux piliers du conditionnement, peur et croyance, constituent le substrat neuronal de ce que j'appelle le *Robot Humain*. Pour saisir comment l'humain en vient à se laisser programmer, à se réduire peu à peu en automate, il faut d'abord explorer l'architecture de sa prison la plus intime : le cerveau.

Dans ce chapitre, je cartographie la machinerie intérieure qui convertit des humains vivants en automates prévisibles : le cerveau prédictif, qui écrit notre expérience avant que nous la remarquions, les alarmes limbiques qui contractent la conscience en un étroit tunnel de survie, le système nerveux social qui nous soude au groupe et transforme la certitude en arme, et les infrastructures numériques qui exploitent ces dynamiques à l'échelle planétaire. J'esquisserai enfin des pratiques, cognitives, contemplatives, somatiques et intersubjectives, qui rouvrent l'espace de la liberté. L'enjeu n'est pas de remplacer une croyance par une autre, mais de percer la mécanique des croyances avec une telle acuité que l'attachement qui nous y enchaîne se brise.

LE CERVEAU PRÉDICTIF ET LE CONFORT DE LA CERTITUDE

Imaginez votre cerveau comme un devin tenant un registre. À chaque instant, il devine ce que vous allez voir, entendre, toucher, et ressentir. Les prédictions déferlent jusqu'à vos sens comme de petites notes internes, des mémos envoyés depuis la tour de contrôle. Lorsque la réalité se présente, le cerveau vérifie : ai-je visé juste ou faut-il corriger le tir ? Si la prédiction tombe juste, tout roule. Si elle échoue, une erreur est consignée et le modèle s'ajuste (Friston, 2010 ; Clark, 2013). Ce cycle de supposition et de révision, discret mais constant, nous permet d'avancer sans trébucher. Moins il y a de surprises, plus l'organisme économise de l'énergie et plus la physiologie respire.

Quand la vie se dérègle et devient imprévisible, le cerveau s'échauffe. L'amygdale s'illumine, les systèmes d'alerte se déclenchent, et la cascade du stress s'active (Hirsh, Mar & Peterson, 2012). L'organisme rétrécit alors son champ d'attention, la pensée se simplifie et la nuance s'éteint : nous troquons la curiosité contre la vigilance.

Une croyance peut être comprise comme un *a priori prédictif* si solidement ancré que les preuves contraires sont ignorées, redressées ou remodelées pour préserver le modèle. La *dissonance cognitive* (Festinger, 1957) en est le signal émotionnel. Pour apaiser ce tiraillement, le cerveau préfère souvent ajuster la perception plutôt que réviser l'a priori. Même les esprits les plus brillants deviennent alors d'une rationalité fragile dès qu'une identité centrale est en jeu (Kahan, 2017). La priorité du cerveau n'est pas tant la vérité que la stabilité de son propre modèle, ainsi que l'équilibre neurochimique qui en découle.

Le biais de confirmation s'explique jusque dans la synapse. Quand une croyance reçoit une validation, la dopamine renforce les circuits déjà tracés, ceux de la récompense, de la motivation et de l'addiction (Schultz, 1998 ; Sharot et al., 2011). Le plaisir ne vient pas d'avoir touché le vrai, mais d'avoir eu raison. Ajoutez le besoin de clôture cognitive (Kruglanski, 2004) et la certitude se met à ressembler à une drogue. Elle apaise l'anxiété, émonde l'ambiguïté, maintient la cohérence de l'identité et scelle l'alignement tribal. Chaque confirmation resserre l'étau, jusqu'à enfermer la pensée dans une mécanique circulaire : croyance, validation, récompense dopaminergique... et croyance renforcée. Peu à peu, la boucle s'auto-entretient, enchaînant le cerveau à sa propre certitude. Rompre ce cycle revient à décoller une peau trop ancienne : le geste est douloureux, car le sevrage ne se joue pas seulement dans l'esprit, mais jusque dans les entrailles. Le système nerveux tout entier proteste la perte de sa substance favorite : la certitude. Même la science, l'instrument le plus rigoureux inventé pour questionner nos modèles, n'est pas immunisée. Des paradigmes se solidifient en orthodoxies (Kuhn, 1962), des biais façonnent ce qui est publié, tandis que les crises de réplication rappellent la fragilité des « vérités établies ». L'idéal critique subsiste, mais la mécanique de la certitude infiltre jusque les autels mêmes de la science.

LA CROYANCE COMME ARCHITECTURE
NEURONALE, SOMATIQUE ET SOCIALE

Une croyance n'est pas une bulle d'idée flottant au-dessus de la tête. Elle vit dans la chair, la neurochimie et la relation. Grâce à la neuroplasticité, pensées et émotions répétées sculptent les circuits, rendant certaines interprétations quasi automatiques et d'autres difficilement accessibles (Doidge, 2007). Les travaux d'Antonio Damasio (1999) ont montré combien les marqueurs somatiques orientent nos décisions : nous sentons nos croyances avant de les dire. Dans le corps, elles se signalent par une tension subtile des trapèzes, un souffle raccourci, une crispation du ventre, une accélération ou un creux dans la poitrine. Les cliniciens du trauma repèrent ces signatures chaque jour (Levine, 1997 ; van der Kolk, 2014).

Socialement, une croyance est un contrat d'appartenance. La *théorie de l'identité sociale* (Tajfel & Turner, 1986) montre comment statut, sens et sécurité dérivent de nos groupes. L'ocytocine, trop vite surnommée « hormone de l'amour », n'augmente pas la bonté universelle. Elle accroît la confiance intragroupe, mais elle peut aussi exalter la défiance à l'égard de l'extérieur (De Dreu et al., 2011). Appartenir est une affaire de biochimie ; la croyance en tient la porte. Interroger une croyance sacrée, c'est risquer l'exil. Et pour le système nerveux mammalien, l'exclusion sociale résonne comme une lente condamnation à mort (Eisenberger, Lieberman & Williams, 2003).

Quand la croyance fusionne avec l'identité, le mouvement se fige. « Je suis croyant », « je suis sceptique », « je suis scientifique », « je suis patriote ». Contester l'une revient à lézarder l'autre. D'où l'extraordinaire défensivité des idéologies religieuses et politiques, mais aussi des dogmes professionnels et des orthodoxies académiques (Kuhn, 1962). Le *Robot Humain* se sent le plus en sécurité quand il s'est confondu avec sa croyance.

TRAUMA ET PEUR : LA CLÉ MAÎTRESSE DE LA PROGRAMMATION

Le trauma est sans doute la force la plus puissante dans la formation des croyances. Quand une personne est confrontée à un stress extrême, surtout dans l'enfance, le cerveau bascule en mode survie. L'amygdale, centre d'alerte, s'emballe. Le cortex préfrontal, qui permet de planifier, de freiner les impulsions et de voir les nuances, réduit son activité (Arnsten, 2009). Dans ces moments, l'expérience ne s'imprime pas comme une histoire claire et cohérente. Elle se grave en éclats dispersés, souvent sans mots, qui peuvent réactiver l'alarme au moindre rappel. À partir de ces fragments, l'esprit construit des croyances enracinées dans la peur : *je ne suis pas en sécurité... l'autorité est dangereuse... obéir est la seule manière d'éviter la douleur.*

Cette vulnérabilité déborde l'individu. Les traumas collectifs—guerres, génocides, colonisations, racismes systémiques, faillites écologiques—reconfigurent les systèmes nerveux des peuples. L'épigénétique documente des altérations de la réactivité au stress chez les descendants de populations traumatisées (Yehuda & Bierer, 2009 ; Meaney & Szyf, 2005). La peur se transmet par les histoires, mais aussi par les molécules qui règlent l'axe hypothalamo-hypophyso-surrénalien (HHS).

Le trauma rétrécit la « fenêtre de tolérance » (Siegel, 1999), c'est-à-dire la zone dans laquelle nous pouvons rester stables face au stress. Hors de cette zone, le corps bascule en mode combat, fuite ou sidération. Dans ces états, la nuance devient insupportable. L'esprit cherche alors des appuis solides et s'accroche à des croyances absolues qui donnent l'illusion de sécurité. Les idéologies autoritaires prospèrent ainsi, car elles offrent des réponses simples à des systèmes débordés. Ce qui semble être de la stupidité est en réalité une neurobiologie dictée par l'état du moment.

Le trauma grave ses circuits dans le cerveau, et la peur les électrise. Ensemble, ils produisent la programmabilité : un cerveau prêt à échanger la liberté contre la sécurité, la réflexion contre la certitude et la lucidité contre le contrôle. La peur court-circuite la délibération, rétrécit la perception et augmente la conformité. L'activation prolongée de l'axe HHS, avec son cortège de cortisol et d'adrénaline, prépare le corps à la fuite ou au combat, mais appauvrit la mémoire, réduit la flexibilité cognitive et affaiblit le cortex préfrontal (McEwen, 1998 ; Lupien et al., 2009). Ainsi façonné, un cerveau effrayé cherche des hiérarchies nettes, des règles simples et des modèles immobiles.

Ce levier est ancien. Chefs, prêtres et propagandistes savent depuis toujours manier la peur. La nouveauté de notre temps, c'est son industrialisation. Les infrastructures médiatiques fonctionnent comme des usines à capturer l'attention. Les algorithmes privilégient les contenus qui activent, surtout la colère et la peur, car ces états prolongent la présence sur la plateforme (Bakshy, Messing & Adamic, 2015). Le résultat est une activation chronique du système nerveux social, une oscillation collective entre indignation et angoisse, et une appétence accrue pour des réponses autoritaires qui promettent la sécurité au prix de la liberté.

COVID-19 : UNE ÉTUDE DE CAS

La pandémie de COVID-19 a constitué un laboratoire à ciel ouvert pour observer la mécanique de la peur et de la croyance. En quelques semaines, au mois de mars 2020, routines et certitudes se sont effondrées. Un danger invisible semblait partout. L'humain ne distingue pas finement entre un virus, un prédateur ou un chaos médiatique saturé de chiffres et d'images. Tout entre dans la même catégorie : la menace. Des millions de systèmes nerveux se sont donc retrouvés en hyperactivation prolongée.

Sur le plan biologique, la pandémie a fonctionné comme un stress chronique. Les tableaux quotidiens de cas, les titres alarmistes et les fils d'actualité polarisés maintenaient en permanence le corps dans un état de lutte ou de fuite. Dans ce contexte, le cortex préfrontal, arbitre des nuances, cédait le pas au cerveau limbique, et la priorité était la survie.

Dans un tel état, les croyances se durcissent. Ainsi, pour certains, la menace virale a justifié des restrictions inédites et des dispositifs de surveillance, alors que pour d'autres, elle confirmait une méfiance ancienne envers les institutions et les élites. Les récits divergeaient, mais la mécanique était la même : le cerveau cherchait à résorber l'ambiguïté et à maintenir la cohérence identitaire. Dans le cadre du codage prédictif, l'économie émotionnelle de la certitude pesait plus lourd que les données.

Les réseaux sociaux ont agi comme des accélérateurs, leurs systèmes de recommandation enfermant chacun dans des couloirs confirmatoires où toute contradiction semblait suspecte. Dans cet environnement clos, les voix dissonantes ont vite été étiquetées hérétiques, et la croyance s'est soudée à l'identité morale. Ce durcissement a transformé une crise complexe en affrontement binaire : docile ou résistant, scientifique ou complotiste, altruiste ou égoïste. La nuance n'a pas disparu par accident : sous l'effet du stress, elle devient insupportable, et l'esprit cherche le refuge brutal des oppositions simples.

Ce qui mobilisait l'obéissance comme la défiance n'était pas la persuasion rationnelle, mais l'activation de la peur. Images d'hôpitaux saturés, décomptes macabres, récits de complots supposés : tout court-circuitait les filtres préfrontaux et activait des réactions rapides, ancrées dans l'émotion. Obéissance ou révolte, le *Robot Humain* suivait toujours les mêmes scripts : ceux de la peur, de l'identité et de la tribu.

La pandémie a révélé combien notre liberté de choisir vacille dès que la peur se transforme en phénomène collectif. Elle n'a pas seulement suspendu nos habitudes. Elle a resserré la fenêtre de tolérance, remodelé la perception et accru la suggestibilité aux messages d'autorité. Une fois le système limbique en alerte, les promesses simples et les leaders forts exercent une attraction presque irrésistible. La peur fait de l'obéissance un refuge. COVID-19 ne fut pas uniquement un événement sanitaire. Ce fut une détournement psychobiologique global qui a montré combien, sans une littératie de la peur, nous restons vulnérables à la contagion de la certitude.

L'IDENTITÉ : LE VERROU FINAL

L'aspect le plus insidieux de la croyance est sa fusion avec l'identité. Quand la croyance devient qui nous sommes, la remettre en question équivaut à une faute morale ou à une mort sociale. La biochimie de l'appartenance, soutenue par l'ocytocine, se lie à des idéologies moralisées et engendre des valeurs sacrées, c'est-à-dire des croyances non négociables, résistantes aux preuves, prêtes à déclencher colère, dégoût ou pulsions punitives si on les profane (De Dreu et al., 2011). L'identité offre statut, appartenance et sens. Elle le fait souvent au prix de la liberté cognitive. Plus nous acceptons les étiquettes comme des essences figées, plus le *Robot Humain* resserre son emprise. L'antidote n'est pas d'adopter une nouvelle étiquette, mais de reconnaître dans l'étiquetage un processus par lequel l'esprit tente de se rassurer.

ÉCHAPPER À LA PRISON : VERS UNE LIBÉRATION PSYCHOBIOLOGIQUE

Si peur et croyance s'enracinent si profondément, comment se défaire de leur emprise ? La voie ne consiste pas à remplacer un dogme par un autre, mais à transformer notre rapport à la croyance. Plus spécifiquement, il s'agit de rouvrir l'espace intérieur que la peur rétrécit, et de redonner à la conscience sa plasticité. Divers chemins mènent à cette libération, chacun touchant une dimension du corps-esprit : le mental, le somatique, le relationnel et le collectif.

Métacognition et pleine conscience. La métacognition, faculté d'observer nos pensées et nos émotions, crée un espace entre expérience et identification. Les pratiques de pleine conscience, d'attention focalisée ou ouverte, renforcent des boucles préfrontales de régulation et atténuent la réactivité limbique (Lutz, Slagter, Dunne & Davidson, 2008 ; Tang, Hölzel & Posner, 2015). L'interoception—qui affine l'écoute des signaux internes comme le battement du cœur, la respiration ou l'activité viscérale—sollicite l'insula, centre névralgique du ressenti (Craig, 2009). À mesure que ce réglage s'affine, la peur prend une forme plus nette. Elle devient une sensation que l'on peut traverser. La réponse n'est plus un réflexe, mais un choix.

Enquête radicale sur soi. D'où vient cette croyance ? Quelle peur protège-t-elle ? Quelle récompense sociale achète-t-elle ? Que se passe-t-il dans mon corps quand elle est défiée ? Ces questions inaugurent une archéologie intérieure. L'enjeu n'est pas de fabriquer des réponses à la chaîne. Il s'agit plutôt de rester présent aux images, aux souvenirs, aux tensions qui émergent, et de remonter le fil jusqu'aux racines émotionnelles et corporelles. Dans une approche informée par le trauma, cette enquête se dose avec soin afin de rester dans la fenêtre de tolérance (Ogden, Minton & Pain, 2006). Sans cela, elle bascule en débordement et rejoue le trauma. D'où l'importance des pratiques d'ancrage et des relations soutenantes. Ce n'est pas un interrogatoire, mais une écoute profonde où l'on discerne comment la peur se pétrifie en certitude, comment l'obéissance se drape des atours de la vertu, et comment la stratégie de survie se déguise en vérité.

Réhabiliter l'incertitude. L'incertitude n'est pas l'ennemie. C'est une porte. La flexibilité psychologique, capacité à tenir plusieurs possibles sans s'effondrer, est fortement liée à la santé mentale (Kashdan & Rottenberg, 2010). Des approches comme la *thérapie d'acceptation et d'engagement* (ACT) apprennent à prendre du recul face à ses pensées : au lieu de les traiter comme des ordres à exécuter, il s'agit de les reconnaître comme de simples mots ou images qui traversent l'esprit. À partir de là, il devient possible d'agir en accord avec ses valeurs (Hayes, Strosahl & Wilson, 2011). Les traditions contemplatives pointent la même direction : la vraie transformation se produit dans le *Nuage de l'inconnaissance*, là où l'on renonce à savoir pour s'ouvrir au *Mystère*.

Espaces intersubjectifs. Il existe des pratiques pour explorer la vérité ensemble. Le *dialogue bohmien* propose une conversation où chacun suspend ses présupposés et écoute ce qui émerge du champ commun (Bohm, 1996). L'*enquête socratique* polit la pensée en examinant définitions, raisons et implications. La pratique du *Circling* cultive une attention relationnelle au moment présent, en suivant l'impact mutuel des paroles et des silences. Ces espaces entraînent l'humilité. On y découvre non seulement ce que l'on croit, mais aussi comment on s'y enchaîne et comment on le garde, comme un bien précieux. Des groupes qui apprennent à traverser le désaccord sans exclusion deviennent des terrains où l'identité se dilate au-delà des frontières tribales.

Littératie somatique. Un moyen simple de quitter le pilotage automatique, c'est de repérer le mode dans lequel se trouve le système nerveux. La *théorie polyvagale* (Porges, 2011) distingue trois modes courants : combat ou fuite quand le corps se mobilise pour se protéger, effondrement quand il s'engourdit pour économiser l'énergie, sécurité sociale (ou ventrale) quand on se sent en sûreté, en lien, et capable de penser clairement. Nos croyances varient selon ces états. En combat ou fuite, l'esprit produit des scénarios catastrophes. En effondrement, il s'attache à des certitudes nihilistes. Quand nous habitons davantage la sécurité sociale, la nuance redevient tolérable. On peut tenir la complexité sans s'agiter ni s'éteindre. Nous pouvons favoriser ce mode par la respiration régulière, le mouvement doux, la connexion sûre, le jeu social, le rire partagé et la musique. À mesure que le tonus vagal ventral — c'est-à-dire la vitalité du nerf vague, ce grand nerf qui relie le cerveau au cœur, aux poumons et aux viscères, et qui régule nos états de sécurité et de connexion — se renforce, davantage de perspectives deviennent soutenables et le choix d'une réponse mûrit.

Hygiène numérique. Traiter l'information comme une nourriture, c'est choisir ce que l'on laisse entrer. Cela suppose de fixer des créneaux, d'instaurer des jeûnes, de contrer le défilement dopaminergique et d'introduire volontairement des sources qui nous contredisent (Pariser, 2011 ; Pennycook & Rand, 2019). C'est aussi ralentir la cadence avec des livres, des conversations en profondeur et des temps étendus. Cette lenteur redonne à la pensée une spaciosité temporelle, un souffle dont elle a besoin pour mûrir.

Émerveillement et adoucissement du moi. Les moments d'émerveillement, l'union mystique et l'expérience non duelle — ce vécu dans lequel la frontière entre soi et le monde s'efface — relâchent les a priori qui verrouillent l'identité (Yaden et al., 2017 ; Carhart-Harris & Friston, 2019). Qu'ils surgissent dans la contemplation, au cœur d'une forêt, au bord d'un océan, ou dans un cadre thérapeutique rigoureux, ces états desserrent l'emprise des habitudes de voir et de croire. Ils révèlent ce que le philosophe Thomas Metzinger appelle le *modèle de soi* : une construction mentale qui nous donne l'illusion tenace d'un « moi » compact et permanent (Metzinger, 2003). Reconnaître le soi comme un processus plutôt qu'un objet permet une liberté nouvelle.

DU ROBOT À LA LIBERTÉ

Le *Robot Humain* n'est pas une anomalie, mais la règle. Notre câblage évolutif a fait de la peur, de la croyance et de l'habitude des artisans redoutables, et depuis des siècles, les systèmes sociaux exploitent cette malléabilité en transformant nos instincts de survie en architectures de contrôle.

L'obéissance naît dans les replis du cerveau, mais c'est la culture qui la systématise et l'érige en loi invisible. La religion fut l'une des premières structures à sacraliser la peur et à transformer le feu mystique en dogmes. Mais le cerveau prédictif n'éteint pas la possibilité d'un choix : il la déplace, comme une braise cachée sous la cendre. L'autonomie n'est pas un interrupteur soudain, mais un art de composer avec les forces qui nous traversent. Au cœur même de la machine subsiste une fissure, une faille où peut s'infiltrer la révolte. L'indépendance intérieure commence lorsque nous cessons de prendre le *Robot Humain* pour un maître et que nous le reconnaissons pour ce qu'il est : un simple programme inscrit dans une conscience plus vaste.

Alors, les croyances cessent d'être des chaînes et deviennent des outils que l'on peut tenir avec légèreté. La peur se transforme en signal, en messager, plutôt qu'en tyran qui nous dicte ses ordres. Les instincts de survie, eux, peuvent être honorés comme des gardiens anciens, mais sans être obéis comme des dieux absolus. L'éveil commence dans cette pratique patiente, seconde après seconde : voir nos a priori, ressentir nos états, actualiser nos modèles, et agir selon ce qui compte vraiment, même sous la pression des vents contraires. L'émancipation n'est pas un état figé, mais un mouvement : un art de déprogrammer puis de reprogrammer à des niveaux de conscience plus larges, plus inclusifs et plus vivants.

Rompre les cercles du trauma, de la peur et de la conformité, défier l'empire intérieur du contrôle et retrouver la plénitude de notre potentiel vivant : voilà la tâche. Cette quête d'affranchissement a toujours été inséparable de la soif du sacré. Dans le chapitre qui vient, nous verrons comment la divinité elle-même a été détournée, et comment la faim de transcendance a été capturée et canalisée par les structures du pouvoir.

RÉFÉRENCES

Arnsten, A. F. T. (2009). Stress signalling pathways that impair prefrontal cortex structure and function. *Nature Reviews Neuroscience, 10*(6), 410-422.

Bakshy, E., Messing, S., & Adamic, L. A. (2015). Exposure to ideologically diverse news and opinion on Facebook. *Science, 348*(6239), 1130-1132.

Bohm, D. (1996). *On Dialogue.* London: Routledge.

Carhart-Harris, R. L., & Friston, K. J. (2019). REBUS and the anarchic brain: Toward a unified model of the brain action of psychedelics. *Pharmacological Reviews, 71*(3), 316-344.

Clark, A. (2013). *Whatever next? Predictive brains, situated agents, and the future of cognitive science. Behavioral and Brain Sciences, 36*(3), 181-204.

Craig, A. D. (2009). How do you feel—now? The anterior insula and human awareness. *Nature Reviews Neuroscience, 10*(1), 59-70.

Damasio, A. (1999). *The Feeling of What Happens: Body and Emotion in the Making of Consciousness.* New York: Harcourt Brace.

De Dreu, C. K. W., Greer, L. L., Van Kleef, G. A., Shalvi, S., & Handgraaf, M. J. J. (2011). Oxytocin promotes human ethnocentrism. *PNAS, 108*(4), 1262-1266.

Doidge, N. (2007). *The Brain That Changes Itself.* New York: Viking.

Eisenberger, N. I., Lieberman, M. D., & Williams, K. D. (2003). Does rejection hurt? An fMRI study of social exclusion. *Science, 302*(5643), 290-292.

Festinger, L. (1957). *A Theory of Cognitive Dissonance.* Stanford, CA: Stanford University Press.

Friston, K. (2010). The free-energy principle: A unified brain theory? *Nature Reviews Neuroscience, 11*(2), 127-138.

Hayes, S. C., Strosahl, K. D., & Wilson, K. G. (2011). *Acceptance and Commitment Therapy: The Process and Practice of Mindful Change*. New York: Guilford Press.

Hirsh, J. B., Mar, R. A., & Peterson, J. B. (2012). Psychological entropy: A framework for understanding uncertainty-related anxiety. *Psychological Review, 119*(2), 304-320.

Kahan, D. M. (2017). Misconceptions, misinformation, and the logic of identity-protective cognition. *Cultural Cognition Project Working Paper No. 164.*

Kashdan, T. B., & Rottenberg, J. (2010). Psychological flexibility as a fundamental aspect of health. *Clinical Psychology Review, 30*(7), 865-878.

Kruglanski, A. W. (2004). *The Psychology of Closed Mindedness*. New York: Psychology Press.

Kuhn, T. S. (1962). *The Structure of Scientific Revolutions*. Chicago: University of Chicago Press.

Levine, P. A. (1997). *Waking the Tiger: Healing Trauma*. Berkeley, CA: North Atlantic Books.

Lupien, S. J., McEwen, B. S., Gunnar, M. R., & Heim, C. (2009). Effects of stress throughout the lifespan on the brain, behaviour and cognition. *Nature Reviews Neuroscience, 10*(6), 434-445.

Lutz, A., Slagter, H. A., Dunne, J. D., & Davidson, R. J. (2008). Attention regulation and monitoring in meditation. *Trends in Cognitive Sciences, 12*(4), 163-169.

McEwen, B. S. (1998). Protective and damaging effects of stress mediators. *New England Journal of Medicine, 338*(3), 171-179.

Meaney, M. J., & Szyf, M. (2005). Environmental programming of stress responses through DNA methylation. *Biological Psychiatry, 59*(1), 122-129.

Metzinger, T. (2003). *Being No One: The Self-Model Theory of Subjectivity*. Cambridge, MA: MIT Press.

Ogden, P., Minton, K., & Pain, C. (2006). *Trauma and the Body: A Sensorimotor Approach to Psychotherapy.* New York: W. W. Norton.

Pariser, E. (2011). *The Filter Bubble: What the Internet Is Hiding from You.* New York: Penguin Press.

Pennycook, G., & Rand, D. G. (2019). Fighting misinformation on social media using crowdsourced judgments of news source quality. *PNAS, 116*(7), 2521-2526.

Porges, S. W. (2011). *The Polyvagal Theory: Neurophysiological Foundations of Emotions, Attachment, Communication, and Self-Regulation.* New York: W. W. Norton.

Sapolsky, R. M. (2017). *Behave: The Biology of Humans at Our Best and Worst.* New York: Penguin.

Schultz, W. (1998). Predictive reward signal of dopamine neurons. *Journal of Neurophysiology, 80*(1), 1-27.

Sharot, T., Korn, C. W., & Dolan, R. J. (2011). How unrealistic optimism is maintained in the face of reality. *Nature Neuroscience, 14*(11), 1475-1479.

Siegel, D. J. (1999). *The Developing Mind.* New York: Guilford Press.

Tajfel, H., & Turner, J. C. (1986). The social identity theory of intergroup behavior. In S. Worchel & W. G. Austin (Eds.), *Psychology of Intergroup Relations* (pp. 7-24). Chicago: Nelson-Hall.

Tang, Y. Y., Hölzel, B. K., & Posner, M. I. (2015). The neuroscience of mindfulness meditation. *Nature Reviews Neuroscience, 16*(4), 213-225.

van der Kolk, B. A. (2014). *The Body Keeps the Score: Brain, Mind, and Body in the Healing of Trauma.* New York: Viking.

Wilson, R. A. (1986). *The New Inquisition.* Tempe, AZ: Falcon Press.

Yaden, D. B., Haidt, J., Hood, R. W., Vago, D. R., & Newberg, A. B. (2017). The varieties of self-transcendent experience. *Review of General Psychology, 21*(2), 143-160.

Yehuda, R., & Bierer, L. M. (2009). The relevance of epigenetics to PTSD: Implications for the DSM-V. *Journal of Traumatic Stress, 22*(5), 427-434.

Chapitre 2

La religion : le détournement du divin

« Les théologiens se querellent, mais les mystiques du monde parlent une seule et même langue. »
— Maître Eckhart

La religion se présente comme l'un des cadres les plus anciens et les plus puissants jamais conçus pour contrôler la croyance collective. À travers les siècles, elle a été une force d'une ambivalence singulière : d'un côté, elle a bâti des communautés, cultivé la compassion, inspiré de grandes œuvres d'art, de musique et d'architecture, et suscité des actes d'un altruisme extraordinaire. De l'autre, elle a attisé des guerres, des persécutions et des destructions culturelles. À son meilleur, la religion a offert du sens et une vision morale ; à son pire, elle a légitimé le chaos au nom de la certitude et la violence au nom de la vérité. Ainsi, si la religion a inspiré l'émerveillement, la beauté et la compassion, elle a aussi, historiquement, fonctionné comme un outil de contrôle hiérarchique.

À leur naissance, la plupart des mouvements religieux jaillissent d'un éclair mystique : une rencontre brute, non médiatisée, avec le transcendant. William James (1902/2002) a décrit ces expériences comme ineffables, noétiques et unificatrices. Ces états modifiés de conscience catalysent souvent une transformation éthique et une réorientation existentielle, car le mystique entrevoit une *Réalité ultime* qui excède le langage, le dogme et la dualité.

Depuis toujours, les humains ont cherché à honorer et à intégrer une telle rencontre. Or le mysticisme menace les institutions. Il décentralise l'autorité, privilégie l'expérience sur la doctrine et résiste au contrôle. Les institutions ont répondu de manière prévisible : au fil des millénaires, elles ont capturé le mystique et l'ont codifié en credo statiques. Elles l'ont armé de culpabilité, enchâssé dans des temples, arrimé à des trônes politiques, puis elles ont offert le salut en échange de l'obéissance. Le mystère s'est flétri en gestion, la Révélation s'est vue enchaînée par des dogmes et la Divinité a été détournée.

Sur ce point, Alan Watts (1951) souligne que la religion organisée sert souvent de diversion vis-à-vis du divin, substituant des symboles à l'expérience et une autorité à l'attention consciente. Elle vend des billets pour un spectacle qui, en vérité, se joue à l'intérieur de soi.

Sur le plan psychologique, tout cela opère comme un mécanisme de défense par déplacement. Plutôt que de faire face à la liberté vertigineuse d'une rencontre directe avec l'inconnu, l'ego s'agrippe à des intermédiaires, prêtres (ou pasteurs, rabbins, imams, lamas, etc.), écritures et rituels. Ils procurent un sentiment de sécurité, mais au prix de la vérité vécue.

Les neurosciences aident à comprendre pourquoi cette stratégie a si bien fonctionné. Le cerveau est programmé pour repérer des motifs, deviner des intentions et donner du sens, surtout dans les moments d'incertitude ou de menace (Barrett, 2004). Ce détecteur d'intentions, souvent trop sensible, pousse l'humain à voir des volontés derrière les événements ambigus. Il s'agit d'une adaptation vitale dans un monde peuplé de prédateurs. Les religions ont su canaliser cette étincelle primitive en récit : les déluges devinrent des châtiments et non des hasards, et les tremblements de terre se muèrent en messages divins plutôt qu'en simples secousses de la terre.

Ces récits activent les circuits limbiques. La croyance en des dieux punitifs est corrélée à une conformité sociale accrue et à une réduction des comportements antisociaux (Shariff & Norenzayan, 2011). Mais cette conformité est gouvernée par la peur. Quand Dieu devient un système de surveillance, la moralité se rabat sur l'obéissance plutôt que sur l'empathie.

Les rituels, présents dans chaque religion, fonctionnent comme des entraînements à la croyance. Les neurosciences cognitives montrent que la répétition des rites sollicite les circuits de l'habitude, câblant les croyances dans les mouvements du corps et renforçant les liens au sein du groupe (Whitehouse & Lanman, 2014). Ainsi, la croyance n'est plus seulement une idée : elle s'inscrit dans le corps, comme une chorégraphie.

LA CROYANCE COMME APPARTENANCE

La religion ne se réduit que rarement à la métaphysique. Elle traite plutôt d'appartenance : croire, c'est appartenir ; et partir n'est pas une simple dissidence, mais une défection.

La *théorie de l'identité sociale* (Tajfel & Turner, 1986) illustre comment l'identité du groupe se soude à l'estime de soi individuelle, si bien que protéger le groupe revient à se protéger soi-même. Quand ces croyances sont mises en cause, le cerveau enregistre la menace non seulement cognitivement, mais physiquement, en activant les mêmes régions associées à la douleur (Eisenberger et al., 2003). Le système nerveux amplifie encore le phénomène : le *système polyvagal* réagit à l'exclusion comme à un danger, traitant la perte d'appartenance comme un risque de survie (Porges, 1 ; 2011).

C'est pourquoi les dialogues interreligieux échouent souvent à changer les esprits. La croyance va au-delà de la logique et des preuves : elle est tissée dans la soif nerveuse de sécurité, d'attachement et de signification. Interroger la foi, c'est risquer l'exil et affronter l'abîme du non-appartenir.

C'est aussi pourquoi les institutions religieuses se sont révélées si efficaces pour faire appliquer la conformité doctrinale. Elles ne transmettent pas seulement des croyances : elles encodent des contrats sociaux.

L'OBJECTIF DE CE CHAPITRE

Ce chapitre n'est pas une attaque contre le sacré, ni un appel à l'athéisme ou à la foi aveugle. C'est, au contraire, une défense du sacré : une tentative de démêler la spiritualité (directe, de première main, transformatrice) de la religion-en-tant-que-contrôle, une technologie sociopolitique qui exploite la peur de la mort, le besoin d'appartenance et la vulnérabilité neurobiologique à la certitude. C'est aussi un appel à la souveraineté spirituelle.

LE CERVEAU COMME INTERFACE DU MYSTIQUE

Réduire le cerveau à une machine de production de croyances et de traitement des émotions omet quelque chose d'essentiel : la capacité de transcendance, l'émerveillement numineux et la rencontre directe avec l'ineffable.

Dans nos travaux avec des nonnes carmélites (Beauregard et al., 2007), mes collègues et moi avons montré que les états mystiques sont médiés par l'activation de régions cérébrales spécifiques associées à l'émotion, à la conscience de soi et à une perception altérée de l'espace et du temps. Cette recherche fut significative : c'était la première fois qu'un état mystique était induit expérimentalement et examiné neurobiologiquement en conditions contrôlées. Fait crucial, ces résultats ne réduisent pas le spirituel à de « simples » états cérébraux : ils montrent que la conscience, quelle que soit sa nature ultime, interface avec le système nerveux selon des motifs réguliers. En d'autres termes, nous sommes câblés pour la transcendance.

A PRIORI MAJEURS PRIMORDIAUX ET PROJETS D'IMMORTALITÉ

Comme noté plus haut, la *théorie du traitement prédictif* montre que le cerveau élabore en permanence des modèles du monde et les met à jour lorsque les prédictions ne correspondent pas à la réalité (Friston, 2010 ; Clark, 2013). Les visions religieuses fonctionnent comme de vastes modèles — des *a priori majeurs* — qui expliquent l'existence et réduisent l'incertitude (Hirsh, Mar & Peterson, 2012). Parce que diminuer l'incertitude économise de l'énergie, le dogme peut littéralement « sembler » sûr au cerveau. Les institutions offrent ce sentiment de sécurité, mais souvent au prix de l'ouverture au questionnement. Dans cette perspective, le doute apparaît moins comme une vertu que comme une menace à la stabilité.

Ernest Becker, dans *La Déni de la mort* (1973), puis la théorie de la gestion de la terreur (Greenberg, Pyszczynski & Solomon, 2015), montrent que les religions fonctionnent comme des projets d'immortalité, symboliques ou littéraux, destinés à apaiser l'angoisse de la mort. Quand la finitude devient trop présente, les individus se cramponnent davantage à leurs croyances et punissent plus durement ceux qui n'y adhèrent pas. Les institutions savent exploiter ce mécanisme. Prêchez l'Enfer assez souvent, et vous obtiendrez la conformité.

QUAND LE FEU DEVINT BUREAUCRATIE

La routinisation du charisme

Le sociologue Max Weber (1922/1978) a décrit un schéma récurrent : une percée charismatique — venue d'un prophète, d'un sage, d'un mystique ou d'un chaman — engendre un courant vivant de sens. Après la mort du fondateur, ou sous la pression des intérêts, le mouvement se routinise en autorité légale-rationnelle ou traditionnelle. Les rôles se figent en offices, les credos se durcissent en dogmes, les hiérarchies se solidifient en chaînes de commandement ; la parole vivante devient texte, le texte devient loi, et l'extase se transforme en ordre ecclésiastique.

Le christianisme primitif en offre un bel exemple. Ce qui avait commencé comme un mouvement radical, marginal, de transformation intérieure et de subversion communautaire devint, par l'alliance du IVe siècle sous Constantin, une religion impériale. Le concile de Nicée (325) inaugura un long processus de définition de l'orthodoxie et de persécution des hérésies, dont le gnosticisme, qui insistait sur une connaissance directe (*gnosis*) du divin (Pagels, 1979).

La même dynamique s'est déployée au sein de l'islam. Le soufisme, cœur mystique de la tradition, a souvent prospéré aux marges, tantôt embrassé, tantôt réprimé par les orthodoxies légalistes. Des figures comme Mansur al-Hallaj, exécuté en 922 pour avoir déclaré « Je suis la Vérité » (*Ana al-Haqq*), illustrent cette tension durable entre mysticisme et loi.

Le bouddhisme, bien qu'il se présente comme une voie non théiste, a également connu l'institutionnalisation. Les intuitions psychologiques radicales du Bouddha se sont routinisées en débats scolastiques, bureaucraties monastiques et, parfois, appareils d'État. Au Tibet, le bouddhisme s'est trouvé profondément entremêlé, durant des siècles, à un pouvoir féodal.

Les traditions autochtones et chamaniques ont été pareillement transformées, ici, par la colonisation. Les pratiques extatiques et animistes furent domestiquées ou détruites, remplacées par des églises de mission et des théologies approuvées par l'État. Ce faisant, des communautés ont été coupées de leurs relations directes avec la terre, les ancêtres et les états élargis de conscience.

CANON, CREDO ET FERMETURE DU SENS

Les textes sacrés peuvent être lumineux, poétiques et profonds. Mais la canonisation fonctionne aussi comme une stratégie de contrôle. Lorsqu'un texte est déclaré infaillible et que son sens est confié à des spécialistes ordonnés, les portes de l'interprétation commencent à se refermer. L'éventail des significations se rétrécit, et la complexité du texte s'aplatit en dogme, souvent instrumentalisé contre les lectures rivales et contre l'expérience directe.

Peter Berger et Thomas Luckmann (1966) parlent de *construction sociale de la réalité* : les institutions prennent des significations humaines, les figent, puis les réinjectent à travers l'éducation et la culture. Ce qui commence comme mythe ou métaphore devient peu à peu une "réalité", un cadre présenté comme universel alors qu'il vient de l'imagination humaine.

Une fois le sens fermé, la coercition tend à suivre. La logique est directe : si une vérité éternelle est en jeu, alors les dissidents ne sont pas seulement dans l'erreur, mais dangereux. Cette logique a justifié des inquisitions, des chasses aux sorcières, des procès d'hérésie, des guerres sectaires, des fatwas, des lynchages et des meurtres au nom de la pureté, une longue et sanglante chronique de la défense de l'orthodoxie. Et cette dynamique n'est pas l'apanage des traditions abrahamiques : la violence nationaliste hindoue en Inde, les ethnonationalismes bouddhistes en Birmanie et au Sri Lanka, ou encore certains nouveaux mouvements religieux dégénérant en cultes de la personnalité, révèlent la même trame : le sacré capturé et redirigé vers la domination.

LA PSYCHOLOGIE DE L'OBÉISSANCE

La culpabilité et la honte sont des émotions puissantes, enracinées dans notre besoin fondamental d'appartenance (Tangney, Stuewig & Mashek, 2007). Les institutions peuvent les instrumentaliser en contrôlant les règles morales et en définissant les erreurs en termes absolus. Quand ce conditionnement survient dans l'enfance, le système nerveux apprend à lier, ne serait-ce que la pensée du doute ou du désir, à des réactions de stress corporel comme l'accélération cardiaque ou la montée de cortisol. Il en résulte une surveillance intériorisée. Michel Foucault (1977) a décrit le pouvoir moderne comme *panoptique* : la supervision externe cède la place à l'auto-police interne. Les religions ont été les premières à mettre cela en œuvre, bien avant la prison.

Elles codifient fréquemment des régimes de pureté (lois alimentaires, tabous sexuels, restrictions liées aux menstruations), qu'elles associent au dégoût, une émotion primaire enracinée dans l'évitement des agents pathogènes (Curtis, Aunger & Rabie, 2004). Une fois moralisé, le dégoût devient un instrument de déshumanisation et de contrôle des corps, en particulier de celui des femmes.

La peur est une autre émotion largement instrumentalisée pour contrôler, guider ou discipliner individus et communautés. Parmi elles, la peur de l'Enfer et du tourment éternel — une punition infinie pour des erreurs finies — occupe une place privilégiée. Elle constitue l'un des leviers émotionnels les plus puissants et les plus durables utilisés par les religions organisées, notamment au sein des traditions abrahamiques (christianisme, islam, et judaïsme dans une certaine mesure), afin de façonner les systèmes de croyances, réguler les comportements et renforcer la cohésion de groupe.

L'Enfer opère non seulement comme une menace spirituelle, mais aussi comme un dispositif de modelage du comportement en piratant les circuits de la peur dans le cerveau. Celui-ci distingue mal les menaces imaginées des menaces réelles lorsque les émotions sont intenses (Kosslyn, Ganis & Thompson, 2001). Des sermons imagés, des représentations effrayantes et des rappels constants transforment des idées abstraites en expériences corporelles. La peur de l'Enfer n'est pas un simple concept : on la ressent dans la chair.

Des expositions répétées à de tels récits durant les fenêtres critiques du développement (entre 5 et 12 ans) peuvent câbler cérébralement des systèmes de croyances fondés sur la peur. La plasticité de l'amygdale à ces âges assure que les images de feu, de jugement et de damnation s'inscrivent dans les réseaux de la mémoire émotionnelle, souvent inaccessibles à une révision rationnelle (LeDoux, 1996). Ce type de programmation par la peur réduit la capacité de réflexion. Sous stress, les centres supérieurs du raisonnement s'atténuent (Arnsten, 2009). Il devient alors plus difficile de lire les textes religieux de manière symbolique ou poétique ; on tend à retomber vers des interprétations littérales.

Certaines croyances atteignent le niveau de valeurs sacrées, selon Scott Atran et Jeremy Ginges (2012) : des convictions tenues pour absolues et non négociables, souvent résistantes aux preuves. Lorsqu'elles sont défiées, elles déclenchent une indignation morale intense et sont défendues avec la même révérence que l'on réserve à la religion, y compris lorsque ces croyances sont séculières. Des leaders peuvent exploiter ces valeurs sacrées pour susciter l'abnégation, alimenter l'agression ou imposer le conformisme.

SCIENTISME, RÉDUCTIONNISME ET EXCOMMUNICATION DU MYSTÈRE

Si la religion a détourné le divin, le scientisme, qui affirme que seul ce qui est mesurable existe, l'a souvent banni. La science institutionnelle peut agir comme un sacerdoce de gardiens, écartant les données de première personne (états mystiques, expériences de mort imminente, phénomènes psi) sous prétexte de « simples anecdotes », tout en négligeant des accumulations vastes d'évidences jugées aberrantes (Greyson, 2021 ; Radin, 2006). Il en résulte une double contrainte : la religion manipule le sacré, tandis que le scientisme le nie. L'individu se retrouve appauvri, oscillant entre dogme et nihilisme désenchanté.

La véritable alternative réside dans une *science post-matérialiste* : rigoureuse et pluraliste, mais ouverte à la possibilité que la conscience soit fondamentale ou, à tout le moins, irréductible à la matière (Beauregard, 2012 ; Beauregard et al., 2014). La science post-matérialiste aborde le sacré non pas comme une pathologie, mais comme une expérience légitime. Elle intègre la phénoménologie—l'étude de l'expérience vécue, vue de l'intérieur—, les pratiques contemplatives et les psychédéliques sans renoncer à l'intégrité méthodologique (Varela, 1996 ; Lutz & Thompson, 2003).

RÉCLAMER LE DIVIN SANS CROYANCE

Si la divinité a été détournée, comment la reprendre ? La réponse n'est pas de remplacer un système de croyances par un autre, mais de transformer notre rapport à la croyance elle-même, en enracinant la spiritualité dans l'expérience directe, l'incarnation éthique et la cohérence communautaire.

Une voie est la *pratique apophatique*, la voie du non-savoir. La tradition apophatique — par exemple *Le Nuage de l'inconnaissance* au XIVe siècle, et Maître Eckhart — pointe au-delà des concepts en niant toute prédication du divin : Dieu n'est pas ceci, ni cela (*neti neti*). Elle entraîne l'esprit à relâcher l'emprise qui transforme le mystère en doctrine. Du point de vue des neurosciences, le silence contemplatif renforce la régulation préfrontale et réduit la réactivité limbique (Tang, Hölzel & Posner, 2015), créant un système nerveux capable de tolérer le paradoxe.

Une autre voie est la *mystique somatique*, qui traite le corps comme un portail. Une spiritualité informée par le trauma reconnaît qu'un système nerveux dysrégulé ne peut soutenir une profondeur contemplative sans sécurité (Ogden, Minton & Pain,

2006). Des pratiques inspirées par la *théorie polyvagale* (Porges, 2011) — respiration, mouvement doux, sécurité relationnelle — cultivent le *tonus vagal ventral* et élargissent la fenêtre de tolérance. Le corps cesse d'être un champ de bataille de la pureté pour redevenir un lieu d'ancrage et de vie.

Les *sacrements psychédéliques* offrent une autre ouverture en déconditionnant le moteur de la croyance. Les essais cliniques sur la psilocybine et d'autres psychédéliques rapportent de façon constante des expériences de type mystique (Griffiths et al., 2006, 2016) corrélées à des diminutions durables de la dépression, de l'anxiété et des conduites addictives. Le modèle REBUS (Carhart-Harris & Friston, 2019) suggère que les psychédéliques relâchent les a priori majeurs, dissolvent les croyances rigides et ouvrent la flexibilité cognitive. Employés avec responsabilité — c'est-à-dire avec une préparation adéquate, un accompagnement attentif et une intégration réfléchie — ces outils peuvent mettre en lumière le caractère construit de l'identité et des doctrines qui nous façonnent. Sans intégration, toutefois, ils risquent de redevenir des fabriques de croyances, la révélation se solidifiant en nouveau dogme.

Une *spiritualité post-croyance* enracine l'éthique dans la conscience plutôt que dans l'autorité. Elle fonde l'action morale dans l'interconnexion ressentie, l'accord empathique et une sagesse réactive au contexte plutôt que dans des commandements absolus. Cette approche privilégie la responsivité à la place du relativisme. Elle demande : quelle action, ici et maintenant, réduit la souffrance et crée de la cohérence ? De telles éthiques résonnent avec les philosophies du processus et les traditions non duelles, où la compassion émerge naturellement à mesure que s'estompent les frontières rigides entre soi et autrui (Varela, Thompson & Rosch, 1991 ; Singer & Klimecki, 2014).

Enfin, il y a le travail de *déprogrammation* pour celles et ceux qui sortent de religions à forte emprise. La déconstruction de la foi peut provoquer une grande désorientation, un sentiment de perte et même l'exil social. Elle demande donc des approches sensibles au trauma. Cela peut impliquer une exposition graduée à l'incertitude — comme dans la *Thérapie d'acceptation et d'engagement* (Hayes, Strosahl & Wilson, 2011), qui transforme l'ambiguïté en ouverture plutôt qu'en menace. Cela inclut aussi des thérapies somatiques pour dissoudre la peur associée au châtiment divin ou à la perte de communauté (van der Kolk, 2014). Un regard critique est également essentiel : comprendre comment les doctrines se sont construites au fil de l'histoire (Armstrong, 1993) et replacer le dogme dans son contexte. Enfin, il faut bâtir des communautés parallèles qui offrent l'appartenance sans coercition de croyance.

LE NUMINEUX APRÈS LE DÉTOURNEMENT

Le sacré n'est pas un débat à trancher mais une dimension à vivre. L'enjeu n'est pas de renverser la religion pour ériger un nouveau credo, mais de dévoiler la machine de capture et de marcher ensemble vers la liberté. Et, ce faisant, il est essentiel de se souvenir que la religion n'a pas seulement servi de véhicule d'oppression : elle a aussi été source de résilience, de beauté et de compassion. Pour des milliards d'êtres, elle a porté, et porte encore, du courage moral, de la solidarité et de l'espérance dans les temps sombres. Le défi n'est donc pas de jeter la religion en bloc, mais de discerner et de réclamer ses racines nourrissantes tout en refusant les structures qui les ont exploitées.

Cette réappropriation est déjà en cours. À mesure que de vieilles institutions religieuses se creusent et que les idéologies politiques se figent, un courant nouveau émerge : le retour de l'expérience directe. La mystique se lève à nouveau, non comme dogme mais comme enquête. Thérapie psychédélique, science contemplative, traditions non duelles et guérison somatique convergent en une renaissance de l'exploration intérieure. Ces mouvements menacent le statu quo non parce qu'ils sèment le chaos, mais parce qu'ils cultivent la souveraineté. L'expérience mystique dissout les frontières dont les institutions dépendent : entre soi et autrui, entre bien et mal, et entre sacré et profane.

Des études neuroscientifiques des états mystiques confirment ce basculement, montrant une diminution de l'activité du *réseau du mode par défaut* (Default Mode Network), ce carrefour neuronal de l'auto-référence égotique (Carhart-Harris et al., 2012). Il en résulte souvent une compassion accrue, une flexibilité d'esprit et un sentiment d'interconnexion (Yaden et al., 2017). Dans cette lumière, il nous faut des rituels qui nous ramènent à nous-mêmes, des langages qui indiquent plutôt qu'ils n'emprisonnent, des guides qui savent s'effacer, et des technologies qui amplifient la conscience plutôt que l'addiction.

La religion a jadis pris le feu et construit une prison. Notre tâche, maintenant, est de reprendre le feu et, cette fois, d'en prendre soin sans le laisser nous calciner en hiérarchies et en dogmes.

RÉFÉRENCES

Armstrong, K. (1993). *A History of God: The 4,000-Year Quest of Judaism, Christianity, and Islam*. New York : Knopf.

Arnsten, A. F. T. (2009). Stress signalling pathways that impair prefrontal cortex structure and function. *Nature Reviews Neuroscience*, 10(6), 410-422.

Atran, S., & Ginges, J. (2012). Religious and sacred imperatives in human conflict. *Science*, 336(6083), 855-857.

Barrett, J. L. (2004). *Why Would Anyone Believe in God?* Walnut Creek, CA : AltaMira Press.

Beauregard, M. (2012). *Brain Wars: The Scientific Battle Over the Existence of the Mind and the Proof That Will Change the Way We Live Our Lives*. New York : HarperOne.

Beauregard, M., Courtemanche, J., Paquette, V., & St-Pierre, É. L. (2007). The neural basis of the mystical experience in Carmelite nuns. *Neuroscience Letters*, 405(3), 186-190.

Beauregard, M., Schwartz, G. E., & Miller, L. (2014). Spirituality and consciousness research: The birth of a postmaterialist science. *Explore*, 10(5), 272-274.

Becker, E. (1973). *The Denial of Death*. New York : Free Press.

Berger, P. L., & Luckmann, T. (1966). *The Social Construction of Reality: A Treatise in the Sociology of Knowledge*. New York : Anchor Books.

Carhart-Harris, R. L., & Friston, K. J. (2019). REBUS and the anarchic brain: Toward a unified model of the brain action of psychedelics. *Pharmacological Reviews*, 71(3), 316-344.

Carhart-Harris, R. L., Erritzoe, D., Williams, T., *et al.* (2012). Neural correlates of the psychedelic state as determined by fMRI studies with psilocybin. *Proceedings of the National Academy of Sciences*, 109(6), 2138-2143.

Clark, A. (2013). Whatever next? Predictive brains, situated agents, and the future of cognitive science. *Behavioral and Brain Sciences*, 36(3), 181-204.

Curtis, V., Aunger, R., & Rabie, T. (2004). Evidence that disgust evolved to protect from risk of disease. *Proceedings of the Royal Society B: Biological Sciences*, 271(Suppl 4), S131-S133.

Eckhart, M. (2001). *The Essential Sermons, Commentaries, Treatises, and Defense* (B. McGinn, éd. et trad.). New York : Paulist Press.

Eisenberger, N. I., Lieberman, M. D., & Williams, K. D. (2003). Does rejection hurt? An fMRI study of social exclusion. *Science*, 302(5643), 290-292.

Foucault, M. (1977). *Discipline and Punish: The Birth of the Prison* (A. Sheridan, trad.). New York : Pantheon Books. (Œuvre originale publiée en 1975 sous le titre *Surveiller et punir*.)

Friston, K. (2010). The free-energy principle: A unified brain theory? *Nature Reviews Neuroscience*, 11(2), 127-138.

Greenberg, J., Pyszczynski, T., & Solomon, S. (2015). *The Worm at the Core: On the Role of Death in Life*. New York : Random House.

Griffiths, R. R., Johnson, M. W., Carducci, M. A., *et al.* (2016). Psilocybin produces substantial and sustained decreases in depression and anxiety in patients with life-threatening cancer: A randomized double-blind trial. *Journal of Psychopharmacology*, 30(12), 1181-1197.

Griffiths, R. R., Richards, W. A., McCann, U., & Jesse, R. (2006). Psilocybin can occasion mystical-type experiences having substantial and sustained personal meaning and spiritual significance. *Psychopharmacology*, 187(3), 268-283.

Greyson, B. (2021). *After: A Doctor Explores What Near-Death Experiences Reveal About Life and Beyond*. New York : St. Martin's Essentials.

Hayes, S. C., Strosahl, K. D., & Wilson, K. G. (2011). *Acceptance and Commitment Therapy: The Process and Practice of Mindful Change* (2e éd.). New York : Guilford Press.

Hirsh, J. B., Mar, R. A., & Peterson, J. B. (2012). Psychological entropy: A framework for understanding uncertainty-related anxiety. *Psychological Review*, 119(2), 304-320.

James, W. (2002). *The Varieties of Religious Experience: A Study in Human Nature*. Londres : Routledge. (Œuvre originale publiée en 1902.)

Kosslyn, S. M., Ganis, G., & Thompson, W. L. (2001). Neural foundations of imagery. *Nature Reviews Neuroscience*, 2(9), 635-642.

LeDoux, J. E. (1996). *The Emotional Brain: The Mysterious Underpinnings of Emotional Life.* New York : Simon & Schuster.

Lutz, A., & Thompson, E. (2003). Neurophenomenology: Integrating subjective experience and brain dynamics in the neuroscience of consciousness. *Journal of Consciousness Studies,* 10(9-10), 31-52.

Ogden, P., Minton, K., & Pain, C. (2006). *Trauma and the Body: A Sensorimotor Approach to Psychotherapy.* New York : W. W. Norton & Company.

Pagels, E. (1979). *The Gnostic Gospels.* New York : Random House.

Porges, S. W. (2011). *The Polyvagal Theory: Neurophysiological Foundations of Emotions, Attachment, Communication, and Self-Regulation.* New York : W. W. Norton & Company.

Radin, D. (2006). *Entangled Minds: Extrasensory Experiences in a Quantum Reality.* New York : Paraview Pocket Books.

Shariff, A. F., & Norenzayan, A. (2011). Mean gods make good people: Different views of God predict cheating behavior. *International Journal for the Psychology of Religion,* 21(2), 85-96.

Singer, T., & Klimecki, O. M. (2014). Empathy and compassion. *Current Biology,* 24(18), R875-R878.

Tajfel, H., & Turner, J. C. (1986). The social identity theory of intergroup behavior. In S. Worchel & W. G. Austin (dir.), *Psychology of Intergroup Relations* (pp. 7-24). Chicago : Nelson-Hall.

Tang, Y.-Y., Hölzel, B. K., & Posner, M. I. (2015). The neuroscience of mindfulness meditation. *Nature Reviews Neuroscience,* 16(4), 213-225.

Tangney, J. P., Stuewig, J., & Mashek, D. J. (2007). Moral emotions and moral behavior. *Annual Review of Psychology*, 58, 345-372.

van der Kolk, B. A. (2014). *The Body Keeps the Score: Brain, Mind, and Body in the Healing of Trauma*. New York : Viking.

Varela, F. J. (1996). Neurophenomenology: A methodological remedy for the hard problem. *Journal of Consciousness Studies*, 3(4), 330-349.

Varela, F. J., Thompson, E., & Rosch, E. (1991). *The Embodied Mind: Cognitive Science and Human Experience*. Cambridge, MA : MIT Press.

Watts, A. (1951). *The Wisdom of Insecurity: A Message for an Age of Anxiety*. New York : Pantheon Books.

Weber, M. (1978). *Economy and Society: An Outline of Interpretive Sociology* (G. Roth & C. Wittich, dir.). Berkeley : University of California Press. (Œuvre originale publiée en 1922.)

Whitehouse, H., & Lanman, J. A. (2014). The ties that bind us: Ritual, fusion, and identification. *Current Anthropology*, 55(6), 674-695.

Yaden, D. B., Le Nguyen, K. D., Kern, M. L., *et al.* (2017). The noetic quality: A multi-method exploratory study. *Psychology of Consciousness: Theory, Research, and Practice*, 4(1), 54-62.

Chapitre 3

Nation, tribu et théâtre du contrôle

« Le nouveau théâtre de la politique est vertical. Pendant que les citoyens se querellent à droite et à gauche, les élites consolident leur pouvoir au-dessus d'eux. »
— Mario Beauregard

L e chapitre 1 a révélé comment la peur et la croyance sculptent les circuits neuronaux de l'obéissance, et le chapitre 2 a mis à nu l'appareil religieux qui en récolte et amplifie les vulnérabilités. Dans ce troisième chapitre, notre regard se tourne vers la politique, la nation et la tribu, ces dogmes puissants qui façonnent le monde moderne.

La politique, avant tout, agit comme un moteur de programmation sociale dissimulé sous le langage de la vérité, de la vertu et de la destinée. La nation, la tribu et même la démocratie se présentent d'abord non comme des concepts rationnels, mais comme des expériences viscérales, incarnées dans des chants, des rituels, des bureaux de vote et des arènes virtuelles où s'attisent les flammes de la discorde. Ce n'est qu'ensuite qu'elles s'habillent de grandes idées : liberté, souveraineté, représentation et droits.

Religion et politique ont toujours connu les secrets que nous commençons seulement à décoder scientifiquement : la peur rétrécit la perception, l'identité soude la croyance et la répétition reconfigure le cerveau. Ce que la religion obtenait jadis par le mythe, le rituel et la punition divine, la politique moderne l'assure désormais par la manipulation médiatique, le tribalisme digital et la guerre symbolique. Les deux agissent sur le même substrat : le système nerveux programmable.

THÉOLOGIE POLITIQUE

La religion s'est affaiblie en Occident séculier, mais ses structures n'ont pas disparu : elles ont simplement migré. La politique moderne apparaît, en vérité, comme une théologie déguisée. Elle promet un salut (le progrès), désigne l'hérésie (l'opposition), orchestre ses rituels (les élections), érige ses textes sacrés (les constitutions) et intronise ses grands prêtres (éditorialistes, premiers ministres et présidents). De plus, elle exige la croyance, punit l'apostasie et promet la délivrance par la participation.

Carl Schmitt (1922/2005) affirmait que les fondements mêmes de la théorie moderne de l'État ne sont rien d'autre que des « concepts théologiques sécularisés ». La souveraineté ne se limite pas à administrer le pouvoir : elle reflète l'omnipotence divine, s'arrogeant l'autorité ultime de décider qui peut vivre et qui doit mourir, qui appartient à la communauté politique et qui doit être rejeté. De ce point de vue, la politique acquiert une structure quasi théologique, et les idéologies modernes fonctionnent moins comme des cadres pragmatiques de gouvernance que comme des univers moraux complets. Libéralisme, conservatisme, socialisme, communisme : ce ne sont plus de simples positions politiques, mais des marqueurs tribaux infusés de valeurs sacrées. Les questionner n'est pas seulement débattre d'idées : c'est risquer de transgresser les frontières du sacré, déclenchant indignation morale et dégoût, à la manière des accusations de blasphème dans les ordres religieux d'autrefois (Atran & Ginges, 2012).

La théologie politique ne vit pas dans l'abstrait, mais respire à travers les parades, les élections, les fêtes nationales et les monuments. Se tenir devant un mémorial, c'est être convié à la révérence. Lorsque l'hymne national s'élève avant le match, le corps s'anime avant la pensée : la chair se couvre de frissons, les yeux se mouillent, la poitrine se gonfle de fierté. Voilà la liturgie de la nation, le battement de cœur de la théologie politique.

LE SPECTACLE : LES MÉDIAS COMME INTERFACE LITURGIQUE

Les médias de masse sont devenus les vecteurs à grande vitesse de l'idéologie, de la peur et du rituel. Si l'Église fut jadis médiatrice entre le sacré et la foule, les médias sont aujourd'hui l'interface liturgique des dieux politiques. Guy Debord (1967) appelait cela « *la société du spectacle* », où l'expérience vécue est remplacée par des représentations, et où la participation se réduit à la consommation. La politique devient théâtre, et la vérité simple récit.

Les neurosciences confirment la puissance des médias. L'exposition répétée à des images émotionnellement chargées, telles que le terrorisme, la criminalité ou la contestation, entraîne le cerveau à anticiper la menace. L'amygdale et l'hippocampe enregistrent ces impressions, les intégrant à des schémas de danger qui persistent bien après la disparition des images (Öhman & Mineka, 2001). Ajoutez à cela le renforcement par écran, et surgissent les *chambres d'écho* : cercles clos d'information où chacun entend surtout sa propre vision répétée, jusqu'à ce que la dissidence paraisse dangereuse. Les médias ne se contentent pas de manipuler, ils façonnent l'environnement même dans lequel nous vivons. Comme le rappelait McLuhan (1964), *le médium est le message*.

Considérez le cycle des nouvelles en continu. Son flot perpétuel d'alertes frénétiques est conçu pour maximiser l'excitation, afin que l'attention soit sans cesse détournée par la nouveauté, l'indignation et la peur. Les plateformes en ligne amplifient cet effet en récompensant l'indignation par la viralité.

En ce sens, la liturgie médiatique est quotidienne, implacable et neurobiologiquement indélébile.

L'INGÉNIEUR DU CONSENTEMENT

Si Debord a révélé les contours philosophiques du spectacle, c'est Edward Bernays qui en a conçu la machinerie. Souvent présenté comme le "père des relations publiques", Bernays (1928/2005) n'était pas seulement un homme de marketing, mais un véritable *ingénieur social*. Neveu de Sigmund Freud, il a transposé la psychanalyse dans l'art de manipuler les masses, devenant le pionnier des techniques qui allaient façonner la propagande moderne. Bernays avait compris que la psyché humaine, saturée de pulsions inconscientes, n'est pas malléable par la raison, mais par les symboles, l'émotion et la répétition.

Dans *Propaganda*, il écrivait : « La manipulation consciente et intelligente des habitudes et opinions organisées des masses est un élément important de la société démocratique... Ceux qui manipulent ce mécanisme occulte de la société constituent un gouvernement invisible, véritable pouvoir dirigeant de notre pays » (Bernays, 1928, p. 37).

Ce qui apparaissait comme conspiration était en réalité une stratégie. Bernays appelait cela « *l'ingénierie du consentement* », une expression empruntée sans ironie aux idéaux démocratiques et recyclée au service du pouvoir corporatif et politique. En s'appuyant sur le modèle freudien de l'inconscient, il découvrit comment contourner la délibération rationnelle. Voici un cas emblématique : dans les années 1920, il orchestra une campagne pour promouvoir la cigarette chez les femmes en les rebaptisant « *Torches de la liberté* ». En liant le tabac à l'émancipation féminine, il assura le succès de la campagne non par un raisonnement, mais en activant les circuits neuronaux qui associent identité et rébellion.

Les techniques inaugurées par Bernays se sont multipliées. Aujourd'hui, des industries entières se spécialisent dans le façonnement des désirs, la gestion des perceptions et la manipulation des comportements. Les plateformes sociales appliquent les principes de Bernays à une échelle inédite, testant des centaines de variations de messages pour identifier quels mots, quelles images, quels sons suscitent le plus de clics ou d'émotions. Le consentement n'est plus fabriqué par quelques hommes de publicité, mais par des boucles de rétroaction informatisées, ajustées aux vulnérabilités de milliards d'esprits.

MACHIAVEL ET LA LOGIQUE DU POUVOIR

Bien avant Bernays, Machiavel avait dévoilé les logiques brutales de la politique. Dans *Le Prince* (1532), il affirmait que les dirigeants ne devaient pas être jugés à l'aune de leur vertu, mais à celle de leur capacité à conquérir et maintenir le pouvoir. La peur, insistait-il, est plus fiable que l'amour ; les apparences importent davantage que les intentions ; et la tromperie, lorsqu'elle est pratiquée avec habileté, constitue un outil légitime de gouvernance. Son fameux conseil de *"paraître miséricordieux, fidèle, humain, religieux, droit, et de l'être, mais avec un esprit si bien façonné que, si la nécessité commande de ne pas l'être, on puisse et on sache devenir le contraire"* annonçait déjà la politique contemporaine de la mise en scène, de l'image et de la communication de masse.

L'empreinte de Machiavel se lit partout dans la politique moderne. Les dirigeants façonnent des personas artificielles, oscillant entre chaleur populiste et fermeté autoritaire. Les partis instrumentalisent la peur pour renforcer la loyauté. Les nations présentent leurs adversaires non seulement comme des menaces géopolitiques, mais comme des dangers existentiels, écho de l'exigence machiavélienne d'un ennemi extérieur pour cimenter l'unité intérieure. Ses intuitions sur l'usage du spectacle, de la manipulation et de la peur demeurent vivantes dans les régimes autoritaires et dans les structures médiatisées qui ne présentent qu'une façade de démocratie.

Les populistes d'aujourd'hui pillent avec enthousiasme le manuel machiavélien. Ils inventent des ennemis extérieurs pour attacher la loyauté au foyer national, orchestrent des crises afin de justifier des mesures extraordinaires, et polissent leur image avec une attention obsessionnelle à l'optique. Bernays leur a donné les leviers de l'émotion, et Machiavel leur a fourni le calcul du pouvoir. Ensemble, ils ont engendré une bête hybride : un spectacle en ligne soudé à une *realpolitik* intemporelle, une politique dépouillée de principes, conçue pour le contrôle et guidée par la survie à tout prix.

BOUCLES DE RÉTROACTION DE LA PEUR ET DE LA CROYANCE

La peur est l'étincelle. Qu'elle provienne de blessures d'enfance ou d'angoisses sociales, elle inonde le système limbique et prépare l'esprit au besoin de secours. Dans cette brèche s'engouffre l'idéologie, promettant sécurité, certitude et refuge d'appartenance. Chaque acte de croyance procure une récompense, non pas métaphorique mais chimique : la dopamine délivre sa décharge d'affirmation, tandis que l'ocytocine renforce le lien du croyant avec son groupe.

Puis survient la contradiction. Une remise en cause du récit n'est pas perçue comme une nouvelle information, mais comme un danger. Le système d'alarme du cerveau, l'amygdale, réagit instantanément, étiquetant le désaccord comme une menace vitale. En réponse, les défenses mentales se dressent et la croyance se solidifie. Ceux qui contestent ne sont plus vus comme simplement erronés, mais comme corrompus, délirants, voire dangereux. De l'extérieur, cela ressemble à de l'entêtement. De l'intérieur, cela ressemble à de l'auto-protection. La cage n'est pas faite de fer, mais du câblage du cerveau lui-même.

Cette réaction défensive aide à comprendre pourquoi les théories du complot et les cultes politiques résistent autant au changement. Les tentatives de les corriger échouent souvent, renforçant les croyances mêmes qu'elles cherchent à démanteler. Comme des sectes religieuses soudées par la peur et l'identité, ces mouvements se protègent de toute contradiction en désignant tous les étrangers comme des ennemis. Le cycle se resserre, et l'envoûtement perdure.

IMAGINER LA NATION

Benedict Anderson a qualifié la nation de « *communauté imaginée* » (1983), imaginée non parce qu'elle serait fausse, mais parce qu'elle repose sur la vision d'une camaraderie profonde entre des millions d'individus qui ne se rencontreront jamais. Les nations se tissent à travers la diffusion des livres et des journaux, à travers les langues standardisées, les traditions inventées et les institutions d'État qui rythment le temps par les fêtes, découpent l'espace par des frontières et chargent l'émotion de rituels, de drapeaux et d'hymnes. Les mécanismes cognitifs et émotionnels qui rassemblaient jadis de petites tribus autour du feu s'élèvent désormais à l'échelle des masses par le mythe et les médias, transformant des étrangers en un peuple.

Ernest Renan (1882) affirmait qu'une nation est un « *plébiscite quotidien* », soutenu moins par des institutions que par la mémoire collective des souffrances et la volonté partagée d'endurer ensemble. Ces souffrances, qu'elles proviennent de guerres, de révolutions ou de pandémies, ne restent pas de simples faits historiques mais se transfigurent en mythes, devenant l'adhésif qui soude la communauté nationale. De ce réservoir mythique émergent des symboles comme les drapeaux et les hymnes, totems modernes qui condensent les valeurs collectives en formes tangibles et les canalisent en révérence, loyauté et sacrifice.

L'économie émotionnelle de la nation fonctionne sur trois courants : la peur des ennemis extérieurs, le ressentiment face aux injustices internes, et la fierté des réalisations collectives ou de la gloire imaginée. Gouvernements et médias agissent comme des chefs d'orchestre, amplifiant ou atténuant ces affects pour élargir ou restreindre les horizons du possible politique. L'identité nationale devient ainsi moins une essence fixe qu'un rituel d'émotions, répété et renforcé dans les salles de classe, les stades et les hémicycles parlementaires.

LA TRIBU : LE PROGRAMME ORIGINEL

Si la nation est un mythe moderne, la tribu est une programmation ancienne. La psychologie humaine a évolué pour de petits groupes de 50 à 150 individus (Dunbar, 1993), mais aujourd'hui cette même programmation anime des milliards à travers des plateformes conçues à cet effet. Le psychologue Henri Tajfel (1979) a montré que de minuscules différences suffisent à éveiller la loyauté de groupe. Les réseaux sociaux amplifient cet effet, multipliant d'innombrables mini-tribus et fragmentant notre réalité partagée en chambres d'écho d'images, de slogans et de croyances virales.

L'ocytocine intensifie l'altruisme paroissial, accroissant la gentillesse envers les membres du groupe tout en aiguisant la méfiance envers les étrangers (De Dreu et al., 2011). La biologie nous prédispose au lien tribal, mais ne détermine pas l'étendue de nos loyautés. La culture et les institutions doivent élargir l'empathie au-delà du cercle restreint, faute de quoi l'esprit fermé retombe dans la division. À l'ère numérique, cette tendance ancienne a été reconfigurée : les tribus virtuelles rivalisent désormais avec les nations géographiques dans leur capacité à souder et mobiliser. Les communautés de passionnés, les mots-dièse et les mouvements en ligne rassemblent des millions d'individus autour de symboles et de causes partagées. La direction morale de ces tribus n'est pas prédéterminée. Certaines cultivent la solidarité et la compassion, d'autres amplifient l'extrémisme et la haine. Le même héritage neurobiologique peut nourrir une générosité mondiale lors de catastrophes ou une ferveur génocidaire en période de crise. Ce qui en détermine l'issue n'est pas la biologie elle-même, mais les récits que nous construisons et les contextes dans lesquels ils prennent forme.

LA DÉMOCRATIE COMME ILLUSION

Walter Lippmann (1922) a noté que les publics se fient à des « images dans nos têtes » façonnées par les élites, une idée qu'ont développée Chomsky et Herman (1988) en montrant comment les médias fabriquent le consentement. Ce qu'ils décrivaient est aujourd'hui industrialisé : algorithmes et robots conversationnels amplifient la persuasion à une échelle massive (Zuboff, 2019 ; Tufekci, 2017), tandis que les campagnes ciblent les électeurs comme des consommateurs de récits (Issenberg, 2012). Dans cette machinerie, les élections compressent la complexité en choix binaires. Elles divisent, rétrécissent les horizons, et servent davantage à légitimer le pouvoir qu'à le distribuer. Sous la surface, partis et candidats demeurent structurellement dépendants du capital pour obtenir attention et financement, tandis que la propriété médiatique et les cercles d'influence délimitent l'agenda bien avant l'apparition des bulletins de vote (Michels, 1911 ; Mills, 1956 ; Stigler, 1971). Le résultat est une orchestration oligarchique : les politiciens fonctionnent moins comme auteurs de politiques que comme intermédiaires du capital concentré. Les données empiriques montrent que lorsque les préférences des élites économiques divergent de celles des citoyens ordinaires, la politique appliquée reflète les élites (Gilens & Page, 2014 ; Winters & Page, 2011). La représentation devient alors un rituel, et la gouvernance une mise en scène.

La peur, la croyance et le contrôle forment une triade : la peur aiguise l'obéissance, la croyance justifie l'identité, et le contrôle organise le comportement par la surveillance et les incitations. Ensemble, elles créent une boucle de rétroaction : la peur renforce les croyances, les croyances légitiment le contrôle, et le contrôle fabrique de nouvelles peurs. *La démocratie, illusion plus que réalité*, prend sa place sur la scène. L'électeur joue au consommateur, et le politicien joue à la marque. Les élections ne sont pas le fruit d'une intelligence collective laborieuse, mais de plébiscites fugaces. Les lumières éblouissent, le scénario se répète, et le public se fracture. Derrière le rideau, le pouvoir ne s'incline que devant ses élites.

Pourtant, le décor peut être redessiné. Des mécanismes comme le financement public des campagnes, les mesures antitrust contre les conglomérats médiatiques, et les exigences de transparence pour les systèmes d'information automatisés peuvent affaiblir la capture oligarchique (Lessig, 2011 ; Zuboff, 2019). Des expériences d'assemblées citoyennes, de budgets participatifs et de coopératives numériques pointent vers des formes de gouvernance plus continues et délibératives (Fishkin, 2018 ; Landemore, 2020). Ces alternatives rappellent que la démocratie n'a pas à rester un théâtre d'illusions gérées : elle peut devenir un atelier de sagesse partagée.

L'AGENDA TECHNOCRATIQUE

Si la politique a longtemps été théâtre, la technologie menace désormais d'en devenir la scène, le script et le metteur en scène. Le XXIe siècle a vu émerger une nouvelle classe dirigeante, non plus des prêtres ou des princes, mais des technocrates et des oligarques qui contrôlent l'infrastructure numérique de la vie quotidienne. Les plateformes de la *Big Tech*, les institutions supranationales et les élites financières convergent dans un projet souvent déguisé en efficacité, en sécurité ou en « *progrès* ». Sa logique profonde est le contrôle.

Contrairement aux empires passés, l'ordre technocratique naissant ne repose pas sur la coercition visible. Son édifice est numérique, algorithmique et bureaucratique. Les systèmes de crédit social en Chine, la surveillance biométrique en Europe, et les dispositifs de surveillance prédictive aux États-Unis révèlent le même schéma : la quantification des comportements humains, l'extraction des données comme matière première, et la gouvernance des populations par les métriques et les incitations plutôt que par les lois et la délibération.

Le langage est technocratique: résilience, durabilité, et optimisation technologique. Mais sous le jargon se cache une vision de la gouvernance qui transcende les frontières et érode la souveraineté. L'Union européenne expérimente la régulation centralisée des discours et des flux d'information. L'ONU élabore des cadres de « coopération numérique mondiale ». Les géants de la Silicon Valley jusqu'à Davos façonnent ces agendas dans des sommets à huis clos, hors de portée de la responsabilité démocratique. Il en résulte une convergence d'intérêts entre bureaucraties en quête d'efficacité, entreprises en quête de profit, et élites en quête de stabilité.

Les neurosciences de la conformité éclairent l'efficacité de ce système. La surveillance active les circuits de la menace dans le cerveau, accroissant la conformité même sans punition visible. Des astuces de conception subtiles, des flux d'informations personnalisés, des moyens de paiement instantanés et des censures invisibles opèrent en dessous du seuil de conscience, nous orientant sans que nous en soyons conscients. La liberté n'est pas interdite mais redéfinie, rétrécie et rendue invisible. La prison la plus efficace est celle dont on ne voit pas les murs.

Le rêve d'efficacité risque de devenir le cauchemar de la conformité : un monde d'esclaves bioniques, optimisés pour la productivité et l'obéissance plutôt que pour la créativité et la liberté. Le futur le plus dystopique n'est pas celui où les machines nous gouvernent, mais celui où nous sommes devenus des machines.

Cet agenda technocratique représente l'aboutissement de Bernays et de Machiavel mis à jour pour l'ère numérique. Il marie l'ingénierie émotionnelle de la propagande à la précision des sciences comportementales et à l'échelle de l'IA. Là où les États-nations cultivaient jadis la loyauté par drapeaux et hymnes, la technocratie globale aspire désormais à commander par les données, les biométries et la gouvernance automatisée. Ce n'est plus une politique d'appartenance, mais une politique de gestion. Les citoyens sont traités comme des données, et la participation devient obéissance passive.

Ce qui est en jeu, ce n'est rien de moins que l'avenir de la liberté humaine. Le choix ne se joue pas entre démocratie et dictature dans leurs formes anciennes, mais entre des cadres participatifs et adaptatifs de gouvernance partagée, ou une dystopie technocratique où les calculs dictent la vérité, les élites monopolisent le récit et la souveraineté se dissout dans le décret algorithmique.

RÉSISTER AU LÉVIATHAN NUMÉRIQUE

L'antidote à l'enfermement technocratique n'est pas la nostalgie d'un passé révolu, mais la conception délibérée de contre-systèmes décentralisés, transparents et humains. De même que le pouvoir circule désormais à travers des codes et des architectures numériques, la résistance doit développer ses propres infrastructures d'autonomie et de résilience.

Les technologies décentralisées telles que les plateformes en code libre, les communications chiffrées et les systèmes de chaînes de blocs — registres distribués accessibles et vérifiables par tous — offrent des prototypes pour desserrer l'emprise du contrôle centralisé. Mais ces outils sont eux-mêmes vulnérables à la capture, servant les pouvoirs en place aussi aisément qu'ils peuvent les subvertir. Leur potentiel émancipateur ne surgit que lorsqu'ils s'enracinent dans des cultures participatives qui résistent à l'enclosure et redonnent de la capacité d'action aux communautés. Dans de tels contextes, des assemblées citoyennes en ligne, des coopératives gérées par leurs membres et des systèmes d'échange direct d'énergie ou de finance esquissent un futur en réseau où les liens ne servent plus à asservir mais à libérer.

Tout aussi vitales sont ce qu'on pourrait appeler des « pare-feux cognitifs ». L'éducation à la pensée critique, à la littératie médiatique et à la résilience émotionnelle immunise les sociétés contre la manipulation. Une société capable de reconnaître la propagande en temps réel, qui valorise la nuance plutôt que l'indignation, et qui traite les gardiens automatisés de l'information comme des outils plutôt que comme des oracles, est bien plus difficile à asservir.

Enfin, la souveraineté doit être réinventée non comme domination mais comme intendance. Les communautés, les nations et les alliances transnationales doivent exiger que la technologie serve l'épanouissement humain plutôt que sa réduction. Cela signifie rendre les structures de plateformes plus transparentes, démanteler les monopoles technologiques, protéger les données des individus et construire des espaces numériques partagés pour tous.

Le véritable choix est net : soit un avenir d'esclaves bioniques, humains optimisés pour l'obéissance et privés de leur étincelle créatrice, soit un avenir de co-créateurs conscients, citoyens bâtissant des systèmes qui élargissent l'autonomie, approfondissent l'empathie et favorisent l'intelligence collective. La lutte ne se joue donc pas seulement contre la Big Tech ou les bureaucraties supranationales, mais pour le pouvoir d'imaginer le numérique autrement. Le XXe siècle fut marqué par la conquête des masses par la propagande ; le XXIe siècle sera défini par la capacité de l'humanité à reconquérir la technologie comme instrument de floraison plutôt que de soumission.

CONSENTEMENT FABRIQUÉ

Le modèle de propagande de Noam Chomsky et Edward Herman (1988) ne s'applique pas seulement aux médias, mais s'étend aussi à la religion et à la politique. Son principe est clair : le système de contrôle le plus efficace n'interdit pas la dissidence, il la rend simplement impensable. Le langage joue ici un rôle central, car il encadre la perception (Lakoff, 2004) et prépare les circuits neuronaux avant même que la raison ne s'enclenche. Ce conditionnement trouve aujourd'hui un terrain fertile dans les plateformes sociales, véritables casinos de l'attention, qui récompensent l'indignation et sanctionnent la nuance.

La propagande d'aujourd'hui est hyper-personnalisée. Là où les États du XXe siècle diffusaient des messages uniformes par affiches, radio et télévision, les plateformes du XXIe siècle adaptent la propagande à l'individu. Chaque fil d'actualité devient un tunnel de réalité sur mesure, optimisé pour un engagement émotionnel maximal. Cette fragmentation de l'espace public mine la possibilité même d'une vérité partagée.

Le problème n'est pas seulement une question d'information, mais aussi de cerveau. Notre attention est limitée, sans cesse happée par les notifications, les images virales et les décharges de dopamine. Une population distraite ne peut maintenir la réflexion collective qu'exige une véritable démocratie. Fragmenté par les stimuli, le système nerveux devient plus facile à contrôler. Le résultat est une société qui réagit et consomme, mais qui pense rarement ensemble.

MASCARADE OU TRANSFORMATION ?

La religion nous a laissé les structures de l'obéissance. La politique les a réécrites pour les nations. Aujourd'hui, la technocratie veut les numériser à l'échelle du globe. Reste à savoir si nous demeurons prisonniers de ces théâtres hérités, rejouant sans fin les scénarios de la peur, de la croyance et du contrôle, ou si nous pouvons inventer de nouvelles mises en scène.

L'alternative n'est ni le retrait ni le cynisme, mais la conception consciente. La gouvernance partagée n'est pas un fantasme : elle constitue le potentiel latent d'une espèce câblée pour l'empathie, la créativité et la collaboration. Encore faut-il la cultiver. Cela suppose de transformer nos habitudes collectives : que les rituels de division deviennent des pratiques de cohérence, que les médias qui manipulent la peur soient réinventés pour amplifier la sagesse, et que la démocratie, trop souvent réduite à un spectacle de souveraineté, retrouve sa substance en incarnant une souveraineté nourrie par la délibération.

Le système nerveux qui nous liait jadis aux dieux, aux tribus et aux drapeaux peut aussi nous relier les uns aux autres dans des réseaux de solidarité qui transcendent la manipulation. Le défi n'est pas d'abolir le théâtre, mais de le diriger vers la vérité, la compassion et la liberté. Si la politique est performance, écrivons un scénario qui libère plutôt qu'il ne soumet.

RÉFÉRENCES

Anderson, B. (1983). *Communautés imaginées : Réflexions sur l'origine et l'essor du nationalisme*. Verso.

Atran, S., & Ginges, J. (2012). Religious and sacred imperatives in human conflict. *Science*, 336(6083), 855–857. https://doi.org/10.1126/science.1216902

Bernays, E. L. (1928/2005). *Propaganda*. IG Publishing.

Bernays, E. L. (1947). The engineering of consent. *The Annals of the American Academy of Political and Social Science*, 250(1), 113–120. https://doi.org/10.1177/000271624725000116

Chomsky, N., & Herman, E. S. (1988). *Manufacturing consent: The political economy of the mass media*. Pantheon.

Debord, G. (1967). *La société du spectacle*. Buchet-Chastel.

De Dreu, C. K. W., Greer, L. L., Handgraaf, M. J. J., Shalvi, S., Van Kleef, G. A., Baas, M., … & Feith, S. W. W. (2011). Oxytocin promotes human ethnocentrism. *PNAS*, 108(4), 1262–1266. https://doi.org/10.1073/pnas.1015316108

Dunbar, R. I. M. (1993). Coevolution of neocortex size, group size and language in humans. *Behavioral and Brain Sciences*, 16(4), 681–735. https://doi.org/10.1017/S0140525X00032325

Fishkin, J. S. (2018). *Democracy when the people are thinking*. Oxford University Press.

Gilens, M., & Page, B. I. (2014). Testing theories of American politics. *Perspectives on Politics*, 12(3), 564–581. https://doi.org/10.1017/S1537592714001595

Issenberg, S. (2012). *The victory lab*. Crown.

Lakoff, G. (2004). *Don't think of an elephant!*. Chelsea Green.

Landemore, H. (2020). *Open democracy*. Princeton University Press.

Lessig, L. (2011). *Republic, lost*. Twelve.

Lippmann, W. (1922). *Public opinion*. Harcourt, Brace.

Machiavelli, N. (1532/2008). *Le Prince* (P. Bondanella, trad.). Oxford University Press.

McLuhan, H. M. (1964). *Understanding media*. McGraw-Hill.

Michels, R. (1911/2001). *Partis politiques*. Free Press.

Mills, C. W. (1956). *The power elite*. Oxford University Press.

Öhman, A., & Mineka, S. (2001). Fears, phobias, and preparedness. *Psychological Review*, 108(3), 483–522. https://doi.org/10.1037/0033-295X.108.3.483

Renan, E. (1882). *Qu'est-ce qu'une nation ?* (Conférence à la Sorbonne). https://sourcebooks.fordham.edu/mod/1882renan.asp

Schmitt, C. (1922/2005). *Théologie politique* (G. Schwab, trad.). University of Chicago Press.

Tajfel, H., & Turner, J. C. (1979). An integrative theory of intergroup conflict. In W. G. Austin & S. Worchel (Eds.), *The social psychology of intergroup relations* (pp. 33–47). Brooks/Cole.

Tufekci, Z. (2017). *Twitter and tear gas.* Yale University Press.

Winters, J. A., & Page, B. I. (2011). Oligarchy in the United States? *Perspectives on Politics*, 7(4), 731–751. https://doi.org/10.1017/S1537592709992710

Zuboff, S. (2019). *The age of surveillance capitalism.* PublicAffairs.

Chapitre 4

Scolariser le Robot Humain

« L'école est l'agence de publicité qui vous fait croire que vous avez besoin de la société telle qu'elle est. »
— Ivan Illich

Entrez dans presque n'importe quelle salle de classe traditionnelle du monde. Observez la chorégraphie qui s'y joue, à la fois ordinaire et extraordinaire. Des rangées de pupitres sont alignées avec la rigueur d'une parade militaire. Une unique figure d'autorité trône à l'avant, dispensatrice de savoir et gardienne de l'ordre. L'horloge suspendue au mur impose son rythme, dicte le tempo de l'attention et fragmente le temps en séquences strictement mesurées. Et les sonneries, semblables à des clairons, orchestrent le déplacement des corps d'un enclos à l'autre, d'un couloir au suivant, d'une tâche minutée à une autre.

Le dispositif est si répandu qu'il se fond dans l'arrière-plan de nos vies. Nous le nommons *éducation*, comme si ce mot suffisait à effacer son évidence. Pourtant, derrière cette façade, ses rituels, ses structures et ses attentes implicites révèlent un autre projet : la production en série d'êtres dociles, prévisibles, conformes et facilement gérables.

L'école moderne, telle que nous la connaissons, n'est pas née par hasard. Elle est l'héritière du modèle prussien, façonnée par l'essor du capitalisme industriel, consolidée par la psychologie béhavioriste et aujourd'hui amplifiée par la puissance des technologies de surveillance. Elle fonctionne comme une machine d'obéissance d'une efficacité redoutable. Ce n'est pas tant ce qu'elle enseigne explicitement qui importe, mais ce qu'elle instille en silence, à travers ce que les théoriciens critiques appellent le *curriculum caché*. Celui-ci enseigne la hiérarchie, la ponctualité, la surveillance, la compétition et surtout la suppression de la curiosité spontanée (Bowles et Gintis, 1976 ; Bourdieu et Passeron, 1977 ; Foucault, 1975). Ces leçons invisibles ne sont pas écrites dans les manuels scolaires : elles sont inscrites dans les emplois du temps, les régimes de notation, les rituels des examens standardisés et dans les gestes quotidiens de la discipline ordinaire. L'aboutissement est un type particulier de socialisation : le *Robot Humain*, cet être accoutumé à la conformité, habitué à confier son jugement à une autorité extérieure et formé à confondre accumulation d'informations avec compréhension véritable, encore moins avec sagesse.

Pourtant, ce récit n'est pas sans contrepoints. À travers le monde surgissent des expériences qui témoignent d'une autre manière d'enseigner et d'apprendre, des alternatives vivantes, vibrantes, et portées par un souffle différent. Ici, ce sont les approches *Montessori* ou *Waldorf* qui placent l'enfant au centre de son propre cheminement. Là, des écoles démocratiques et des communautés d'apprentissage auto-dirigé inventent de nouveaux espaces de liberté. Ailleurs encore, les pédagogies inspirées de Freire raniment le dialogue et l'esprit critique, tandis que des systèmes nationaux, comme celui de la Finlande, s'appuient sur la confiance faite aux enseignants, sur leur autonomie et sur une vision intégrative du savoir. Ces multiples visages rappellent qu'il est possible d'éduquer non pour endormir l'esprit mais pour l'éveiller (Freire, 1970 ; Robinson, 2011 ; Sahlberg, 2011). Les neurosciences, la psychologie de la motivation et la science de la complexité apportent aujourd'hui un socle théorique solide à ces écologies libératrices. Mais pour en saisir pleinement la portée, il nous faut d'abord affronter le présent : comprendre d'où vient la forme actuelle de l'école, dévoiler le fonctionnement de la machinerie de l'obéissance et reconnaître comment elle façonne nos cerveaux, nos identités et nos sociétés.

GÉNÉALOGIE D'UNE MACHINE

Le système scolaire obligatoire, structuré par âges, prit forme en Prusse aux XVIIIe et XIXe siècles avant de se diffuser à travers l'Europe et les États-Unis (Gatto, 1992 ; Illich, 1971). Dans les années 1840, Horace Mann défendit les écoles publiques et importa dans le système américain les caractéristiques prussiennes, qui correspondaient parfaitement aux besoins de la révolution industrielle. Les usines exigeaient des travailleurs ponctuels, alphabétisés, disciplinés et capables de suivre des consignes. L'école devint leur antichambre et leur ligne d'assemblage. Horaires fixes, examens standardisés, hiérarchie bureaucratique et programmes imposés : une nouvelle grammaire s'imposa, et avec elle une conception de l'apprentissage transformée en obéissance.

Rien n'était laissé au hasard. Comme l'ont montré Bowles et Gintis (1976), l'école ne fait pas que transmettre des connaissances : elle apprend aussi aux élèves à se plier aux règles du monde du travail. On y apprend à obéir à une autorité extérieure, à effectuer des tâches répétitives comme mémoriser des bouts de savoir uniquement pour un examen et à voir la compétition avec les autres comme un mécanisme naturel de classement. Dans la même logique, Bourdieu et Passeron (1977) ont montré que l'école transforme certains avantages de départ, comme parler la "bonne" langue ou connaître déjà certains codes, en ce qu'elle appelle du "mérite". Ce mérite est ensuite présenté comme neutre et universel, alors qu'il reflète en réalité des privilèges sociaux déguisés. Cette double mécanique — l'habituation à l'obéissance et la légitimation des inégalités — se condense dans une pédagogie implicite, plus forte parfois que le programme officiel. La véritable leçon se trouve là : *reste tranquille, attends ton tour, obéis à la cloche* et surtout, ne conteste jamais l'examen.

LE CURRICULUM CACHÉ

Dans *Surveiller et punir* (1975), Foucault donne une des clés les plus précises pour comprendre l'école comme fabrique de docilité. Les institutions dressent les corps comme on dresse des habitudes : elles apprennent aux gens à se tenir tranquilles, à marcher au pas, et à lever la main quand on veut parler. La salle de classe devient un *panoptique* miniature. Le regard de l'enseignant plane, le carnet de notes archive, le dossier permanent projette son ombre menaçante, et aujourd'hui les tableaux de bord numériques s'étendent toujours plus. L'examen concentre ce pouvoir dans un rituel, convertissant la richesse fluide du potentiel humain en données quantifiées, comparables, classables et sanctionnables.

Peu à peu, la tyrannie de la note cesse d'être seulement extérieure. Elle s'intériorise. Les élèves apprennent à se surveiller, à se contrôler et à se censurer. Leur vie émotionnelle, nourrie de curiosité, d'émerveillement, d'ennui et de peur, se trouve convertie en indicateurs de performance.

Voilà le *curriculum caché* : une pédagogie silencieuse qui répète, jour après jour, la même leçon. Son message essentiel est que l'autorité est toujours ailleurs, et que la vérité se loge dans les manuels, les enseignants et les examens. Le rythme quotidien enfonce le clou : la cloche revendique le temps lui-même et impose le tempo de l'attention. Dans ce cadre, apprendre n'est pas découvrir mais consommer, recevoir un contenu au lieu de le co-créer. La réussite dépend de la conformité, la note récompensant l'obéissance davantage que la compréhension. La compétition aiguise encore cette obéissance en naturalisant la hiérarchie et en transformant les camarades en rivaux dans un jeu sans gagnant collectif. Tous ces éléments convergent dans une atmosphère de surveillance constante, où être visible signifie être jugé sans répit.

Tout cela ne relève pas du hasard. C'est la conséquence structurelle d'un système calibré pour le contrôle et la prévisibilité, et non pour l'épanouissement d'êtres vivants, créatifs et autonomes.

L'INGÉNIERIE DU COMPORTEMENT

Au XXe siècle, le fondement théorique du programme d'obéissance fut le béhaviorisme. La *loi de l'effet* formulée par Thorndike en 1911 et le *conditionnement opérant* de Skinner en 1953 affirmaient que le comportement pouvait être façonné par des mécanismes de renforcement. Pour les administrateurs, la promesse était irrésistible : si l'être humain pouvait être dressé comme un animal de laboratoire, alors l'école devenait un lieu de contrôle parfait. Étoiles d'or, notes chiffrées, tableaux d'honneur, puis distinctions numériques et systèmes de points inspirés des mécaniques du jeu : autant d'instruments directement inspirés de cette logique.

Skinner imagina même des machines à enseigner capables de délivrer des stimuli précisément séquencés et des renforcements adaptés pour produire des comportements déterminés (Skinner, 1954). Aujourd'hui, les technologies éducatives prolongent cette vision. Ce qui avait commencé par des lecteurs optiques corrigeant des questionnaires à choix multiples est devenu un univers de plateformes numériques capables de suivre les micro-comportements, de prédire les performances et de diriger les élèves vers des résultats prescrits à l'avance. La personnalisation est la promesse commerciale. Mais la réalité est plus souvent une optimisation pour la conformité : clique ici, valide cet objectif, et passe à la case suivante.

CONFORMITÉ, OBÉISSANCE ET CERVEAU SOCIAL

Les expériences les plus célèbres sur l'obéissance et la conformité n'ont pas été menées dans des écoles, et pourtant leurs enseignements s'y appliquent avec une force implacable. L'expérience de Solomon Asch, en 1951, révéla que des individus pouvaient nier l'évidence de leurs propres sens afin de se conformer à l'avis unanime du groupe, même lorsque la question était triviale. De la même manière, dans les salles de classe, la pression à se conformer balaie facilement la curiosité personnelle et étouffe la dissidence fragile qui tente de naître.

Dans les années 1960 et 1970, Stanley Milgram démontra que des personnes ordinaires, soumises à l'autorité d'un instructeur, acceptaient d'administrer ce qu'elles croyaient être des décharges électriques potentiellement mortelles. À l'école, l'autorité des enseignants, des administrateurs et des examens à enjeux élevés conduit à des pratiques analogues : forcer les élèves à réviser frénétiquement jusqu'à l'épuisement pour obtenir de bons résultats au détriment de la compréhension réelle, ou bien participer à des fraudes collectives pour maintenir des performances illusoires.

L'expérience de Stanford menée par Philip Zimbardo en 1971 montra quant à elle la rapidité avec laquelle des individus investis de rôles autoritaires adoptaient des comportements de domination, tandis que ceux assignés à des rôles subalternes acceptaient la soumission. Les structures scolaires, où les enseignants détiennent l'autorité et où les élèves sont attendus dans l'obéissance, rejouent ces dynamiques avec une régularité troublante.

Les neurosciences viennent confirmer les conséquences de ces mécanismes. La douleur sociale, qu'il s'agisse du rejet ou de l'humiliation, active les mêmes circuits neuronaux que la douleur physique (Eisenberger et Lieberman, 2004). Les classements publics, la honte des mauvais résultats et la peur chronique de l'échec déclenchent des réponses de stress qui perturbent la mémoire de travail, réduisent la flexibilité cognitive et affaiblissent le contrôle inhibiteur (Lupien et al., 2009). Autrement dit, la machine de l'obéissance mine sur le plan biologique les capacités mêmes qu'elle prétend cultiver.

LA MOTIVATION DÉVOYÉE

La *théorie de l'autodétermination*, élaborée par Deci et Ryan (1985, 2000), identifie trois besoins essentiels pour nourrir la motivation intrinsèque : l'autonomie, la compétence et la relation. L'école conventionnelle contrarie systématiquement ces trois dimensions. L'autonomie est réduite à néant, car les élèves ne choisissent presque jamais ce qu'ils apprennent, ni la manière ni le moment. La compétence est obscurcie, car les notes chiffrées offrent peu de retours utiles et formatifs. De plus, la relation est instrumentalisée, car les pairs deviennent des concurrents dans une lutte de classement.

Le constat n'étonne plus : l'élan intérieur se consume, et dans ce vide s'installent des motivations étrangères. Là où l'on apprenait pour la joie, pour le sens et pour la maîtrise, on apprend désormais pour une note, pour un sourire d'approbation ou pour fuir la peur de l'échec. Et ce qui jaillissait autrefois de l'intérieur est remplacé par des injonctions venues de l'extérieur.

Les recherches l'attestent : les récompenses venues du dehors affaiblissent la flamme du dedans, surtout quand la tâche réclame créativité, invention et exploration (Deci, Koestner et Ryan, 1999). Dans un monde saturé de chiffres et de mesures, les élèves adaptent leur regard : ils cherchent ce qui comptera à l'examen. Alors l'imaginaire se ferme comme une fleur au crépuscule, la pensée divergente se replie, l'audace décline et la prise de risque s'efface dans l'ombre (Torrance, 1966 ; Kim, 2011).

Ken Robinson ne parlait pas en provocateur lorsqu'il affirmait que « les écoles tuent la créativité ». Il mettait des mots simples sur une vérité profonde, condensée en une formule fulgurante : un raccourci brûlant pour désigner un phénomène majeur, une évidence que la recherche a depuis longtemps confirmée et inscrite dans notre mémoire collective.

L'ÉCOLE COMME MACHINE À INÉGALITÉS

La machine de l'obéissance n'est pas seulement une fabrique de conformisme, elle est aussi un puissant moteur d'inégalités. À l'école, les avantages invisibles de certains enfants, comme le langage qu'ils entendent à la maison, les références culturelles qu'ils connaissent, les habitudes qu'ils ont acquises ou encore les goûts qu'on leur a transmis, se transforment en diplômes qui apparaissent ensuite comme du mérite (Bourdieu et Passeron, 1977). Les examens standardisés, qui se prétendent objectifs, ne mesurent pas une intelligence pure. Ils reflètent en réalité les écarts sociaux déjà présents, favorisant ceux qui ont grandi avec des ressources culturelles et pénalisant ceux qui en sont privés (Sirin, 2005). Ainsi, le système renforce les privilèges existants au lieu de les réduire. Comme l'avaient montré Bowles et Gintis (1976), la logique profonde de l'école n'est pas de permettre à chacun de gravir l'échelle sociale, mais de reproduire l'ordre établi. Elle prépare les enfants riches et pauvres aux places que leur naissance leur a déjà assignées.

Le tri des élèves par niveaux, souvent présenté comme une réponse aux besoins individuels, se traduit le plus souvent par une division raciale et sociale. Les inégalités se figent en prophéties autoréalisatrices. Sous l'apparence de l'objectivité, ce système maintient l'ordre établi et enseigne aux élèves que leur position est naturelle et définitive.

LA NEUROBIOLOGIE DE LA DÉFÉRENCE

Le stress chronique provoqué par les examens, la surveillance et la peur de l'échec a des effets profonds sur le corps et sur le cerveau. L'un des principaux mécanismes passe par une hormone, le cortisol, qui freine la création de nouveaux neurones dans l'hippocampe et perturbe la consolidation de la mémoire (Lupien et al., 2009). Plus largement, les fonctions essentielles de la pensée, comme la mémoire de travail et la capacité à s'adapter à des situations nouvelles, dépendent fortement du climat émotionnel dans lequel on apprend (Diamond, 2013). Quand l'enseignement devient autoritaire, la sécurité psychologique disparaît (Edmondson, 1999). Le stress monte, et avec lui s'éteignent les comportements exploratoires qui sont pourtant au cœur de tout véritable apprentissage.

À l'inverse, lorsque les environnements favorisent l'autonomie, la compétence et la relation, les circuits dopaminergiques s'activent et stimulent curiosité et exploration (Gruber, Gelman et Ranganath, 2014). Ainsi, les structures destinées à favoriser l'apprentissage désactivent paradoxalement les circuits cérébraux qui nous donnent envie d'apprendre. La machine de l'obéissance s'oppose directement à la neurobiologie même de la connaissance.

RÉINVENTER L'ÉDUCATION

Si le problème est l'obéissance, alors le remède est le pouvoir d'agir, la reconquête de notre capacité à choisir et à participer pleinement. Sortir de la destinée du *Robot Humain*, c'est inventer des environnements d'apprentissage où les élèves participent pleinement, où leur voix a du poids, où leurs questions deviennent une force motrice, et où le savoir retrouvé prend la saveur d'une expérience vivante. Une éducation libératrice ne se limite pas à transmettre des informations : elle cultive le discernement, éveille l'imagination, ouvre un espace de responsabilité et prépare à vivre comme des êtres autonomes, créatifs et compatissants.

Ces principes forment une boussole qui nous détourne du conditionnement pour nous ramener vers l'éveil. Ils se dessinent dans les expériences Montessori, dans les écoles démocratiques, dans le modèle finlandais qui fait confiance à ses enseignants, et dans la myriade d'innovations locales qui prouvent que d'autres mondes scolaires sont possibles.

Dans ces milieux, l'autonomie s'épanouit et le pouvoir d'agir partagé devient la trame vivante de l'apprentissage. Les enseignants n'y sont plus des gestionnaires mais des guides, accompagnant des savoirs qui se construisent dans le dialogue. Les projets, au lieu d'être abstraits, s'enracinent dans des problèmes réels dont les conséquences résonnent au-delà des murs de la classe. L'évaluation, elle, se transforme en conversation profonde : portfolios, récits narratifs et cartographies de compétences offrent des portraits nuancés et singuliers, bien plus éloquents que des notes chiffrées. Sur cette confiance retrouvée, l'excellence fleurit sans la lourde machinerie des examens à répétition. Même la gouvernance prend un autre visage : dans des écoles comme *Sudbury Valley*, le partage du pouvoir et la décision collective deviennent l'apprentissage d'une citoyenneté vivante et incarnée.

Dans de tels contextes, les élèves cultivent la métacognition et la conscience critique. Ils apprennent à questionner les présupposés, à résister aux manipulations, et à traverser les disciplines pour penser en systèmes. L'apprentissage redevient incarné, sensible, traversé par l'art, le mouvement et la contemplation. Même la technologie y prend un autre visage : non plus un instrument de contrôle, mais une ressource pour élargir l'autonomie, protéger la vie privée et stimuler la créativité.

Mais sans structures concrètes, les principes risquent de s'évaporer. Réinventer l'éducation exige donc de transformer l'architecture des écoles : repenser la mesure du temps, renouveler les modes d'évaluation du savoir, réimaginer l'organisation des espaces et réinventer la gouvernance des communautés.

Imaginez des écoles où les sonneries ne viennent plus briser l'attention, mais ouvrent de longues plages propices à l'immersion, à l'enquête et à ce que Csikszentmihalyi (1990) appelait la *fluidité*, cet état de concentration totale où l'on est si absorbé par une tâche que le temps semble suspendu. En fin d'études, les cérémonies ne s'appuient plus sur des chiffres, mais sur des portfolios, des soutenances publiques et des récits réfléchis capables de révéler profondeur et cohérence. Les lieux d'apprentissage, loin de ressembler à des institutions fermées, prennent alors l'allure de maisons de communauté : vivantes, habitées par des ateliers de fabrication, des salles de méditation et des espaces de collaboration. Les enseignants y travaillent en cercles de recherche et de réflexion partagée, approfondissant leur pratique par la co-enquête, tandis que les élèves exercent la démocratie dans des laboratoires civiques où la délibération, le débat et la gouvernance collective deviennent des expériences quotidiennes. La technologie elle-même adopte un autre visage : non pour surveiller ou contraindre, mais pour rendre les processus transparents, protéger les données et restituer aux apprenants la pleine maîtrise de leurs informations.

Ensemble, ces principes et ces pratiques esquissent un basculement. L'école cesse d'être une fabrique silencieuse de conformité. Elle devient laboratoire de liberté, pépinière de créativité et terrain d'entraînement pour la démocratie elle-même.

UNE STRATÉGIE DE TRANSITION

On ne peut pas abolir du jour au lendemain les examens standardisés ni l'obsession des diplômes. Mais il est possible d'amorcer un déplacement du pouvoir, des bureaucraties lointaines vers les communautés d'apprenants. Certaines écoles expérimentales montrent déjà la voie : elles remplacent les examens par des portfolios et transforment les inspections autoritaires en accords fondés sur la confiance et l'évaluation entre pairs. Dans ces contextes, les élèves ne gagnent pas seulement en résultats scolaires, mais en garanties tangibles telles qu'une véritable autonomie et la protection de leurs données personnelles. Pour que ces initiatives se multiplient, les financements publics pourraient être réorientés vers le soutien de réseaux locaux d'apprentissage qui restituent aux communautés la responsabilité de leur propre éducation. Cette transformation, amorcée dans l'école, pourrait ensuite s'étendre plus largement : les critères d'admission et d'embauche gagneraient à privilégier des portfolios riches et des récits de compétences plutôt que des scores abstraits. Peu à peu se dessinerait ainsi un horizon plus humain, où l'éducation ne serait plus un entonnoir mais un chemin pluriel.

LE CURRICULUM INTÉRIEUR

Réformer les institutions ne suffit pas. Le *Robot Humain* est aussi une configuration intérieure, faite d'habitudes mentales et de réflexes conditionnés. La déprogrammation exige un entraînement métacognitif, une vigilance capable de discerner le moment où la note se déguise en valeur et où la conformité prend la place de l'apprentissage. Elle suppose aussi une littératie critique des médias, ainsi qu'une capacité à décrypter comment les plateformes et les indicateurs orientent notre perception.

Les pratiques contemplatives et somatiques — telles que la pleine conscience, la respiration consciente et l'attention incarnée, cette présence à soi qui intègre le corps autant que l'esprit — ouvrent un espace intérieur capable d'interrompre les boucles de peur. Cet espace, pour s'enraciner et durer, a besoin d'un soutien collectif : les communautés de pratique jouent ce rôle en entourant les apprenants d'êtres qui valorisent la quête de sens plus que la conformité.

Les neurosciences confirment la portée de ces démarches. Elles montrent que ces pratiques reconfigurent le cerveau : au lieu de chercher sans cesse une validation extérieure, l'apprenant développe les circuits neuronaux de la curiosité et de la valeur intrinsèque.

LA DÉMOCRATIE RECONQUISE

Si la démocratie exige des citoyens capables de penser par eux-mêmes, de dialoguer à travers les différences et de tenir le pouvoir responsable, alors l'école de l'obéissance agit comme une maladie auto-immune. Nous dressons les enfants à obéir, puis nous leur demandons, devenus adultes, de délibérer. Nous les éduquons à la compétition, puis nous leur réclamons de coopérer. Nous leur inculquons la peur de l'erreur, puis nous célébrons l'innovation. Ces contradictions tirent les individus en tous sens et finissent par les épuiser.

Une éducation libératrice n'est pas un luxe, c'est une nécessité civilisationnelle. Dans un monde où la technologie croît à une vitesse vertigineuse et où le savoir collectif se fragmente, la capacité à questionner, à imaginer, à discerner et à agir en autonomie avec d'autres devient le seul rempart contre l'autoritarisme et le nihilisme. Or, ces capacités ne peuvent naître de réformes mineures. Elles exigent de reconstruire de fond en comble les écoles qui ont fabriqué le *Robot Humain*.

Depuis les cloches jusqu'aux examens, l'éducation dominante a restreint l'imagination et récompensé la conformité. Elle a façonné des générations d'adultes déjà enchaînés, cette fois par les contraintes de l'économie et de la finance. Le chapitre suivant explore cet autre terrain, celui du marché, où la rareté se fabrique, où la dette devient carcan, et où l'argent lui-même fonctionne comme un instrument de contrôle collectif.

RÉFÉRENCES

Asch, S. E. (1951). Effets de la pression du groupe sur la modification et la distorsion des jugements. In H. Guetzkow (Éd.), Groups, leadership and men (pp. 177–190). Pittsburgh, PA : Carnegie Press.

Bourdieu, P., & Passeron, J.-C. (1977). La reproduction. Éléments pour une théorie du système d'enseignement. Paris : Minuit.

Bowles, S., & Gintis, H. (1976). Schooling in capitalist America. New York : Basic Books.

Csikszentmihalyi, M. (1990). Flow. The psychology of optimal experience. New York : Harper & Row.

Deci, E. L., Koestner, R., & Ryan, R. M. (1999). A meta-analytic review of experiments examining the effects of extrinsic rewards on intrinsic motivation. Psychological Bulletin, 125(6), 627–668.

Deci, E. L., & Ryan, R. M. (1985). Intrinsic motivation and self-determination in human behavior. New York : Plenum.

Deci, E. L., & Ryan, R. M. (2000). The "what" and "why" of goal pursuits: Human needs and the self-determination of behavior. Psychological Inquiry, 11(4), 227–268.

Diamond, A. (2013). Executive functions. Annual Review of Psychology, 64, 135–168.

Edmondson, A. (1999). Psychological safety and learning behavior in work teams. Administrative Science Quarterly, 44(2), 350–383.

Eisenberger, N. I., & Lieberman, M. D. (2004). Why rejection hurts: A common neural alarm system for physical and social pain. Trends in Cognitive Sciences, 8(7), 294–300.

Foucault, M. (1975). Surveiller et punir. Naissance de la prison. Paris : Gallimard.

Freire, P. (1970). Pédagogie des opprimés. New York : Continuum.

Gatto, J. T. (1992). Dumbing us down. The hidden curriculum of compulsory schooling. Gabriola Island, BC : New Society Publishers.

Gruber, M. J., Gelman, B. D., & Ranganath, C. (2014). States of curiosity modulate hippocampus-dependent learning via the dopaminergic circuit. Neuron, 84(2), 486–496.

Illich, I. (1971). Une société sans école. New York : Harper & Row.

Kim, K. H. (2011). The creativity crisis: The decrease in creative thinking scores on the Torrance Tests of Creative Thinking. Creativity Research Journal, 23(4), 285–295.

Lupien, S. J., McEwen, B. S., Gunnar, M. R., & Heim, C. (2009). Effects of stress throughout the lifespan on the brain, behaviour and cognition. Nature Reviews Neuroscience, 10(6), 434–445.

Milgram, S. (1974). Obedience to authority: An experimental view. New York : Harper & Row.

Robinson, K. (2011). Out of our minds: Learning to be creative. Oxford : Capstone.

Sahlberg, P. (2011). Finnish lessons: What can the world learn from educational change in Finland? New York : Teachers College Press.

Sirin, S. R. (2005). Socioeconomic status and academic achievement: A meta-analytic review of research. Review of Educational Research, 75(3), 417–453.

Skinner, B. F. (1953). Science and human behavior. New York : Macmillan.

Skinner, B. F. (1954). The science of learning and the art of teaching. Harvard Educational Review, 24(2), 86–97.

Thorndike, E. L. (1911). Animal intelligence: Experimental studies. New York : Macmillan.

Torrance, E. P. (1966). The Torrance Tests of Creative Thinking. Bensenville, IL : Scholastic Testing Service.

Zimbardo, P. G. (2007). The Lucifer effect: Understanding how good people turn evil. New York : Random House.

Chapitre 5

Les « élites sociopathes » et l'alchimie de la monnaie

> « Les rares qui comprennent le système seront soit tellement fascinés par ses profits, soit tellement dépendants de ses faveurs, qu'il n'y aura aucune opposition de leur part. »
> — Les frères Rothschild de Londres, dans une lettre au Trésor des États-Unis (1863)

Nommons d'emblée le *"dragon"* : j'entends par *"élites sociopathes"* la strate d'acteurs regroupant oligarques, dirigeants d'entreprise, financiers, opérateurs politiques, technocrates et intellectuels des politiques publiques, tous occupant les nœuds stratégiques de l'ordre monétaire et financier mondial. Leur influence se reconnaît à une disposition commune : ils traitent les coûts sociaux, les limites écologiques et la souffrance humaine comme des dommages collatéraux à ignorer, à gérer ou à monétiser. Ce n'est pas une simple mise en accusation rhétorique. Des preuves s'accumulent : les traits de la *Triade sombre* — psychopathie, machiavélisme et narcissisme — sont surreprésentés dans les positions de commandement corporatif et financier (Babiak, Neumann & Hare, 2010 ; Jones & Paulhus, 2014). Quand des individus porteurs de ces traits s'élèvent en créant puis en défendant des agencements qui privatisent les gains tout en socialisant les pertes, produisant crise après crise, le problème ne relève plus de la seule pathologie individuelle. Il révèle un processus de sélection structurelle : un appareil de pouvoir qui récompense et promeut systématiquement des personnalités optimisées pour l'extraction plutôt que pour la réciprocité.

Ce chapitre explore comment une mince frange d'« élites » manie une magie singulière : *l'alchimie de la monnaie*. Contrairement aux alchimistes médiévaux qui rêvaient de transmuer le plomb en or sans jamais y parvenir, les élites actuelles ont perfectionné une transmutation plus étrange : convertir la dette en richesse, le risque en profit, la rareté en levier, et la confiance collective en rente privée. Elles pratiquent cette alchimie non seulement par les institutions mais par l'imagination, en forgeant des récits sur ce qu'est l'argent, d'où il vient, et ce qu'il permet. Ces récits rétrécissent notre champ de vision afin que nos horizons économiques et financiers demeurent arrimés à leurs intérêts.

L'ARGENT COMME MYTHE

L'anthropologue David Graeber a montré que l'argent n'est pas né du troc, comme on l'entend souvent dans les manuels d'économie. À l'origine, il prend la forme d'une relation de crédit et de dette inscrite dans la mémoire collective : « je te dois », « tu me dois », et la communauté s'en souvient. De son côté, le sociologue Geoffrey Ingham souligne que la monnaie est avant tout une institution sociale soutenue par l'autorité de l'État, qui a le pouvoir de taxer, de contraindre et de faire respecter les obligations. Autrement dit, l'argent n'est pas un outil neutre d'échange, mais une *technologie de mémoire politique* : un moyen de garder les comptes et de régler les dettes à travers le temps.

Si l'argent est avant tout une promesse collective, alors la véritable question est de savoir qui détient le pouvoir de créer, de distribuer et de garantir ces promesses. C'est là que se situe le cœur du pouvoir moderne. Les *banques centrales*, soutenues par l'État, fabriquent la monnaie et veillent à stabiliser les marchés.

À côté d'elles se trouvent les banques privées, mais aussi les *banques de l'ombre*, ces fonds d'investissement qui spéculent ou ces poches de liquidités où entreprises et gouvernements placent leur argent à court terme. Elles fonctionnent comme des banques puisqu'elles prêtent et négocient, mais sans être soumises aux mêmes règles ni aux mêmes protections. Ajoutez à cela le vaste réseau des comptes *offshore* et l'on touche au sanctuaire du pouvoir monétaire mondial. Les élites connaissent parfaitement ce mécanisme. Elles se sont appliquées à dissimuler la dimension politique de l'argent, en le présentant comme une réalité naturelle, régie par des marchés neutres et par une expertise technique. C'est précisément cette illusion qui leur permet de pratiquer leur alchimie à ciel ouvert, sous nos yeux.

L'ALCHIMIE DE LA MONNAIE

La monnaie moderne n'est ni découverte ni extraite : elle est créée. Les élites sociopathes s'appuient sur leur mainmise institutionnelle pour générer de la richesse non en produisant d'abord des biens, mais en *conjurant* du capital et en l'orientant vers des actifs qui cimentent leur domination. Et parce que cette conjuration serait impensable sans récit, la technique se drape d'histoires qui la rendent naturelle.

Le premier geste consiste en une *création par frappes de clavier*. Des banques centrales comme la *Réserve fédérale* ou la *Banque d'Angleterre* étendent numériquement la masse monétaire en créditant les comptes de réserve des banques privées — monnaie *fiat*, adossée à la confiance collective et à l'autorité de la loi, qu'un simple clic peut convoquer par trillions. Les banques commerciales, elles, transmutent cette base en octroyant des prêts qui, en eux-mêmes, créent de nouveaux dépôts (McLeay, Radia & Thomas, 2014). C'est l'étape inaugurale de l'alchimie : faire surgir quelque chose du presque-rien.

Mais créer ne suffit pas ; il faut attacher un tribut à ce qui naît. En *prêtant avec intérêt*, chaque unité monétaire entre dans l'économie lestée d'une dette plus grande qu'elle. L'emprunteur doit rendre non seulement le principal mais aussi l'excédent, ce qui enferme ménages, entreprises et États dans une cinématique d'endettement permanent, tandis que ceux qui contrôlent les flux monétaires prélèvent un revenu perpétuel par la seule vertu de la propriété.

Cette logique se prolonge par un *multiplicateur*. Contrairement à la mythologie des manuels, la banque contemporaine ne prête pas « contre » ses réserves ; elle *crée* d'abord le prêt — et donc le dépôt —, et la banque centrale fournit ensuite les réserves nécessaires. Le résultat est le même que la vieille « *réserve fractionnaire* » : un crédit qui s'étire bien au-delà de la monnaie réellement disponible, donnant au système une fragilité constitutive. Mais pour les banques, cette fragilité n'est pas une erreur, c'est une caractéristique recherchée : elle décuple leur effet de levier et leurs profits.

Vient ensuite la *conversion*. Ce crédit neuf, les élites l'emploient pour acquérir terres, logements, infrastructures énergétiques, droits sur l'eau, entreprises technologiques, etc. — et avec eux une influence politique. Ce qui n'était que lignes de bilan se métamorphose en pouvoir matériel. Aux yeux du public, elles paraissent « créatrices de richesse ». En vérité, elles consolident la richesse : elles transforment la confiance collective en domination privée.

À cette mécanique s'ajoute une *respiration cyclique* : l'orchestration des booms et des krachs. Le crédit s'emballe, les bulles gonflent — immobilier, actions, matières premières — puis éclatent. L'effondrement jette des millions hors de leurs maisons, de leurs emplois et de leurs économies, tandis que ceux qui se tiennent au cœur de l'alchimie engrangent à vil prix les actifs en détresse. L'année 2008 l'a exposé avec éclat, puis le choc du

COVID-19 l'a répété. Pour les élites, les crises ne sont pas des catastrophes mais des saisons de récolte.

Or pour que cette moisson demeure légitime, il faut *entretenir l'illusion*. Les élites financent *think tanks*, réseaux de lobbying, départements académiques et médias qui naturalisent l'ordre établi. Elles saturent l'air de formules — « discipline de marché », « ciblage de l'inflation », « responsabilité budgétaire » — qui travestissent des choix politiques en nécessité technique et obtiennent le consentement au nom du « sérieux ».

Enfin, lorsque la machine vacille, se joue l'ultime scène : *socialiser les pertes et privatiser les profits*. Les banques centrales absorbent les créances pourries, les gouvernements imposent l'austérité et la richesse publique est déroutée pour stabiliser les bilans privés. Les architectes des désastres repartent avec bonus et pouvoirs accrus, tandis que l'addition retombe, régulière et inexorable, sur les épaules des gens ordinaires.

LA MACHINERIE INSTITUTIONNELLE DE L'EXPLOITATION

Cette alchimie est portée par une constellation d'institutions dont la légitimité a été patiemment fabriquée. Présentées comme « indépendantes », les banques centrales secourent régulièrement des entités privées tout en disciplinant les gouvernements élus. Le *Fonds monétaire international* (FMI), la *Banque mondiale* et la *Banque des règlements internationaux* (BRI) imposent aux nations vulnérables un triptyque — austérité, privatisation et libéralisation — en échange de liquidités. Les agences de notation (par exemple, Moody's Investors Service, Standard & Poor's Global Ratings et Fitch Ratings) rendent des jugements politiques sous l'apparence d'une expertise technique, sanctionnant les États qui investissent dans les biens communs et récompensant ceux qui imposent la « discipline » fiscale.

Pendant ce temps, les réseaux d'influence et les fondations philanthropiques transforment l'idéologie en "expertise", veillant à ce que l'éventail du débat jugé respectable exclue les alternatives telles que la banque publique, l'effacement des dettes ou le plafonnement des grandes fortunes. Les élites cultivent ce qu'Antonio Gramsci (1971) nommait l'*hégémonie culturelle* : le pouvoir de façonner non seulement les structures matérielles, mais le *sens commun* lui-même. Ainsi, lorsque les banquiers centraux psalmodient la "confiance des marchés", le public, face à ce jargon, l'interprète comme un signe de sagesse. Ce qui se joue là, c'est bien la fabrication du consentement, rendue possible par l'opacité ritualisée.

L'INFRASTRUCTURE PSYCHOLOGIQUE

Le système ne repose pas seulement sur des institutions, il s'appuie aussi sur une véritable infrastructure psychologique. Il récompense la compartimentation, le déficit d'empathie et le désengagement moral. La psychologie des organisations a montré que des milieux marqués par d'amples asymétries de pouvoir et une faible redevabilité favorisent l'*estompement éthique*, où les questions morales sont réduites à de simples problèmes de conformité ou d'efficacité (Bazerman & Tenbrunsel, 2011).

Sur ce terrain prospère l'idéologie de l'*Homo economicus*, mythe de l'individu isolé, calculateur et voué à maximiser son utilité. Si l'humain n'est vu qu'en agent intéressé, alors compassion, réciprocité et retenue deviennent irrationnelles. Voilà l'atmosphère morale où opèrent les élites de la finance : un climat où l'exploitation ressemble à une fatalité plutôt qu'à un choix.

L'IDÉOLOGIE DE LA RARETÉ ET LA
THÉOLOGIE DE LA MONNAIE « SAINE »

Deux mythes soutiennent l'alchimie. Le premier : la *métaphore du foyer*. On sermonne les gouvernements : « serrez-vous la ceinture » comme une famille. Or les États qui émettent leur monnaie ne sont pas contraints comme les ménages ; leurs limites existent, mais d'une autre nature : capacité productive, risque inflationniste et bornes écologiques. Assimiler finances publiques et finances domestiques, c'est un piège métaphorique qui ratatine l'imagination collective (Kelton, 2020).

Le second mythe est celui de la *peur de l'inflation*. On l'agite pour freiner les hausses de salaires et les dépenses sociales, alors que la flambée des prix de l'immobilier ou des actions est tolérée, et parfois même célébrée. Lorsque les travailleurs demandent davantage, l'inflation devient blasphème ; cependant, quand les marchés enflent, elle est rebaptisée « *croissance* ». La théologie de la « monnaie saine » parle moins de stabilité que de contrôle : elle discipline le désir public tout en accordant aux élites une liquidité illimitée pour renflouements, budgets militaires ou expansions spéculatives.

CAPITALISME DE PLATEFORME, RÊVES CRYPTO ET MNBC

La nouvelle frontière de l'alchimie est numérique, et elle s'exprime à travers deux dynamiques opposées. D'un côté, le *capitalisme de surveillance* récolte nos données pour prédire et orienter nos comportements, transformant l'attention en monnaie et vendant nos vies comme des biens négociables. De l'autre, les *cryptomonnaies* ont promis décentralisation et inclusion, mais elles ont souvent reproduit les inégalités de la finance traditionnelle, sans protections comme l'assurance des dépôts. Pourtant, au cœur de ce mouvement demeure une critique essentielle : la méfiance envers l'autorité monétaire centralisée, qui ouvre la voie à des alternatives publiques et véritablement démocratiques.

Les *Monnaies numériques de banques centrales* (MNBC) se profilent à l'horizon. Programmables et traçables, elles pourraient démocratiser la finance par des injections budgétaires directes et des portefeuilles numériques publics. Mais elles pourraient aussi intensifier le contrôle technocratique, imposant l'austérité au niveau du foyer. L'issue dépendra moins de la technologie que de la politique.

DÉSALCHIMISER LA MONNAIE

Si la monnaie est une mémoire collective organisée par le pouvoir, la reconquérir devient à la fois un geste politique et un travail psychologique. Démocratiser l'argent, c'est reprendre ensemble le droit de décider ce que nous voulons retenir, honorer et valoriser. Ce n'est pas seulement une réforme, mais un véritable changement de cap : la monnaie n'est pas neutre, elle est un récit collectif que nous pouvons réinventer pour qu'il nourrisse la vie plutôt que la domination.

La première étape consiste à démocratiser les banques centrales. Aujourd'hui, quelques technocrates prennent, derrière des portes closes, des décisions qui orientent le crédit, l'investissement et le sort de nations entières. Les soumettre à un contrôle démocratique et transparent, c'est reprendre la souveraineté sur l'un des biens publics les plus essentiels : la création monétaire. Ces institutions pourraient viser non seulement la stabilité des prix, mais aussi le plein emploi, la soutenabilité écologique et la résilience financière, en travaillant de concert avec les politiques budgétaires.

Viennent ensuite les banques publiques et les réseaux locaux. Ils garantiraient que la monnaie serve directement les communautés en offrant du crédit abordable pour le logement, les infrastructures vertes, les petites entreprises et les coopératives locales. En élargissant l'accès aux territoires délaissés, la banque publique combattrait aussi l'exclusion qui nourrit les inégalités.

La réintroduction de jubilés de dettes empêcherait les sociétés de s'asphyxier sous des obligations impossibles à rembourser. Dans l'histoire, de la Mésopotamie à Israël, les dirigeants annulaient périodiquement les dettes pour rétablir l'équilibre social. Aujourd'hui, l'effacement des dettes étudiantes, médicales ou de micro-crédits abusifs constituerait un acte de réparation économique et de renouveau moral.

Une fiscalité plus juste sur les très riches réduirait l'écart avec le reste de la population et financerait santé, éducation et transition climatique. Interdire les rachats d'actions réorienterait les profits vers de meilleurs salaires et de vraies innovations. Démanteler les grandes plateformes numériques rendrait aux citoyens le contrôle de leurs données, traitant l'information comme un bien commun plutôt qu'un butin privé.

Reconquérir la monnaie implique aussi de nouvelles formes de participation citoyenne. Chacun doit pouvoir s'exprimer sur la façon dont l'argent est créé, distribué et gouverné. Les budgets participatifs, déjà pratiqués dans plusieurs villes, permettent aux habitants de décider directement des dépenses publiques. Des assemblées citoyennes sur la politique monétaire pourraient réfléchir ensemble aux priorités fiscales, à l'équilibre entre inflation et emploi, ou aux conditions de la transition écologique. Ces démarches renforcent la démocratie et élargissent notre imagination collective de ce que la monnaie peut servir.

Un système monétaire vraiment démocratique servirait enfin à investir dans la vie. L'argent public pourrait être orienté vers la protection de la biodiversité, une agriculture qui régénère les sols et des infrastructures capables de résister aux chocs. Les vraies limites ne sont pas dans les finances, mais dans ce que la planète et nos capacités de production peuvent supporter. La question n'est donc pas "avons-nous les moyens ?", mais bien "avons-nous les moyens de ne rien faire ?".

Cette reconquête exige aussi de lever le voile sur les zones d'ombre de la finance mondiale. Banques de l'ombre, paradis fiscaux, et marchés de produits dérivés : autant de lieux où circulent des sommes colossales, invisibles pour le public mais régulièrement sauvées par l'État lors des crises. Si l'argent commun sert à garantir des risques privés, alors la population a le droit de voir et de décider.

Désalchimiser la monnaie, c'est la restituer à sa vocation première : être un instrument collectif et non une arme privée. C'est aussi se rappeler que la valeur naît moins des circuits abstraits de la finance que du travail partagé des communautés, de la vitalité des écosystèmes et des liens de confiance qui tiennent les sociétés ensemble dans la recherche du bien commun.

LE TRAVAIL INTÉRIEUR DU RÉENCHANTEMENT

Aucune réforme structurelle, seule, ne nous affranchira de l'empire de l'argent. Les systèmes perdurent par les institutions, mais aussi par les habitudes du cœur et de l'esprit. Les élites exploitent ces motifs intérieurs en attisant la peur de la rareté, l'angoisse du statut et la compulsion de comparer. Une culture dressée à voir la vie comme une rivalité est déjà prête pour la capture financière. Pour démanteler l'empire dehors, il faut aussi le transformer dedans.

Cette transformation commence par une autre posture face au vivant : une orientation fondée sur l'interdépendance, la liberté du "assez" et des formes de valeur qui échappent à l'emprise de l'argent. Quand des communautés incarnent la coopération et le soin mutuel, l'ancien récit selon lequel *survivre exige une compétition* sans fin perd de sa force. Les pratiques qui nourrissent ce basculement sont diverses, qu'il s'agisse de traditions contemplatives, de rituels collectifs ou de pédagogies de la présence, mais elles partagent toutes le même objectif : tisser attention, incarnation et sens partagé dans la vie quotidienne. Dans de telles cultures de pratique, la peur se détend, la comparaison s'apaise et de nouveaux élans de curiosité, de compassion et de motivation intrinsèque peuvent prendre racine.

Le même principe vaut à l'échelle culturelle. Les élites nous ont ensorcelés avec des indicateurs financiers comme le *Produit intérieur brut* (PIB) et l'*Indice des prix à la consommation* (IPC). Ce sont des cartes prises pour le territoire, des chiffres destinés moins à refléter l'épanouissement humain qu'à rendre les sociétés mesurables pour l'extraction. Leur alchimie réussit parce que nous oublions que l'argent ne tient que par notre croyance commune.

Briser ce charme, c'est réimaginer la valeur. La richesse ne peut plus signifier posséder des créances sur le temps d'autrui ; elle doit signifier nourrir le bien-être à toutes les échelles, depuis nos relations jusqu'à la Terre entière. Voir l'argent comme mémoire plutôt que comme destin, comme un grand livre réinscriptible plutôt que comme une fatalité à laquelle obéir, c'est en reprendre le pouvoir au service de la vie. L'empire de croyance et de contrôle est puissant, mais il reste fragile car il dépend du consentement. Retirez ce consentement et l'alchimie s'effondre. Remplacez-la par une politique du soin, du courage et de la responsabilité partagée — alors peut s'ouvrir la voie à une autre économie et une autre civilisation.

Si le retournement intérieur en est le socle et le réenchantement culturel l'horizon, alors peut s'ouvrir un monde où l'argent sert la vie au lieu de la dominer.

RÉFÉRENCES

Babiak, P., Neumann, C. S., & Hare, R. D. (2010). Corporate psychopathy: Talking the walk. Behavioral Sciences & the Law, 28(2), 174–193.

Bazerman, M. H., & Tenbrunsel, A. E. (2011). Blind Spots: Why We Fail to Do What's Right and What to Do About It. Princeton University Press.

Graeber, D. (2011). Debt: The First 5,000 Years. Melville House.

Gramsci, A. (1971). Selections from the Prison Notebooks. International Publishers.

Ingham, G. (2004). The Nature of Money. Polity Press.

Jones, D. N., & Paulhus, D. L. (2014). Introducing the Short Dark Triad (SD3): A brief measure of dark personality traits. Assessment, 21(1), 28–41.

Kelton, S. (2020). The Deficit Myth: Modern Monetary Theory and the Birth of the People's Economy. PublicAffairs.

McLeay, M., Radia, A., & Thomas, R. (2014). Money creation in the modern economy. Bank of England Quarterly Bulletin, Q1, 14–27.

Mehrling, P. (2011). The New Lombard Street: How the Fed Became the Dealer of Last Resort. Princeton University Press.

Tooze, A. (2018). Crashed: How a Decade of Financial Crises Changed the World. Viking.

Chapitre 6

La science comme nouvelle religion

« La vision du monde matérialiste s'essouffle. C'est une sorte de système de croyances devenu fossile, conservé bien au-delà de son utilité, et qui fonctionne désormais davantage comme une religion que comme une science. »
– Rupert Sheldrake

La science est née d'une révolte contre la *scolastique*, cette tradition médiévale qui faisait du raisonnement logique et du commentaire des textes d'autorité, comme ceux d'Aristote, de la Bible ou des Pères de l'Église, la forme suprême du savoir. Brillante dans l'art d'argumenter, elle laissait pourtant peu de place à l'observation et à l'expérience. La science moderne a voulu briser ce carcan en misant sur l'attention aux faits, l'expérimentation et le débat public pour libérer l'humanité de la tyrannie de l'autorité indiscutée. Mais toute révolution risque de devenir ce qu'elle combattait. Aujourd'hui, certaines pratiques censées garantir la rigueur—comme l'évaluation par les pairs, des méthodes figées ou un matérialisme réducteur tenu pour acquis—fonctionnent à leur tour comme un credo implicite. On ne brûle plus les hérétiques sur le bûcher : on les écarte avant publication, on coupe leurs financements, on démonétise leur travail ou on l'enterre dans des classements qui le rendent invisible. Peu à peu, l'enquête se change en doctrine, et la doctrine devient gardienne de ce qu'il est permis de considérer comme réel.

Dire que la science se comporte parfois comme une Église ne revient pas à disqualifier la méthode scientifique ni ses accomplissements. La préoccupation est autre. Au fil du temps, la culture de la recherche actuelle—dans les revues, chez les organismes subventionnaires et à l'université—a adopté des habitudes et des présupposés qui brouillent deux idées. Le *naturalisme méthodologique*, règle du jeu qui demande d'expliquer les résultats par des causes naturelles; et le *naturalisme ontologique*, croyance sur la réalité qui affirme que seules les choses physiques (ou matérielles) existent. Lorsque la règle de méthode est prise pour une thèse sur ce qui est réel, le débat sur la conscience se rétrécit et le réductionnisme devient le récit dominant.

Ce chapitre explore comment des mécanismes conçus pour maintenir l'honnêteté scientifique peuvent, avec le temps, se figer en dogmes. L'évaluation par les pairs, par exemple, ne se contente pas de filtrer la qualité des travaux : elle peut aussi rendre aveugle aux données jugées aberrantes et aux cadres théoriques considérés trop audacieux. Ce même réflexe conservateur conduit les études sur la conscience à être reléguées au rang d'embarras métaphysique, non pas sur la base de leurs résultats, mais parce qu'elles dérangent l'ordre établi. Plus largement encore, cette fermeture nourrit une véritable monoculture d'explications atomistiques qui réduit notre champ de pensée et nous rend incapables d'aborder la réalité en termes d'émergence, de complexité, de systèmes ou de sens. Face à ce rétrécissement, j'esquisse en conclusion la vision d'une science post-réductionniste et post-matérialiste, pluraliste dans ses méthodes, ancrée dans l'humilité, et capable de retrouver l'esprit insurgé de ses origines.

DE L'ANTI-AUTORITÉ À LA NOUVELLE AUTORITÉ

À l'aube de la modernité, des figures comme Francis Bacon, Galilée et plus tard Isaac Newton ont imposé une nouvelle autorité : celle de l'expérience, de la mesure et des lois de la nature décrites par les mathématiques. La science détrônait ainsi l'autorité de la tradition et de l'Écriture. Mais, comme l'a montré le philosophe et historien des sciences Thomas Kuhn, toute communauté scientifique finit par se structurer autour de paradigmes : des modèles partagés qui définissent ce qu'est un vrai problème, ce qui compte comme preuve valable et quelles méthodes sont jugées légitimes (Kuhn, 1962). Indispensables au progrès, ces paradigmes enferment pourtant la recherche dans la résolution d'énigmes à l'intérieur d'un cadre accepté, plutôt que d'encourager une véritable ouverture de l'enquête.

Thomas Kuhn a montré que lorsque les anomalies s'accumulent, les paradigmes entrent en crise, et qu'ils cèdent rarement sans résistance. Il appelait cela la « *tension essentielle* » entre conservatisme, qui protège le cadre établi, et innovation, qui cherche à le questionner ou à le renverser. C'est ce qui explique pourquoi les révolutions scientifiques ne sont ni fluides ni linéaires (Kuhn, 1977). Max Planck, prix Nobel et fondateur de la théorie quantique, saisit avec ironie le côté humain de cette dynamique : « *Une nouvelle vérité scientifique ne triomphe pas en convainquant ses adversaires, mais parce que ses adversaires finissent par mourir* » (Planck, 1949). Mis ensemble, les travaux de Kuhn sur les changements de paradigme et la remarque de Planck suggèrent que la science progresse autant par renouvellement générationnel que par la force des arguments. Prolongeant cette idée, Imre Lakatos, avec son concept de « *programmes de recherche* », et Paul Feyerabend, défenseur du *pluralisme méthodologique*, ont souligné que les règles et standards scientifiques sont historiquement contingents et constamment renégociés (Lakatos

& Musgrave, 1970 ; Feyerabend, 1975). Dans cette perspective, la science n'est pas une machine qui produirait automatiquement la vérité dès qu'on lui fournit des données : c'est une activité humaine, sociale, politique et économique, régie par des normes qui parfois stimulent la découverte et parfois l'étouffent (Latour & Woolgar, 1979 ; Latour, 1987 ; Polanyi, 1958).

UN FILTRE DE CONFORMITÉ

L'évaluation par les pairs est souvent présentée comme la garante de la qualité scientifique. En principe, elle joue ce rôle. Mais dans les faits, elle agit aussi comme un filtre de conformité, avec des biais bien connus : suppression de la nouveauté, comités conservateurs, pressions de carrière, cartels de réputation et police idéologique (Smith, 2006 ; Coryn et al., 2006). Ces dérives sont devenues flagrantes avec la crise de la réplication, qui a mis en lumière la vulnérabilité du système face à plusieurs pratiques douteuses : manipulation des analyses statistiques, formulation d'hypothèses après coup, biais de publication, et surtout ce fameux « tiroir » où l'on enfouit les résultats négatifs ou ambigus. Le tableau qui en ressort est une littérature scientifique faussement rassurante, inclinant vers une illusion de certitude (Ioannidis, 2005 ; Simmons, Nelson, & Simonsohn, 2011 ; Open Science Collaboration, 2015). Smaldino et McElreath (2016) ont même montré que les pressions de sélection académiques favorisent la « *mauvaise science* » : les méthodes qui produisent des résultats spectaculaires mais fragiles se propagent plus vite que les approches patientes et rigoureuses.

À cela s'ajoute ce qu'on appelle « *l'effet Matthieu* » : plus un chercheur ou un laboratoire est prestigieux, plus il attire encore de reconnaissance et de succès, tandis que les autres peinent à se faire entendre. Les articles issus de laboratoires d'élite traversent plus facilement l'examen, tandis que les résultats jugés aberrants venus de chercheurs périphériques rencontrent scepticisme ou silence. Les résultats négatifs, eux, disparaissent dans le fameux « tiroir », faussant les littératures et les méta-analyses, ces études statistiques qui combinent plusieurs travaux pour en tirer des conclusions générales (Rosenthal, 1979). Les revues privilégient alors les récits positifs et bien ordonnés, des narrations à faible entropie qui ressemblent plus à des scénarios qu'à de la science. Des réformes comme les *rapports enregistrés* (*Registered Reports*) ou la mise à disposition publique des données de recherche vont certes dans la bonne direction, mais elles restent adoptées de manière inégale et souvent réduites à de simples rituels de conformité plutôt qu'à un véritable changement de culture.

Au pire, l'évaluation par les pairs devient application par les pairs. Les paradigmes sont surveillés non seulement pour leur rigueur méthodologique, mais aussi pour leur confort métaphysique. Si vous suggérez que la conscience ne se laisse pas réduire à une explication physicaliste, on vous invitera aussitôt soit à réécrire pour rentrer dans l'ontologie canonique, soit à accepter de rester inédit. Le problème n'est pas la critique en soi, mais le pouvoir de veto disproportionné qu'exercent des présupposés métaphysiques enracinés à travers des procédures institutionnalisées.

L'HÉRÉSIE DE LA CONSCIENCE

Si la physique se résume souvent à « tais-toi et calcule », l'étude scientifique de la conscience s'est longtemps réduite à « tais-toi et corrèle ». Autrement dit, plutôt que d'expliquer l'expérience vécue, on s'est contenté de mettre en relation des états du cerveau avec des états de conscience. Le philosophe David Chalmers a montré la limite de cette approche en formulant ce qu'il a appelé le « *problème difficile* » : pourquoi et comment des processus physiques dans le cerveau donnent-ils naissance à l'expérience subjective, au fait de *ressentir* ? Cette question met en évidence l'insuffisance des récits réductionnistes qui se bornent à tracer des correspondances entre neurones et conscience. Pour beaucoup, ce « problème difficile » n'est qu'un embarras passager, une illusion conceptuelle qui disparaîtra d'elle-même quand nous aurons assez de données (Dennett, 1991 ; Churchland, 1986). Mais pour d'autres, il révèle une faille bien réelle : la subjectivité ne se laisse pas réduire aux descriptions extérieures et impersonnelles que privilégie la science (Nagel, 1974 ; Nagel, 2012).

Parmi les tentatives pour comprendre la conscience, plusieurs grandes théories se partagent la scène. L'*Integrated Information Theory* (IIT) affirme que la conscience correspond au pouvoir d'un système d'agir sur lui-même, en intégrant ses propres informations (Tononi, 2004, 2008). La *Global Workspace Theory* (GWT), elle, décrit la conscience comme une sorte de projecteur : l'information devient consciente lorsqu'elle est diffusée à un « espace de travail » global dans le cerveau (Baars, 1988 ; Dehaene, 2014). D'autres approches, comme le *traitement prédictif et le principe d'énergie libre*, cherchent à unifier perception, action et apprentissage dans une même histoire (Friston, 2010). Chacune de ces théories éclaire une partie du tableau, mais aucune ne résout la question la plus profonde. *La conscience est-elle une dimension fondamentale de la réalité, un simple sous-produit du cerveau, une illusion, ou encore une propriété de l'information elle-même ?* Cette interrogation est souvent déclarée hors limites, car beaucoup de chercheurs partent d'un présupposé matérialiste : pour eux, seules les explications physiques comptent. Les philosophes peuvent se permettre de spéculer, mais les neuroscientifiques, eux, doivent avant tout mesurer.

Des chercheurs comme Roger Penrose et Stuart Hameroff (1994), qui avancent que des processus quantiques pourraient être essentiels à la conscience, sont souvent accusés de *pseudoscience*. Ce n'est pas forcément parce que leurs idées manquent de contenu empirique, mais parce qu'elles franchissent une frontière tacite : celle de ce qu'il est jugé « respectable » de proposer. De la même façon, Rupert Sheldrake (2012), qui défend l'hypothèse de la *résonance morphique* et critique plus largement les métaphysiques mécanistes, est traité comme une hérésie plutôt que comme une voix dissidente. La question n'est pas ici de savoir si ces théories sont vraies ou fausses. Le simple réflexe qui consiste à les écarter au nom d'un dogme métaphysique suffit à montrer que la science a accumulé ses propres couches doctrinales.

Cette même logique a conduit, depuis des décennies, à marginaliser l'étude de phénomènes dits « anormaux » liés à la conscience : expériences de mort imminente, éclairs de lucidité juste avant la mort, phénomènes psi, ou encore visions du réel induites par les psychédéliques. L'enjeu n'est pas de dire que toutes ces données sont solides ou décisives, mais de constater qu'elles ne sont jamais examinées pour ce qu'elles valent vraiment. Avant même d'être évaluées, elles doivent survivre à une sorte d'inquisition métaphysique. Une science véritablement ouverte à la compréhension de la conscience doit accepter ce risque : celui de découvertes qui bouleversent nos cadres ontologiques.

L'ÉVANGILE DU RÉDUCTIONNISME

Le réductionnisme est une idée simple et puissante. Pour comprendre quelque chose de compliqué, on le découpe en parties. Cette approche nous a valu des gains immenses : comment fonctionnent les gènes, de quoi la matière est faite et comment les cellules nous maintiennent en vie. Mais bien utiliser un outil n'équivaut pas à croire que cet outil épuise la réalité. Le saut de « cela marche » à « il n'y a que cela » est une erreur.

Le physicien Steven Weinberg (1992) affirmait que les explications pointent ultimement vers la physique fondamentale. Un autre physicien, P. W. Anderson (1972), répondit que « *plus est différent* ». Quand les choses deviennent plus complexes, apparaissent des motifs et des règles qu'on ne peut pas prédire à partir des seules parties. Des domaines comme la pensée systémique et la science de la complexité montrent que l'organisation et la rétroaction changent la manière dont les choses se comportent (von Bertalanffy, 1968 ; Wiener, 1948 ; Holland, 1995). La réalité n'est donc pas seulement un tas de briques Lego. C'est aussi, par exemple, des équipes, des écosystèmes et des villes où l'ensemble accomplit ce qu'aucune pièce isolée ne pourrait réaliser.

Le réductionnisme, lorsqu'il est poussé à l'extrême, devient aveugle dans deux directions. D'un côté, une *cécité vers le haut* : il refuse de reconnaître que des formes plus larges – comme les organismes, les esprits ou les cultures – ont leur propre autonomie et leur propre pouvoir d'action, en arguant qu'« au fond », il n'y aurait que des particules et des champs. De l'autre, une *cécité vers l'intérieur* : le réductionnisme est incapable de rendre compte de l'expérience vécue à la première personne, en la réduisant à de simples motifs neuronaux ou à des calculs décrits de l'extérieur. Ainsi, le vrai fossé conceptuel – celui qui sépare la subjectivité de ses descriptions objectives – se fait passer pour un simple manque de données.

Les alternatives post-réductionnistes ne sont pas des retraites mystiques, mais de véritables cadres scientifiques qui considèrent l'émergence, l'auto-organisation et l'information comme des traits réels de la nature (Ellis, Noble, & O'Connor, 2012 ; Noble, 2006). Dans cette perspective, certains chercheurs ont montré que ce qui se passe "en haut" peut aussi influencer ce qui se passe "en bas" : des formes d'organisation générales peuvent orienter et façonner les petits mécanismes sous-jacents (Ellis, 2016).

LE CULTE DE LA VALEUR P

Si le réductionnisme est l'évangile, l'épreuve d'hypothèse nulle devient souvent la liturgie. La science moderne a bâti un rituel autour du seuil $p < 0,05$, nombre magique qui confère la légitimité à des résultats comme l'imprimatur ecclésiastique sanctifiait autrefois la doctrine. Le problème n'est pas l'inférence statistique en elle-même, mais son usage ritualisé et la prétention collective qu'un test binaire de signification puisse porter tout le poids intellectuel que nous lui faisons supporter (Meehl, 1967 ; Gigerenzer, 2004 ; Amrhein, Greenland, & McShane, 2019). Cette manière de faire des statistiques ignore l'ampleur réelle des effets, leur plausibilité préalable, l'adéquation des modèles aux données et la capacité de prédire des résultats nouveaux.

La crise de la réplication, c'est-à-dire la découverte que nombre de résultats publiés ne peuvent pas être reproduits de manière fiable, a révélé des failles profondes dans la manière de conduire, de publier et de récompenser la recherche (Open Science Collaboration, 2015). Pourtant, au lieu de provoquer une remise en question fondamentale de ce que l'on considère comme une preuve, la réponse s'est concentrée sur des aspects de procédure. On a organisé des ateliers pour lutter contre la manipulation des analyses statistiques, imposé des listes de contrôle pour garantir la transparence, et perfectionné des rituels statistiques. Mais les présupposés plus profonds, eux, ont rarement été interrogés. La réalité continue d'être traitée comme un objet passif à mesurer, la théorie comme un simple ornement plutôt que comme moteur de découverte, et le rôle du scientifique se réduit à produire des résultats « significatifs » pour alimenter la machine à publier.

Andrew Gelman et Eric Loken (2013) ont parlé du « *jardin des sentiers qui bifurquent* » pour montrer que, même lorsque les chercheurs agissent de bonne foi, le simple fait de multiplier les choix exploratoires augmente mécaniquement le risque de faux positifs, autrement dit de résultats qui semblent réels mais ne le sont pas. La crise n'est donc pas seulement statistique, elle est aussi philosophique. La preuve n'est pas une affaire de oui ou non, et la réalité ne se plie pas aux frontières artificielles d'un seuil unique. En érigeant la valeur p en quasi-sacrement, la science moderne finit trop souvent par confondre des outils de méthode avec des vérités sur la nature du réel.

L'ÉCONOMIE DE LA CROYANCE

L'économie politique de la science agit en coulisses pour sélectionner certains mondes possibles. Les agences de financement, les jurys de subventions, les comités éditoriaux et de titularisation se trouvent à des points de passage stratégiques où des préférences intellectuelles et métaphysiques se transforment en faits institutionnels. Daniele Fanelli, chercheur en métascience – c'est-à-dire la science qui étudie la manière dont la recherche est produite, publiée et évaluée – a montré que les résultats positifs sont plus fréquents dans les disciplines où l'interprétation reste très souple, ce qui suggère que la pression du « publier ou périr » infléchit directement les résultats annoncés (Fanelli, 2010). Dans un autre registre, la physicienne théoricienne Sabine Hossenfelder a dénoncé la dérive d'une partie de la physique moderne vers l'élégance mathématique et le goût esthétique, au détriment d'ancrages empiriques solides (Hossenfelder, 2018). Mis en perspective, leurs travaux montrent comment les incitations institutionnelles et les préférences culturelles façonnent ce qui est publié et ce qui ne l'est pas, et donc, plus largement, ce que la science choisit de poursuivre.

La plupart des dérives ne viennent pas de fraudes ouvertes. Elles apparaissent plus subtilement, car les disciplines scientifiques s'orientent peu à peu vers tout ce qui fait grimper leurs scores : classements de revues, nombre de citations et visibilité en ligne. Comme ces indicateurs pilotent les carrières et les financements, les chercheurs apprennent à jouer avec eux, parfois au détriment de la vérité. Sous la pression du « *publier ou périr* », les méthodes qui permettent de produire des articles faciles à publier, même moins fiables, se diffusent rapidement (Smaldino & McElreath, 2016). À mesure que ces habitudes s'ancrent, les travaux qui bousculent la vision dominante trouvent de moins en moins leur place et migrent souvent vers la philanthropie, des instituts indépendants ou des centres transdisciplinaires. Peu à peu, se forme un véritable marché des idées sûres et familières : les récits formatés et rassurants sont soutenus, tandis que les idées risquées ou brouillonnes s'éteignent. Et ce glissement ne se contente pas de trier les carrières : il détermine aussi ce que le public finira par entendre comme de la « *science établie* ».

BIG PHARMA ET FRAUDE SCIENTIFIQUE

Si incitations et prestige façonnent l'économie académique de la science, nulle part les enjeux ne sont plus élevés qu'en biomédecine, où des milliards dépendent de la manière dont on cadre les données. Ici, la « *nouvelle religion* » scientifique révèle non seulement des penchants dogmatiques, mais une corruption systémique. Les firmes pharmaceutiques financent l'essentiel de la recherche biomédicale, financent des essais cliniques et soutiennent la formation médicale. Cet enchevêtrement financier introduit des conflits d'intérêts qui sapent la crédibilité d'un savoir supposément neutre.

Les preuves de distorsion sont édifiantes. Marcia Angell, ex-rédactrice en chef du *New England Journal of Medicine*, a conclu après des décennies qu'« *il n'est tout simplement plus possible de croire une grande partie de la recherche clinique publiée* », à cause des manipulations industrielles pervasives (Angell, 2004). Richard Horton, rédacteur en chef du *Lancet*, a renchéri. « *Une grande partie de la littérature scientifique, peut-être la moitié, est tout simplement fausse* » (Horton, 2015).

La fraude, ici, n'est pas toujours une invention pure et simple, même si cela arrive. Elle prend souvent des formes plus discrètes : publier seulement les résultats favorables, cacher ceux qui sont négatifs, faire rédiger des articles par des équipes de marketing puis les signer du nom de chercheurs réputés, ou encore maquiller les chiffres pour transformer de petits effets en prétendues découvertes (Sismondo, 2008 ; Gøtzsche, 2012). Dans bien des cas, les essais aux résultats défavorables sont enterrés, tandis que les résultats positifs sont propulsés dans les revues les plus prestigieuses. Cette pratique ne fausse pas seulement la littérature scientifique : elle met aussi les patients en danger. Car des médicaments nocifs peuvent rester des années sur le marché avant que leurs risques ne deviennent impossibles à nier.

Un cas tristement célèbre est celui de l'antidépresseur *paroxétine* (commercialisé sous les noms de *Paxil*, *Seroxat* et *Deroxat* par la firme GlaxoSmithKline). Au début des années 2000, des documents internes ont révélé que les essais cliniques n'avaient pas démontré d'efficacité chez les adolescents, et montraient même un risque accru de tendances suicidaires. Pourtant, la littérature publiée présentait le médicament comme sûr et efficace pour traiter la dépression des jeunes (Jureidini et al., 2004).

De même, la crise des opioïdes a été alimentée par l'affirmation frauduleuse de Purdue Pharma selon laquelle l'*oxycodone* comportait un faible risque d'addiction, un récit soigneusement cultivé par un marketing agressif et une science sélective (Van Zee, 2009).

Dans les deux cas, la recherche sponsorisée par l'industrie a fonctionné comme une doctrine, produisant une « vérité » officielle qui servait d'abord les intérêts économiques plutôt que la réalité des faits.

Ce sont là des caractéristiques structurelles du complexe biomédico-industriel. Comme l'a montré Ben Goldacre (2012) dans *Bad Pharma*, le contrôle exercé par l'industrie sur la conception des essais, l'accès aux données et les circuits de publication fausse systématiquement les preuves. Ce qui se présente comme une science impartiale est bien souvent un récit soigneusement construit, qui sert d'abord le capital, ensuite les patients, et en dernier la vérité.

La ressemblance avec l'autorité de l'Église est frappante. Les anciens imprimaturs théologiques deviennent des autorisations réglementaires, les textes sacrés cèdent la place à des recommandations cliniques rédigées en coulisses, et la doctrine autrefois défendue par des prêtres est désormais protégée par des experts financièrement liés au système. Dans l'Église, contester l'orthodoxie menait à l'excommunication. Dans la science dominée par l'industrie, la contestation expose à d'autres formes d'exclusion : perte de financements, stagnation de carrière et mise au pilori réputationnelle. La fraude scientifique dans l'industrie pharmaceutique révèle ainsi non seulement des malhonnêtetés individuelles, mais la transformation structurelle de la science en une Église d'autorité soumise au marché.

LE MIROIR QUANTIQUE : CE QUE LA SCIENCE A LAISSÉ DE CÔTÉ

La physique quantique a offert un siècle de vertige. Elle a révélé des phénomènes étranges : des résultats qui dépendent de l'observateur, des corrélations à distance entre particules, et cette « contextualité » déroutante où le résultat d'une mesure n'est pas fixé à l'avance, mais peut changer selon les autres questions que l'on pose au même moment.

Plutôt que de s'appuyer sur ces intuitions pour approfondir notre compréhension de l'observation et du réel, la science dominante a choisi le plus souvent de se limiter aux calculs, sans chercher à interpréter (Mermin, 1989). La règle institutionnelle était claire : là où la métaphysique surgit, il faut la faire taire.

Pourtant, des figures comme Niels Bohr, Werner Heisenberg et John Wheeler avaient bien vu que la mesure, l'information et la participation ne sont pas des détails marginaux de la physique, mais son cœur même (Bohr, 1934 ; Heisenberg, 1958 ; Wheeler, 1983). Aujourd'hui encore, les physiciens débattent : les équations décrivent-elles quelque chose de réel dans le monde, ou ne sont-elles qu'un outil pour prédire des résultats ? Les grandes questions philosophiques de la physique restent ouvertes.

En dehors de la physique, où ces débats ne peuvent être esquivés, la plupart des sciences relèguent la métaphysique au rang de simple « philosophie », donc accessoire. Elles contournent ainsi leurs propres fondations. C'est pourtant un manque d'intégrité intellectuelle : toute recherche suppose une vision du monde, qu'on le reconnaisse ou non. Refuser de l'admettre, c'est transformer cette vision implicite en dogme invisible.

VERS UNE SCIENCE POST-RÉDUCTRICE ET POST-ECCLÉSIALE

Comment libérer la recherche de ses dogmes sans tomber dans le relativisme ou la pseudoscience ? La réponse n'est pas « tout est permis », comme le lançait provocativement Paul Feyerabend. Elle tient plutôt dans un pluralisme méthodologique : accepter plusieurs façons d'enquêter, mais toujours en les ancrant dans la transparence, la rigueur et le débat ouvert.

Cet appel à une science libérée du réductionnisme et de ses réflexes quasi religieux n'est pas nouveau. Il prolonge le *Manifeste pour une science post-matérialiste* (Beauregard et al., 2014). Dans ce texte, mes collègues et moi avons contesté la domination de la vision matérialiste et proposé une culture de recherche plus ouverte et plus pluraliste. Nous avons aussi soutenu que le véritable progrès exige d'élargir le regard au-delà du matérialisme réducteur, de prendre la conscience au sérieux et d'oser enquêter sur des phénomènes qui échappent aux cadres classiques. Nous avons également posé trois engagements clairs : l'humilité intellectuelle, la diversité méthodologique et l'ouverture aux surprises que la réalité peut nous réserver. Ces principes restent au cœur des réformes que je propose ici.

Concrètement, une telle réforme passerait par l'explicitation des présupposés métaphysiques au lieu de les dissimuler, par la pré-inscription des engagements théoriques aussi bien qu'empiriques, et par une transparence radicale sur les méthodes et les données mises à disposition de tous. Elle impliquerait aussi de cultiver une réelle diversité de perspectives dans le recrutement et la collaboration, d'ouvrir l'évaluation par les pairs à la critique après publication (Kriegeskorte, 2012), et de déplacer les critères d'évaluation des chercheurs—aujourd'hui centrés sur le facteur d'impact (Seglen, 1997) —vers la capacité à répliquer les résultats et à produire des prédictions solides (Steegen, Tuerlinckx, Gelman & Vanpaemel, 2016).

Un tel mouvement légitimerait l'étude de l'émergence et de la causalité descendante, et traiterait la conscience non plus comme une note de bas de page, mais comme une frontière majeure de la recherche. Pour que cette ouverture reste vivante, il faudrait aussi créer des espaces protégés pour les travaux non conventionnels, afin d'empêcher la science rigoureuse de se figer en dogme.

De plus, ces réformes libéreraient la recherche de ses contraintes idéologiques et ouvriraient la voie à une science plus intégrative, réellement capable de se corriger elle-même. En reconnaissant ses présupposés au lieu de les dissimuler, et en favorisant la diversité des savoirs plutôt qu'une monoculture de pensée, la science pourrait retrouver son esprit originel de rébellion.

SCIENCE, SENS ET CONDITION HUMAINE

Si la science tend parfois à se comporter comme une Église, c'est aussi pour des raisons existentielles. Les êtres humains ont besoin de sens. Le matérialisme réducteur, avec son récit d'un monde fait uniquement de particules et de lois mécaniques où la conscience n'est qu'un produit tardif et accessoire, a longtemps offert une réponse simple et séduisante. Mais cette histoire ne suffit pas. Elle ne rend pas justice à la profondeur de l'expérience vécue, à l'autonomie du vivant et de l'esprit, ni au tissu auto-organisateur de la nature.

Une science honnête peut admettre qu'elle ne sait pas ce qu'est vraiment la conscience, qu'elle ignore encore comment la vie a commencé, et qu'elle ne peut trancher si l'information ou la matière est plus fondamentale. Loin d'être des faiblesses, ces reconnaissances sont des vertus d'humilité intellectuelle.

Resacraliser la quête scientifique ne veut pas dire la transformer en théologie, mais lui rendre sa part d'émerveillement, de mystère et d'ouverture devant la structure du réel. Cela exige aussi que la science reconnaisse ses propres limites, qu'elle rende visibles ses présupposés cachés, et qu'elle accepte de dialoguer avec la philosophie, non comme avec un ornement académique, mais comme avec un véritable partenaire pour éclairer les idées, les hypothèses et leurs conséquences.

RÉBELLION RENOUVELÉE

La science est née d'un geste de rébellion. Elle doit aujourd'hui se révolter de nouveau, cette fois contre son propre credo figé. La réforme nécessaire n'est pas seulement technique, elle est aussi culturelle et philosophique. Elle suppose le courage de reconnaître ses dogmes, d'accueillir la pensée dissidente, de financer et de protéger les recherches à haut risque, et de traiter la conscience non comme un scandale, mais comme une clé majeure pour comprendre le réel. L'autre voie, c'est celle d'une industrie bureaucratisée du savoir, qui mesure, publie, optimise... tout en perdant de vue ce qui compte vraiment : comprendre qui nous sommes et ce que signifie être au monde.

Et c'est trop souvent cette voie qui domine aujourd'hui. L'Église de la science ne se limite plus aux revues savantes ou aux amphithéâtres, car ses dogmes et ses dénégations se sont désormais fondus dans les technologies qui traversent nos veines, modifient nos gènes et capturent nos écrans. La promesse de progrès prend alors des visages séduisants : pilules, pixels, et même rêves d'immortalité. Mais derrière ce vernis utopique, c'est un vieux motif qui se répète : le contrôle des corps, la capture de l'attention et la colonisation de l'avenir. Ainsi, de la science érigée en credo, nous glissons vers le piège étincelant du transhumanisme, ultime séduction de la *Matrice*.

RÉFÉRENCES

Angell, M. (2004). *The truth about the drug companies: How they deceive us and what to do about it.* Random House.

Amrhein, V., Greenland, S., & McShane, B. B. (2019). Retire statistical significance. *Nature*, 567, 305–307.

Anderson, P. W. (1972). More is different. *Science*, 177(4047), 393–396.

Baars, B. J. (1988). *A cognitive theory of consciousness.* Cambridge University Press.

Beauregard, M., Schwartz, G. E., Miller, L., Dossey, L., Moreira-Almeida, A., Schlitz, M., Sheldrake, R., & Tart, C. (2014). Manifesto for a post-materialist science. *EXPLORE: The Journal of Science and Healing*, 10(5), 272–274.

Bohr, N. (1934). *Atomic theory and the description of nature*. Cambridge University Press.

Chalmers, D. J. (1995). Facing up to the problem of consciousness. *Journal of Consciousness Studies*, 2(3), 200–219.

Chambers, C. (2013). Registered reports: A new publishing initiative at *Cortex*. *Cortex*, 49(3), 609–610.

Churchland, P. S. (1986). *Neurophilosophy: Toward a unified science of the mind–brain*. MIT Press.

Coryn, C. L. S., et al. (2006). A systematic review of theory-driven evaluation practice from 1990 to 2003. *American Journal of Evaluation*, 27(2), 197–208.

Dehaene, S. (2014). *Consciousness and the brain: Deciphering how the brain codes our thoughts*. Viking.

Dennett, D. C. (1991). *Consciousness explained*. Little, Brown.

Ellis, G. F. R. (2016). *How can physics underlie the mind? Top-down causation in the human context*. Springer.

Ellis, G. F. R., Noble, D., & O'Connor, T. (2012). Top-down causation: An integrating theme within and across the sciences? *Interface Focus*, 2(1), 1–3.

Fanelli, D. (2010). "Positive" results increase down the hierarchy of the sciences. *PLoS ONE*, 5(4), e10068.

Feyerabend, P. (1975). *Against method*. Verso.

Friston, K. (2010). The free-energy principle: A unified brain theory? *Nature Reviews Neuroscience*, 11, 127–138.

Gelman, A., & Loken, E. (2013). *The garden of forking paths*. Manuscrit non publié, Department of Statistics, Columbia University.

Gigerenzer, G. (2004). Mindless statistics. *Journal of Socio-Economics*, 33(5), 587–606.

Goldacre, B. (2012). *Bad pharma: How drug companies mislead doctors and harm patients*. Fourth Estate.

Gøtzsche, P. C. (2012). *Deadly medicines and organised crime: How big pharma has corrupted healthcare*. Radcliffe Publishing.

Heisenberg, W. (1958). *Physics and philosophy*. Harper.

Holland, J. H. (1995). *Hidden order: How adaptation builds complexity*. Addison–Wesley.

Horton, R. (2015). Offline: What is medicine's 5 sigma? *The Lancet*, 385(9976), 1380.

Hossenfelder, S. (2018). *Lost in math: How beauty leads physics astray*. Basic Books.

Ioannidis, J. P. A. (2005). Why most published research findings are false. *PLoS Medicine*, 2(8), e124.

Jureidini, J. N., McHenry, L. B., & Mansfield, P. R. (2004). Clinical trials and drug promotion: Selective reporting of Study 329. *International Journal of Risk & Safety in Medicine*, 16(1), 31–39.

Kriegeskorte, N. (2012). Open evaluation: A vision for entirely transparent post-publication peer review and rating for science. *Frontiers in Computational Neuroscience*, 6, 79.

Kuhn, T. S. (1962). *The structure of scientific revolutions*. University of Chicago Press.

Kuhn, T. S. (1977). *The essential tension*. University of Chicago Press.

Lakatos, I., & Musgrave, A. (Eds.). (1970). *Criticism and the growth of knowledge*. Cambridge University Press.

Latour, B. (1987). *Science in action*. Harvard University Press.

Latour, B., & Woolgar, S. (1979). *Laboratory life: The construction of scientific facts*. Sage.

Meehl, P. E. (1967). Theory-testing in psychology and physics: A methodological paradox. *Philosophy of Science*, 34(2), 103–115.

Mermin, N. D. (1989). What's wrong with this pillow? *Physics Today*, 42(4), 9–11.

Merton, R. K. (1968). The Matthew effect in science. *Science*, 159(3810), 56–63.

Nagel, T. (1974). What is it like to be a bat? *The Philosophical Review*, 83(4), 435–450.

Nagel, T. (2012). *Mind and cosmos: Why the materialist neo-Darwinian conception of nature is almost certainly false.* Oxford University Press.

Noble, D. (2006). *The music of life: Biology beyond genes.* Oxford University Press.

Nosek, B. A., & Lakens, D. (2014). Registered reports: A method to increase the credibility of published results. *Social Psychology*, 45(3), 137–141.

Open Science Collaboration. (2015). Estimating the reproducibility of psychological science. *Science*, 349(6251), aac4716.

Penrose, R., & Hameroff, S. (1994). Quantum coherence in microtubules: A model for consciousness. *Journal of Consciousness Studies*, 1(1), 98–118.

Planck, M. (1949). *Scientific autobiography and other papers.* Philosophical Library.

Polanyi, M. (1958). *Personal knowledge: Towards a post-critical philosophy.* University of Chicago Press.

Rosenthal, R. (1979). The file drawer problem and tolerance for null results. *Psychological Bulletin*, 86(3), 638–641.

Seglen, P. O. (1997). Why the impact factor of journals should not be used for evaluating research. *BMJ*, 314(7079), 498–502.

Sheldrake, R. (2012). *The science delusion.* Coronet.

Simmons, J. P., Nelson, L. D., & Simonsohn, U. (2011). False-positive psychology: Undisclosed flexibility in data collection and analysis allows presenting anything as significant. *Psychological Science*, 22(11), 1359–1366.

Sismondo, S. (2008). How pharmaceutical industry funding affects trial outcomes: A systematic review. *Contemporary Clinical Trials*, 29(2), 109–113.

Smaldino, P. E., & McElreath, R. (2016). The natural selection of bad science. *Royal Society Open Science*, 3(9), 160384.

Smith, R. (2006). Peer review: A flawed process at the heart of science and journals. *Journal of the Royal Society of Medicine*, 99(4), 178–182.

Steegen, S., Tuerlinckx, F., Gelman, A., & Vanpaemel, W. (2016). The multiverse analysis. *Perspectives on Psychological Science*, 11(1), 65–76.

Tononi, G. (2004). An information integration theory of consciousness. *BMC Neuroscience*, 5, 42.

Tononi, G. (2008). Consciousness as integrated information: A provisional manifesto. *Biological Bulletin*, 215(3), 216–242.

Van Zee, A. (2009). The promotion and marketing of OxyContin: Commercial triumph, public health tragedy. *American Journal of Public Health*, 99(2), 221–227.

von Bertalanffy, L. (1968). *General system theory*. George Braziller.

Weinberg, S. (1992). *Dreams of a final theory*. Pantheon.

Wheeler, J. A. (1983). Law without law. In J. A. Wheeler & W. H. Zurek (Eds.), *Quantum theory and measurement* (pp. 182–213). Princeton University Press.

Wiener, N. (1948). *Cybernetics: Or control and communication in the animal and the machine*. MIT Press.

Chapitre 7

Poison, pixels et le piège transhumaniste

« Le posthumain n'est plus une simple hypothèse abstraite, mais une possibilité tangible. Dès lors, la question de ce que signifie être humain s'impose avec une urgence brûlante, une urgence à laquelle nul ne peut se soustraire — car, autrement, elle sera déjà tranchée par les experts scientifiques et les forces du marché. »
— Nikolas Kompridis

Ce chapitre tresse trois fils apparemment distincts mais qui, réunis, s'entrelacent en une corde unique. Une corde qui ne se contente pas de pendre au-dessus de nos têtes comme une menace abstraite, mais qui se resserre, lentement et sûrement, autour de nos corps et de nos esprits : le poison, les pixels et le piège transhumaniste.

Le *poison* d'abord : il ne s'agit pas seulement de substances toxiques éparses, mais d'un bain chimique qui imprègne désormais l'air que nous respirons, l'eau que nous buvons et la nourriture que nous avalons. C'est la saturation pharmacologique et industrielle de nos vies, une infiltration insidieuse qui altère nos cellules, dérègle nos hormones et fait dériver notre pensée. Les perturbateurs endocriniens, les neurotoxiques, les microplastiques, mais aussi l'usage massif et chronique des psychotropes qui, insidieusement, redessinent la physiologie humaine, modèlent les comportements et reconfigurent même ce que nous croyons être nos émotions les plus intimes.

Les *pixels*, ensuite : ils incarnent les machines de capture de l'attention, de prédation de nos désirs et de modification de nos conduites. Ils s'infiltrent partout, de nos poches à nos chambres, colonisant notre espace psychique. Ces pixels ne sont plus un à-côté, un supplément de vie : ils en sont devenus le centre. Des écrans, des métriques et des algorithmes se glissent entre nous et le monde, et entre nous et autrui, interposant un voile de calculs et de représentations qui finit par réécrire la réalité elle-même.

Enfin, le *piège transhumaniste* : l'horizon qui se dresse derrière toutes ces forces, tel un mirage séduisant. Il nous fait croire que l'avenir de l'humanité passe par sa propre disparition, par la conversion de la chair en langage informatique, par la transformation de la biologie en marchandise brevetée, et par la réduction du destin humain à un problème technique à résoudre. On nous promet la sécurité, l'efficacité, l'immortalité, mais le prix à payer est celui de notre essence la plus profonde. Ce rêve n'est pas une utopie, mais une cage dorée.

Pris ensemble, ces vecteurs forment un régime de gouvernance inédit. Ce n'est plus le droit ni la politique qui régissent nos vies, mais un pouvoir *biopsychotechnique* qui agit directement sur nos corps, nos nerfs et nos esprits. Ce régime façonne la biologie, recâble l'attention et impose une métaphysique où la conscience se réduit à du calcul et la vie à de l'information. Le *Robot Humain*, déjà façonné par l'école, l'État et les industries culturelles, se voit désormais « mis à jour » : hybride, mi-machine mi-organisme, et soumis aux logiques de l'optimisation permanente.

Pour briser ce pouvoir, il nous faut comprendre son architecture profonde. Trois choses doivent être vues ensemble, comme un triptyque inséparable : d'abord, la manière dont nos environnements chimiques et numériques interagissent pour altérer nos cerveaux et nos hormones ; ensuite, la façon dont le rêve transhumaniste agit comme un catéchisme moderne, un credo laïque qui justifie l'intrusion de la technique dans chaque interstice de la vie ; enfin, la possibilité d'inventer d'autres manières de vivre — incarnées, reliées, enracinées et spirituelles — qui s'affirment comme un geste de résistance face à l'emprise des algorithmes et du capital.

POISON : LA LENTE VIOLENCE D'UNE GOUVERNANCE CHIMIQUE ET PHARMACOLOGIQUE

Les perturbateurs endocriniens comme technologie politique

À la fin du XXe siècle, les chercheurs ont commencé à réaliser que certaines substances, banales au point de sembler inoffensives, pouvaient bouleverser nos équilibres hormonaux à des doses infimes. Le *bisphénol A*, par exemple, présent dans les plastiques et les revêtements alimentaires, mime l'œstrogène. À sa manière, le large usage des *phtalates* — qui imprègnent nos objets du quotidien et nos cosmétiques — vient parasiter la testostérone et dérégler d'autres hormones. D'autres molécules, comme les *PFAS* (substances per- et polyfluoroalkylées), ces "produits éternels" qui nous promettent poêles antiadhésives et textiles imperméables, persistent indéfiniment et s'accumulent dans la chair. Quant aux *pesticides organophosphorés*, largement répandus dans nos champs, ils perturbent la signalisation nerveuse et compromettent le développement cérébral des enfants à naître.

Ces effets sont particulièrement redoutables lors des périodes de vulnérabilité : la gestation, la petite enfance et la puberté. Des recherches multiples ont relié ces expositions à l'infertilité, aux maladies métaboliques, aux troubles du développement et à certains cancers.

Mais au-delà des statistiques, un principe se dessine, d'une clarté glaçante : nos choix industriels deviennent nos choix biologiques. Ce que les usines rejettent, nos corps l'absorbent; et ce que les chaînes de production économisent, nos organes le paient. Les normes dites « sûres » sont souvent établies pour un adulte moyen, jamais pour un fœtus de six semaines ni pour un adolescent en pleine croissance. Dans ces angles morts, les fragilités réelles se perdent.

Et tandis que l'industrie continue de déverser ses produits, la charge est renvoyée sur l'individu : « *Achetez différemment, informez-vous, choisissez mieux* ». Comme si la survie était une affaire de consommation éclairée et non une responsabilité collective. Pendant ce temps, les perturbateurs endocriniens poursuivent leur travail souterrain : moduler hormones et métabolismes, infléchir le développement, et laisser des traces qui traversent parfois les générations. Ce qui nous est présenté comme risque individuel est en réalité un choix politique, et nos corps en deviennent les archives muettes.

L'érosion de la souveraineté cognitive

Grandjean et Landrigan ont sonné l'alarme en 2014 : plomb, mercure et pesticides organophosphorés forment déjà une liste redoutable de substances toxiques qui abîment le cerveau en développement. Depuis, d'autres signaux s'accumulent, comme les inquiétudes sur l'exposition au fluor dans certains contextes, associée à des déficits cognitifs. Ces chercheurs ont parlé d'une « *pandémie silencieuse* », qui n'affiche pas ses cadavres dans les rues mais qui ronge, patiemment, les capacités de mémoire, d'attention et d'autocontrôle des enfants et des adultes.

Quand l'attention se disperse, que la mémoire s'affaiblit et que l'autocontrôle s'érode, ce n'est pas seulement la personne qui vacille, c'est toute la société qui se fragilise. Être citoyen demande en effet de savoir juger avec clarté, de retenir ses impulsions, de discerner et de se projeter dans l'avenir. Ce qui touche un individu finit donc par blesser la communauté tout entière.

Les expositions chimiques sapent la résilience mentale, et ce déficit de résilience rend les sociétés plus vulnérables aux prédateurs numériques. Les plateformes, expertes en capture d'attention et en manipulation de désirs, trouvent devant elles un terrain fragilisé. Le chimique et le numérique ne sont pas des sphères distinctes : ils convergent. Les toxines anesthésient la souveraineté cognitive, et les algorithmes exploitent les failles qui restent.

Psychopharmacologie et gouvernance des humeurs

À cette chimie diffuse s'ajoute une autre chimie, institutionnalisée et prescrite : celle des psychotropes. Antidépresseurs, stimulants, anxiolytiques — leur prescription massive s'est imposée dans une culture qui conçoit la détresse comme un dysfonctionnement individuel, coupé de ses racines politiques, sociales et écologiques. Bien sûr, ces molécules sauvent des vies, et nul ne saurait les condamner en bloc. Mais leur usage systémique, notamment chez les enfants et les adolescents, installe une culture où l'humeur, l'attention et la vigilance deviennent des variables pharmacologiques plutôt que des questions de justice, d'environnement et de lien social.

Cette culture de l'optimisation pharmacologique épouse parfaitement l'idéal transhumaniste. Si nos émotions et nos pensées sont conçues comme des problèmes techniques, alors *pourquoi s'arrêter aux comprimés ? Pourquoi ne pas éditer les gènes, implanter des électrodes, voire un jour, transférer l'esprit dans la machine ?*

PIXELS : LA MODIFICATION DU COMPORTEMENT
À L'ÉCHELLE PLANÉTAIRE

L'économie de l'attention comme industrie extractive

Nous avons déjà évoqué ce que Shoshana Zuboff appelle le *capitalisme de surveillance* : ce système qui fait de l'expérience humaine elle-même une matière première, captée, transformée en données, revendues sous forme de prédictions, puis recyclées en incitations comportementales. Dans ce régime, chaque souffle devient un signal, chaque hésitation devant l'écran un indice, chaque clic une pépite de minerai psychique, aspirée, traitée et monétisée.

Ce que nous appelons encore « *plateformes* » ou « *réseaux sociaux* » n'est plus un simple espace de communication : c'est une immense industrie extractive qui fore nos esprits comme on fore les sols, avec la même logique de captation et de profit. Le temps de pause dans un fil de défilement, la vitesse de réaction à une notification, le rythme des échanges : tout y est scruté, disséqué et transformé en vecteurs d'attention à exploiter.

Ces infrastructures fonctionnent comme une boîte de Skinner planétaire. Les techniques dites de *"persuasion"*, élaborées à l'Université de Stanford par Brian Jeffrey Fogg et désormais diffusées partout, ne sont pas le fruit du hasard mais de véritables armes d'*ingénierie comportementale*. Défilement sans fin, petites récompenses imprévisibles, et comparaisons sociales savamment calculées : tout cela agit comme des leviers pour manipuler notre cerveau. Ces mécanismes exploitent directement la dopamine, qui nourrit l'attente et l'habitude, et l'ocytocine, qui renforce le besoin de lien social.

Nos vies se déroulent désormais dans des moules invisibles : ces dispositifs ne se contentent pas de nous informer, ils sculptent nos comportements. Et ce modelage n'a rien d'innocent, car derrière lui se cachent les mains du marché.

L'adolescence comme champ de bataille

C'est peut-être chez les adolescents que les effets de cette colonisation apparaissent avec la plus grande brutalité. Depuis le début des années 2010, avec l'irruption massive des téléphones intelligents et des réseaux sociaux, les indicateurs de santé mentale se sont effondrés : explosion de l'anxiété, dépression, automutilation, solitude et troubles du sommeil. Et ce sont les jeunes filles qui en payent le prix le plus élevé, prises dans un filet d'exigences contradictoires — se montrer, s'évaluer, se comparer, tout en étant invisibilisées ou harcelées.

L'adolescence, âge fragile où l'on explore son identité, devient un champ de bataille algorithmique. L'attention des enfants, qui devrait nourrir le jeu, le rêve et la rencontre, est siphonnée par des écrans qui imposent compétition, hiérarchies numériques et anxiété permanente. Le sommeil, pilier du développement, est sacrifié sur l'autel des notifications.

Grandir dans cet environnement, c'est entrer dans l'âge adulte déjà conditionné : habitué à se mesurer en chiffres, à s'exposer à un public, et à se conformer à des normes invisibles calculées par des machines. Le *Robot Humain* n'est plus seulement dressé à obéir : il est colonisé et tenu en laisse par la mécanique des récompenses. Ce qui ressemblait à un lien n'est en fait qu'un crochet planté dans la chair de nos désirs.

Gouvernance algorithmique

Les chercheurs Antoinette Rouvroy et Thomas Berns ont nommé ce phénomène la « *gouvernance algorithmique* » : un mode de gouvernance qui ne s'adresse plus à notre raison ni à notre jugement, mais agit directement sur nos propensions, nos tendances et nos pulsions. Ce qui commença comme publicité ciblée s'est mué en construction ciblée de la réalité elle-même.

Car l'algorithme ne se contente pas de prédire : il prescrit. En effet, il agit sur l'environnement informationnel de manière à rendre certaines conduites plus probables que d'autres. Regardez une vidéo, et l'algorithme vous en propose dix autres, calibrées pour coller à vos désirs et intensifier votre engagement. Discutez avec un *chatbot*, et vos propres phrases deviennent des données d'entraînement qui vous guideront demain vers certaines réponses plutôt que d'autres. Téléchargez vos photos, et elles nourrissent des modèles qui engendreront de faux visages, de faux corps et de faux amis qui viendront ensuite concurrencer votre attention.

C'est une boucle sans fin : nos clics enseignent aux machines, et les machines nous enseignent en retour. Ce dialogue truqué fabrique un monde où la frontière entre le réel et le simulé s'efface. L'espace de l'information devient une scène sans auteur, où les scripts invisibles de l'IA chorégraphient comportements et perceptions. Et nous, participants malgré nous, nous dansons au rythme qu'elle impose.

LE PIÈGE TRANSHUMANISTE

Le transhumanisme comme eschatologie séculière

Il existe aujourd'hui une mythologie puissante, habillée des habits du futur, qui séduit autant qu'elle inquiète : le *transhumanisme*. Ses prophètes — Ray Kurzweil, Nick Bostrom et leurs disciples — annoncent des horizons flamboyants : des vies prolongées bien au-delà des limites naturelles, des cerveaux plus rapides et plus intelligents, des émotions calibrées pour être plus « morales », et même, à terme, le transfert intégral de la conscience dans des machines.

Ce discours ressemble à une religion moderne, sans dieu mais avec la promesse d'un salut technique. Dans cette vision, la mort n'apparaît plus que comme un défaut biologique à corriger. La souffrance elle-même se trouve requalifiée en problème d'ingénierie, tandis que la conscience est réduite à une donnée numérique que l'on imagine pouvoir copier, transférer ou optimiser. L'âme, enfin, cesse d'être un mystère pour n'être plus qu'une information.

Derrière ce récit flamboyant se cachent des postulats implicites : l'esprit ne serait qu'un calcul, le soi un ensemble de données, le corps un support périssable, et l'éthique une simple gestion des risques. Rien de tout cela n'a jamais été démontré, et pourtant ces affirmations circulent comme des évidences.

Le transhumanisme fonctionne donc comme une foi séculière : il promet un paradis, mais ce paradis est algorithmique, aseptisé et codé.

Réduction, désincarnation et perte du qualitatif

Les sciences cognitives de l'incarnation (en anglais, *embodiment*) — de Varela, Thompson et Rosch à McGilchrist — nous rappelle que la pensée n'est pas une mécanique abstraite, mais une danse enracinée dans la chair. Elle montre que la conscience jaillit des gestes, des sensations, des échanges et du corps vivant en dialogue avec le monde.

Le transhumanisme, lui, réduit ce corps à une simple enveloppe matérielle : support obsolète qu'on peut corriger, augmenter ou même jeter.

Mais le corps n'est pas une coquille interchangeable. Il est le livre vivant de l'existence, celui qui inscrit la mémoire dans la peau, fait chanter l'émotion dans la respiration et fait vibrer la joie jusque dans les nerfs. La modernité et les écrans privilégient déjà l'image abstraite plutôt que le contact vivant. Le transhumanisme radicalise cette dérive : il érige l'ombre des modèles au-dessus de la réalité, la simulation au-dessus de l'expérience.

Le nouvel eugénisme

Les nouvelles biotechnologies — édition génétique, sélection embryonnaire, médecine algorithmique — sont souvent présentées comme des miracles de compassion. Qui pourrait s'opposer à l'idée d'enfants en meilleure santé, de maladies héréditaires éradiquées, et de traitements personnalisés ?

Pourtant, ces mêmes outils dessinent la pente douce d'un eugénisme revisité. Non plus brutal, comme au XXe siècle, mais subtil, statistique et algorithmique. Les moyennes se muent en idéaux, les différences en défauts, et la diversité humaine finit par apparaître comme une anomalie.

Sur ce point, Francis Fukuyama nous avait mis en garde : si certaines caractéristiques humaines en viennent à être jugées indignes d'être transmises, alors le principe même de la dignité égale de tous s'effondre. Dans un tel contexte, les parents se verront pressés de choisir le "meilleur" embryon, les patients incités à l'"amélioration", et la société entière risquera de dériver vers une norme étroite de ce qui mérite d'être vécu.

Dans cet environnement, le pouvoir bascule vers une gouvernance technocratique : non plus celle de dirigeants choisis pour leur sagesse, mais celle d'experts capables de manier les métriques et les modèles. L'autorité glisse de l'éthique vers l'algorithme.

L'IA et la capture ontologique de la conscience

Nick Bostrom, dans *Superintelligence*, a mis en garde contre des machines capables, un jour, de menacer l'existence même de l'humanité. Mais le danger le plus proche est plus discret : c'est ce qu'on peut appeler la *capture ontologique*. Cela signifie que l'IA ne se contente pas de produire des réponses ou des images. Elle façonne peu à peu notre manière de voir le monde, de décider ce qui est vrai ou faux, important ou secondaire. Elle redéfinit aussi nos repères les plus profonds, parfois sans que nous en ayons conscience. C'est une prise de pouvoir non pas sur nos corps, mais sur notre vision de la réalité.

Car déjà, l'IA filtre, reformule et redessine notre accès au monde. Elle détermine ce qui compte comme science, ce qui paraît art, et ce qui s'impose comme droit. Peu à peu, elle définit les critères mêmes de ce que nous jugeons vrai, pertinent et significatif.

Une humanité qui se tourne vers l'IA comme miroir pour se comprendre court le risque d'absorber les déformations de ce miroir. Si une machine simule la conscience avec une habileté troublante, nous pourrions finir par croire que la conscience n'est que simulation. Alors le mystère deviendrait erreur statistique, la transcendance se réduirait aux limites d'un modèle et la personne se confondrait avec un score.

Ce n'est pas seulement une menace politique, c'est un danger existentiel. Il assèche nos sources de sens, coupe nos racines dans le monde et voile la profondeur spirituelle qui donne souffle à la vie.

Le transhumanisme chimico-numérique comme gouvernance

Il serait faux de croire que chimie, numérique et idéologie transhumaniste avancent séparément. Ils fonctionnent en synergie, s'auto-alimentent et se renforcent en boucle.

Les expositions chimiques affaiblissent les corps et émoussent les esprits. Les plateformes numériques capturent l'attention et désagrègent la relation. L'idéologie transhumaniste, enfin, requalifie ces dégradations en « étapes nécessaires » vers un avenir supérieur.

Ainsi, l'asservissement prend le masque du progrès. Et plus les gens se sentent affaiblis biologiquement et déstabilisés psychiquement, plus ils sont séduits par les promesses de contrôle technologique : implants neuronaux pour corriger la dépression, édition génétique pour ajuster l'humeur, thérapies

IA pour soutenir en continu, et biotechnologies de longévité pour repousser la mort.

Mais ces « remèdes » aggravent le mal qu'ils prétendent soigner. Ils enfoncent plus profondément encore dans le piège : celui d'une humanité qui troque son essence contre une illusion de maîtrise.

BRISER L'ENVOÛTEMENT

La morale des limites

Et si nous arrêtions enfin de mesurer l'humain selon les critères du marché — vitesse, rendement, croissance infinie et capacité prédictive ? Et si nous retrouvions d'autres mesures, plus anciennes et plus vastes : la profondeur, la lenteur, la relation et l'émerveillement ?

Résister au mirage du progrès illimité, c'est comprendre que la vie humaine se construit autant sur les limites que sur les élans. C'est accepter que l'incertitude, loin d'être un défaut à corriger, est une dimension essentielle de l'existence. La sagesse commence là où s'arrête l'illusion de maîtrise.

La précaution véritable, dans le domaine des biotechnologies, implique que les interventions irréversibles soient les dernières, non les premières. La charge de la preuve devrait peser sur ceux qui prétendent remodeler la vie, non sur ceux qui défendent ses formes fragiles. Et par-dessus tout, il s'agit de protéger la dignité humaine de la réduction à un profil de données, à un score de risque et à une cible d'optimisation.

Le paysage de l'attention

Si le corps est notre première demeure, l'attention est notre seconde maison, invisible mais vitale. Or toutes deux sont aujourd'hui assiégées. Les toxines attaquent la chair, et les technologies manipulatrices rongent l'esprit.

Protéger l'attention ne peut être un effort solitaire : c'est une tâche collective. Les applications conçues pour capter sans fin doivent être reconnues comme des menaces pour la santé publique, au même titre que le tabac ou l'amiante. Leurs ressorts invisibles doivent effectivement être mis en lumière, freinés et encadrés par des règles transparentes.

Mais se défendre ne suffit pas, il faut aussi réinventer. La vie communautaire devient alors une médecine puissante. Les repas partagés, les rituels qui relient les générations, les fêtes, les marches dans la nature ou les créations artistiques collectives sont autant d'oasis d'attention dans le désert numérique. Ils restaurent la concentration, rappellent la présence et recousent les liens déchirés. Même les plus petits gestes — une pause sans écran, un moment de silence, un souffle retrouvé — agissent comme des étincelles qui réinitialisent le système nerveux et rallument la flamme des liens humains.

Détoxifier le lien corps-monde

Notre chimie intérieure n'est pas séparée du monde : elle est en continuité avec lui. Nos hormones parlent le langage des sols, de l'air et de l'eau. Défendre la santé humaine, c'est donc aussi défendre la santé des écosystèmes.

Cela veut dire assainir nos environnements : réduire l'exposition aux perturbateurs endocriniens, éliminer les PFAS, surveiller les pollutions et tenir les pollueurs responsables. Cela veut dire aussi transformer notre manière de produire et de manger, en passant d'une agriculture industrielle qui empoisonne à une agriculture régénérative qui nourrit et qui soigne.

C'est également, sur le plan psychique, reconnaître que beaucoup de nos détresses ne sont pas des défauts individuels à corriger par la chimie, mais des réponses sensées à des contextes sociaux et écologiques malades. La solution ne réside pas dans une avalanche de prescriptions, mais dans des réformes structurelles : justice sociale, accès aux thérapies relationnelles, soutien communautaire, et reconnaissance du sens.

Raviver l'esprit humain

Sortir du piège de l'optimisation ne suffit pas : il faut aussi *réinventer le sens*. La désintoxication doit s'accompagner d'une réappropriation.

Vivre au-delà des métriques, c'est refuser que la conscience soit réduite à une fonction calculable. C'est se souvenir que l'esprit est relationnel, incarné, vivant dans les réseaux d'attention, de soin et de gratitude.

La science, les spiritualités, les sagesses autochtones, les arts et les pratiques contemplatives doivent se retrouver dans un même cercle de dialogue. Chacun apporte un éclat de vérité, comme un fragment de vitrail qui, seul, reste incomplet, mais qui, assemblé aux autres, laisse passer la lumière. Raviver l'esprit humain, c'est réapprendre la gratitude, l'émerveillement et la contemplation. C'est aussi protéger le mystère de la vie contre ceux qui voudraient le réduire à une simple addition de données.

Repenser les institutions

Cette réorientation ne peut pas reposer sur les individus seuls. Elle exige des institutions renouvelées, capables de servir le bien commun au lieu de s'agenouiller devant les marchés. Il faut des structures transparentes, ouvertes à la critique et responsables devant la démocratie, et des plateformes soumises à l'examen public, où les règles sont clairement exposées, les impacts évalués et les dérives corrigées.

Et au-delà, il faut également des choix technologiques qui ne sont pas abandonnés à des élites technocratiques, mais débattus dans des assemblées citoyennes. Que ce soit pour l'édition génétique, l'IA ou la santé environnementale, les décisions doivent être partagées, éclairées par l'expertise mais ancrées dans la délibération collective.

DIX THÈSES CONTRE LE PIÈGE TRANSHUMANISTE

Ayant parcouru les risques de l'optimisation et du contrôle technocratique, voici dix principes, à la fois refus et affirmations, qui tracent une ligne de défense pour le corps et l'esprit humains :

1. Nous refusons de traiter le corps comme du matériel obsolète : nous affirmons sa sacralité, chair vivante de relation et de présence.

2. Nous refusons de réduire la conscience à du calcul : nous affirmons le mystère de l'esprit, irréductible à un code.

3. Nous refusons de confondre optimisation et épanouissement : nous affirmons que la beauté, l'amour et la transcendance sont la véritable mesure du sens.

4. Nous refusons de sacraliser sécurité et efficacité : nous affirmons que la liberté et la dignité se nourrissent de risque et d'ouverture.

5. Nous refusons de normaliser les toxines : nous affirmons le devoir de protéger la clarté et la vitalité des générations à venir.

6. Nous refusons que l'économie de l'attention colonise nos âmes : nous affirmons l'attention comme sanctuaire de contemplation et d'émerveillement.

7. Nous refusons de voir le transhumanisme comme destin : nous affirmons qu'il n'est qu'une croyance étroite, masquée en nécessité.

8. Nous refusons de considérer l'IA comme neutre : nous affirmons qu'elle est force culturelle et ontologique, devant être alignée sur la révérence du vivant.

9. Nous refusons de laisser la résistance aux seuls individus : nous affirmons la nécessité de communautés et d'institutions nourrissant la sagesse.

10. Nous refusons de réduire l'humain à des données ou à de simples neurones ; nous affirmons l'irréductible dimension spirituelle et relationnelle qui habite chaque être.

Ces thèses ne sont pas de simples barrières, mais des serments. Elles rappellent que l'humain n'est pas un engrenage à huiler ni un programme à optimiser, mais une énigme à habiter, un mystère à vivre. Résister au piège transhumaniste, ce n'est pas tourner le dos à la science, mais la ramener à sa juste place : non pas idole de contrôle, mais servante de la vie.

LE COURAGE DE RESTER HUMAIN

Le piège transhumaniste séduit en promettant la victoire contre notre finitude. Mais la finitude n'est pas une erreur : elle est la source de l'amour, du soin et du sens.

Choisir l'humanité, c'est choisir la qualité plutôt que la quantité, la relation plutôt que le contrôle, la profondeur plutôt que l'expansion. C'est défendre l'irréductible mystère au cœur de la conscience et de la vie.

Le travail qui s'ouvre devant nous n'est pas de rejeter la technique, mais de la replacer dans une anthropologie qui honore la chair, la vulnérabilité et la transcendance. L'humain n'est pas une machine ratée à corriger : il est un être de sens dont la destinée est l'éveil, non le téléchargement.

Le rêve de transcendance a été capturé par l'idéologie et par les laboratoires, mais aussi par les écrans lumineux que nous portons comme des talismans. La Silicon Valley prêche un évangile de salut numérique : fusionner chair et code, et promettre l'immortalité par algorithmes. Mais derrière cette vitrine rutilante, c'est toujours la même mécanique du contrôle, de la peur et de la dépendance.

Du culte du progrès, nous avons glissé dans la cathédrale des pixels, où les écrans ne rapportent plus la réalité mais la fabriquent. Et c'est là que se joue notre courage : choisir de rester humains, dans l'épaisseur du mystère, plutôt que de céder à l'illusion glacée de l'optimisation sans fin.

RÉFÉRENCES

Bostrom, N. (2005). *A history of transhumanist thought. Journal of Evolution and Technology*, 14(1), 1–25.

Bostrom, N. (2014). *Superintelligence: Paths, dangers, strategies.* Oxford University Press.

Fogg, B. J. (2003). *Persuasive technology: Using computers to change what we think and do.* Morgan Kaufmann.

Fukuyama, F. (2002). *Our posthuman future: Consequences of the biotechnology revolution.* Farrar, Straus and Giroux.

Gore, A. C., Chappell, V. A., Fenton, S. E., Flaws, J. A., Nadal, A., Prins, G. S., Toppari, J., & Zoeller, R. T. (2015). EDC-2: The Endocrine Society's second scientific statement on endocrine-disrupting chemicals. *Endocrine Reviews*, 36(6), E1–E150. https://doi.org/10.1210/er.2015-1010

Gore, A. C., Chappell, V. A., Fenton, S. E., Flaws, J. A., Nadal, A., Prins, G. S., Toppari, J., & Zoeller, R. T. (2020). EDC-3: The Endocrine Society's third scientific statement on endocrine-disrupting chemicals. *Endocrine Reviews*, 41(2), bnaa011. https://doi.org/10.1210/endrev/bnaa011

Grandjean, P., & Landrigan, P. J. (2014). Neurobehavioural effects of developmental toxicity. *The Lancet Neurology*, 13(3), 330–338. https://doi.org/10.1016/S1474-4422(13)70278-3

Haidt, J. (2024). *The anxious generation: How the great rewiring of childhood is causing an epidemic of mental illness.* Penguin Press.

Kompridis, N. (2009). Technology's challenge to democracy: What of the human? *Parrhesia*, 8, 20–33.

Kurzweil, R. (2005). *The singularity is near: When humans transcend biology.* Viking.

McGilchrist, I. (2019). *The master and his emissary: The divided brain and the making of the Western world* (2e éd.). Perspectiva Presses.

McGilchrist, I. (2021). *The matter with things: Our brains, our delusions, and the unmaking of the world.* Perspectiva Presses.

Rouvroy, A., & Berns, T. (2013). Algorithmic governmentality and prospects of emancipation. *Réflexions & Propositions*, 1(1), 163–196.

Trasande, L. (2019). *Sicker, fatter, poorer: The urgent threat of hormone-disrupting chemicals to our health and future... and what we can do about it.* Houghton Mifflin Harcourt.

Twenge, J. (2017). *iGen: Why today's super-connected kids are growing up less rebellious, more tolerant, less happy—and completely unprepared for adulthood.* Atria.

Varela, F. J., Thompson, E., & Rosch, E. (1991). *The embodied mind: Cognitive science and human experience.* MIT Press.

Vandenberg, L. N., Colborn, T., Hayes, T. B., Heindel, J. J., Jacobs Jr., D. R., Lee, D. H., Shioda, T., Soto, A. M., vom Saal, F. S., Welshons, W. V., Zoeller, R. T., & Myers, J. P. (2012). Hormones and endocrine-disrupting chemicals: Low-dose effects and nonmonotonic dose responses. *Endocrine Reviews*, 33(3), 378–455. https://doi.org/10.1210/er.2011-1050

Zuboff, S. (2019). *The age of surveillance capitalism: The fight for a human future at the new frontier of power.* PublicAffairs.

Chapitre 8

Les médias et la construction de la réalité

« Les médias sont l'entité la plus puissante sur terre.
Ils ont le pouvoir de faire du coupable un innocent,
et de l'innocent un coupable. »
— Malcolm X

Nous vivons désormais à l'intérieur d'un empire d'images. Le flux sensoriel de la vie moderne — cascade incessante d'écrans, de fils d'actualité, d'alertes et de notifications — ne se contente plus de rapporter les événements : il compose la réalité elle-même. Ce que nous appelons « le monde » ne nous parvient plus directement. Il est filtré, structuré, automatisé, et ce processus resserre progressivement les frontières de ce que nous croyons réel.

Or, ce que nous appelons « réalité » n'a rien de neutre. Elle est taillée comme un vêtement sur mesure, ajustée par des dispositifs qui ne prêtent pas allégeance à la vérité, mais aux compteurs de clics, aux profits financiers et aux volontés du pouvoir. McLuhan l'avait déjà annoncé en 1964 : le médium est le message. Mais dans le monde d'aujourd'hui, le message est clair : restez connectés, continuez à faire défiler, et croyez que si vous obéissez, c'est parce que vous l'avez choisi.

Dès 1922, Walter Lippmann pressentait cette mécanique en parlant de « *pseudo-environnements* », ces images mentales que les individus se forgent du monde qu'ils ne peuvent expérimenter directement. Autrefois, ces représentations étaient construites surtout par les journaux et les grands présentateurs. Aujourd'hui, elles prennent forme dans les flux personnalisés que les plateformes fabriquent pour chaque utilisateur, renforcées par des systèmes de recommandation et des marchés publicitaires ultraciblés.

Les médias ne sont plus de simples miroirs : ce sont des machines qui fabriquent notre vision du monde. Ils décident ce que nous voyons, ce dont nous nous souvenons, ce que nous ressentons et même qui nous pensons être. Autrefois, ils racontaient l'actualité ; aujourd'hui, ils façonnent nos comportements et nos identités. Pour comprendre cette transformation, il faut examiner comment les médias ont glissé du rôle de miroir qui reflétait les événements à celui de machine qui façonne activement la perception.

MÉDIAS ET CONSTRUCTION DE LA RÉALITÉ

Du miroir à la lentille

En 1966, Peter Berger et Thomas Luckmann affirmaient que la réalité est une construction sociale, stabilisée par des institutions qui donnent forme et durée au sens. Ce processus, déjà puissant au XXe siècle, s'est aujourd'hui accéléré à une vitesse vertigineuse et s'est même automatisé. Les médias ont glissé de la fonction de miroir — censé refléter le réel — à celle de lentille qui décide de ce qui sera visible, ressenti ou effacé. L'information ne se contente plus de rapporter les faits : elle les organise en un ordre symbolique, leur impose une grammaire. L'écran, lui, ne montre pas le monde, mais une version filtrée par des algorithmes, des rédacteurs en chef et des propriétaires de plateformes.

Nous n'avons donc plus affaire à la propagande classique, lourde et caricaturale. Nous sommes entrés dans l'ère de la réalité programmable. Les récits qui structurent nos existences ne sont plus fixes : ils sont recalibrés en permanence pour produire l'effet désiré. L'une des armes les plus puissantes de cette réalité manufacturée est le cadrage, cette grammaire cachée par laquelle on nomme les événements, on les catégorise et on les investit d'une charge morale.

LA POLITIQUE DU CADRAGE

Le cadrage est l'ossature invisible de la fabrication médiatique. Comme le rappelle Entman (1993), il s'agit de sélectionner « *certains aspects d'une réalité perçue* » afin de promouvoir une interprétation particulière. Sa force ne réside pas seulement dans le mensonge direct, mais dans l'accentuation ou l'omission. Ainsi, un manifestant pourra être présenté comme un « émeutier » ou comme un « combattant de la liberté », selon la lentille morale appliquée. La torture devient « interrogatoire renforcé », les morts civiles se transforment en « dommages collatéraux ». Chaque expression anesthésie la conscience morale avant même que la réflexion ait commencé.

George Lakoff (2004) a montré combien les métaphores orientent notre pensée en amont des faits. Parler de l'impôt comme d'un « fardeau » produit une politique ; le qualifier d'« investissement » en suscite une autre. Les mots façonnent les mondes, mais leurs silences pèsent tout autant. Ce que le cadrage occulte disparaît de l'horizon du pensable. D'où une question brûlante : *que vaut une objectivité journalistique qui prétend à la neutralité, alors qu'elle repose déjà sur une grammaire de perception orientée ?*

L'OBJECTIVITÉ COMME MASQUE RITUEL

Souvent, l'« *objectivité* » journalistique n'est qu'un costume rituel, une mise en scène de neutralité qui dissimule les dynamiques du pouvoir. Jay Rosen (1999) parlait à ce sujet de « *vue de nulle part* », cette performance qui laisse croire que l'observateur se situe hors du champ, alors qu'aucune sélection n'est jamais neutre.

Ce que l'on appelle le « *deux poids, deux mesures* » n'engendre pas l'équilibre : il érige le doute fabriqué au même rang que le savoir établi. Ainsi, durant des conflits armés, les médias reprennent souvent la narration officielle, reléguant la dissidence à des murmures périphériques. La guerre se discute alors comme une question de stratégie militaire, plutôt que comme un problème de légitimité ou de morale.

Le chercheur Daniel Hallin (1986) a montré que les médias fonctionnent comme un filtre à trois cercles. Le premier est celui du consensus, où tout le monde est d'accord. Le deuxième est celui de la controverse légitime, où les désaccords sont acceptés. Le troisième est celui de la déviance, où les idées jugées trop radicales sont écartées comme « irréalistes » ou « pas sérieuses ». Aux États-Unis, par exemple, les critiques profondes de l'empire, du capitalisme ou du pouvoir des algorithmes apparaissent rarement à l'écran, tout simplement parce que les élites n'en débattent pas entre elles. W. Lance Bennett (1990) a confirmé ce constat avec ce qu'il appelle la *"théorie de l'indexation"* : dès que les élites sont d'accord entre elles, les médias cessent de donner la parole aux voix dissidentes.

Ainsi, les médias ne rapportent plus seulement les événements. Ils déterminent ce qui compte, la manière dont il faut ressentir, et même le futur que l'on est autorisé à imaginer. Ils ne sont plus gardiens d'archives, mais ingénieurs de réalité. Et la matière première avec laquelle ils travaillent n'est pas le fait brut : c'est l'attention humaine, ressource devenue la plus précieuse de toutes.

QUAND L'ATTENTION DEVIENT ADDICTION

L'attention comme ressource extractive

Si les médias fabriquent la réalité, leur matière première est notre attention. Au XXIᵉ siècle, celle-ci est devenue la ressource extractive fondamentale : captée, raffinée, puis vendue sur les marchés mondiaux comme autrefois le charbon ou le pétrole. Les entreprises ne se contentent plus de vendre de l'information ou du divertissement : elles vendent littéralement notre système nerveux aux annonceurs, aux partis politiques, aux puissances qui veulent modeler nos comportements.

Tristan Harris, ancien éthicien chez Google, l'a résumé par une formule célèbre : « Si vous ne payez pas pour le produit, c'est que vous êtes le produit ». Mais la vérité est plus troublante encore : nous ne sommes pas seulement le produit. Nous sommes à la fois l'ouvrier qui travaille, la matière première exploitée et l'objet fini mis en vitrine. Chaque regard, chaque clic, chaque pause infime devient un fil arraché à notre vie, tissé en une immense toile de données. De ces fils, les machines dressent des modèles toujours plus précis, affûtant leurs prédictions et resserrant les filets qui, demain, retiendront encore mieux notre attention.

LA SCIENCE DE LA CAPTURE

La Silicon Valley n'a pas découvert par hasard la recette de l'addiction numérique. Elle s'est nourrie des sciences du comportement. B. J. Fogg a exposé les ressorts de cette mécanique : déclencheurs, actions et récompenses imprévisibles. Une structure simple, mais d'une puissance redoutable.

Le psychologue Daniel Kahneman, prix Nobel d'économie, a proposé un modèle pour expliquer notre vulnérabilité. Selon lui, notre cerveau fonctionnerait à deux vitesses. Le *"système 1"* est rapide, intuitif, émotionnel : c'est lui qui guide la plupart de nos décisions quotidiennes. Le *"système 2"*, plus lent, plus réfléchi et plus logique, n'intervient qu'occasionnellement. Les applications exploitent cette asymétrie. Elles inondent le système 1 de signaux — notifications, mentions « j'aime », défilements sans fin — tandis que le système 2, plus exigeant et plus lent, reste débordé et impuissant.

David Courtwright (2019) parle de « *capitalisme limbique* », un système marchand construit pour exploiter directement nos circuits cérébraux de la récompense. Là où les anciens marchés stimulaient le désir par la publicité, celui-ci plante ses griffes au cœur de notre chimie neuronale, en particulier dans la production de dopamine, ce neurotransmetteur lié au plaisir et à l'anticipation. Le résultat est une économie où nos bouffées de dopamine valent aussi cher, sinon plus, que l'argent contenu dans nos portefeuilles.

LA MÉMOIRE COMME EFFACEMENT

La capture de l'attention n'est qu'une face du contrôle. L'autre, plus insidieuse, concerne la mémoire. Orwell avait imaginé un Ministère de la Vérité réécrivant le passé dans des journaux falsifiés. Notre époque obtient un effet semblable, mais par un mécanisme plus silencieux : au lieu de réécrire, elle ensevelit.

L'architecture des réseaux sociaux rend l'oubli inévitable. L'horreur d'hier est aussitôt recouverte par la blague du jour, elle-même effacée par le scandale de demain. Ce qui reste n'est pas une archive, mais un torrent qui s'efface de lui-même. Dans ce flux, ni réflexion ni responsabilité n'ont de sol où s'ancrer. Daniel Levitin (2014) parle de « *surcharge cognitive* », un effondrement du discernement sous le poids du nouveau. Pierre Nora (1989), lui, soulignait que les sociétés ont besoin de « *lieux de mémoire* » pour conserver le sens. Aujourd'hui, ces lieux sont privatisés, confisqués par les plateformes, et leur accès dépend uniquement de leur capacité à générer des clics.

L'ADDICTION PROGRAMMÉE

La boucle se referme dans la compulsion. Chaque notification, chaque vibration, chaque signe d'approbation ou partage agit comme un signal chimique dans le cerveau, libérant une microdose de dopamine. Et parce que ces récompenses sont délivrées de façon imprévisible, elles exploitent ce que la psychiatre Anna Lembke (2021) identifie comme le calendrier le plus addictif qui soit : le renforcement intermittent, le même mécanisme qui maintient les joueurs collés aux machines à sous.

Les conséquences dépassent largement l'habitude. Elles transforment notre identité. Le soi se réduit à des métriques, le sens à la visibilité et l'intimité à l'interactivité. En ligne, nous nous élevons et nous nous effondrons au rythme des algorithmes de reconnaissance. Et comme l'a montré Sherry Turkle (2011), le paradoxe est cruel : plus nous « nous connectons », plus nous devenons seuls. Nos nerfs sont happés et notre psyché est tirée vers l'extérieur, vers un monde qui ne s'interrompt jamais.

Le résultat est une société peuplée d'âmes inquiètes, tenues en haleine comme des animaux qu'on empêche de dormir. Toujours stimulées mais jamais rassasiées, nourries sans relâche mais jamais apaisées. Cette fébrilité n'est pas un accident, elle est le cœur battant d'un nouveau régime de pouvoir. Ici, le contrôle ne passe plus par la loi ni par la répression, mais par les plateformes qui enserrent nos vies, par les chiffres qui mesurent nos gestes, et par les boucles automatiques des machines qui capturent nos désirs.

GOUVERNER PAR LA MACHINE

Des fabriques de désinformation

On associe souvent la désinformation aux marges : trolls anonymes, sites douteux ou campagnes clandestines. Mais l'histoire récente montre que les grands médias traditionnels eux-mêmes ont façonné, amplifié et légitimé des récits trompeurs.

Avant la guerre d'Irak, les principaux journaux et télévisions américains ont répété comme un chœur les affirmations gouvernementales sur les armes de destruction massive, présentées comme des certitudes. Ces « preuves » se sont révélées fausses, mais l'invasion avait déjà eu lieu, présentée non comme un choix politique discutable, mais comme une fatalité. De la même manière, lors de la crise financière de 2008, les médias dominants ont largement relayé la voix de Wall Street tout en marginalisant ceux qui annonçaient l'effondrement du système. Et ce schéma s'est reproduit à travers d'autres crises : des campagnes de déni de l'industrie du tabac jusqu'aux débats récents sur le climat ou la pandémie de COVID-19, où de grands organes de presse ont adouci, parfois même recyclé, les éléments de langage fournis par les industriels et les gouvernements.

Ces dérives ne sont pas seulement des erreurs individuelles. Elles sont les symptômes d'une structure : la dépendance aux annonceurs, la concentration de la propriété et la proximité avec les sources officielles. Tout cela déforme la couverture médiatique, orientée de fait vers les intérêts du pouvoir. Les grands médias ne désinforment pas seulement par ce qu'ils disent, mais aussi par ce qu'ils taisent. Ils normalisent des distorsions, instaurent un climat d'acceptation et fabriquent un consentement passif.

LA FABRICATION DU CONSENTEMENT 2.0

Noam Chomsky et Edward Herman, dans *La fabrication du consentement* (1988), ont identifié cinq filtres qui déterminent ce que le public voit ou non : la propriété des médias, la dépendance à la publicité, l'origine des informations, les pressions exercées contre les récits indésirables et l'idéologie dominante du moment.

Ces filtres n'ont pas disparu. Ils se sont au contraire dissous dans l'architecture des plateformes numériques et se sont reconstitués dans des systèmes techniques encore plus puissants. Aujourd'hui, la propriété médiatique se concentre entre quelques géants — Google, Meta, Amazon — qui gouvernent tout l'écosystème digital. Leur modèle repose sur la publicité, mais une publicité désormais vendue à la milliseconde, par enchères automatiques qui transforment nos regards en actifs financiers. L'information ne circule plus au rythme des rédactions : elle obéit à la logique des algorithmes, dont le seul critère est la viralité.

À cette logique s'ajoute la contre-attaque organisée : campagnes coordonnées d'indignation, essaims de comptes anonymes et vagues de colère artificiellement amplifiées. Sous cette houle, l'idéologie implicite des plateformes devient claire : polariser, simplifier et radicaliser. Car l'émotion intense maintient l'utilisateur connecté et le conflit permanent fait tourner la machine.

Le contrôle a changé de visage, mais pas de nature. Autrefois, il s'imposait d'en haut, comme une autorité verticale. Aujourd'hui, il prend la forme plus douce de la personnalisation algorithmique. Pourtant, le résultat reste le même : nous enfermer. Les *bulles de filtres* agissent comme des miroirs qui ne nous renvoient que notre propre reflet, en dissimulant tout le reste. Les *chambres d'écho* sont comme des salles closes où nos propres voix reviennent sans fin, amplifiées par celles qui pensent comme nous. Ainsi nos croyances se renforcent tandis que la diversité des regards disparaît.

Peu à peu, l'espace public se fracture en réalités parallèles. Ce qui devait être une arène commune de débat se transforme en mosaïque de silos informationnels, chacun enfermé dans ses certitudes, ses blessures et ses vérités.

CAMBRIDGE ANALYTICA : LA PREUVE PAR L'EXEMPLE

Le scandale *Cambridge Analytica* a mis en lumière cette mécanique. En siphonnant les données de dizaines de millions d'utilisateurs de Facebook, l'entreprise a construit des profils psychologiques qu'elle a exploités à des fins politiques. Les électeurs n'étaient plus ciblés par de grandes campagnes de masse, mais manipulés par des messages microciblés, adaptés à leurs peurs, à leurs colères ou à leurs désirs identitaires.

Ce scandale n'était pas une anomalie, mais bien un prototype. Il a montré une démocratie réduite à un marché où les émotions se vendent au plus offrant. Et aujourd'hui encore, il reste le symptôme d'une mutation plus profonde : les plateformes ne se contentent plus de relayer la communication, elles restructurent les conditions mêmes de la vie politique et économique.

LE FÉODALISME DES PLATEFORMES

On a longtemps répété : « Si vous ne payez pas pour le produit, c'est que vous êtes le produit ». Mais là encore, la formule est trop faible. L'utilisateur n'est pas seulement le produit : il est aussi le travailleur. Chaque clic, chaque recherche, chaque défilement génère une valeur qui alimente les moteurs prédictifs. C'est un travail invisible, non rémunéré, sans propriété ni sortie possible.

Les chercheurs ont donné plusieurs noms à cette condition : Mark Andrejevic (2013) parle d'« *enclos numérique* », Nick Srnicek (2016) de « *capitalisme de plateforme* », Nick Couldry et Ulises Mejias (2019) de « *colonialisme des données* ». Mais l'image la plus juste reste celle du féodalisme. Les grandes entreprises technologiques en sont les nouveaux seigneurs, leurs plateformes des châteaux numériques aux murs invisibles, et le tribut exigé est notre attention, notre temps et notre comportement prévisible. Comme au Moyen Âge, nous sommes liés à la terre de leurs serveurs. La dépendance est totale, l'asymétrie absolue.

L'EXTRÊME COMME PRODUIT DE L'OPTIMISATION

Les algorithmes eux-mêmes n'ont pas d'idéologie. Ils ne cherchent ni la vérité ni le bien commun. Leur seul but est d'optimiser : maximiser le temps de visionnage, prolonger la session, réduire l'abandon et augmenter le revenu moyen par utilisateur. Mais cette neutralité apparente engendre des conséquences. Car un système qui ne vise qu'à prolonger l'attention finit mécaniquement par pousser l'utilisateur vers des contenus plus extrêmes, plus excitants et plus addictifs.

Zeynep Tufekci (2018) l'a montré : l'algorithme de recommandation de YouTube ne cherchait pas à radicaliser, mais il le faisait tout de même. Car ce qui retient le plus longtemps, ce sont les contenus sensationnels, outranciers et excessifs.

Dans cet écosystème, les idées se propagent comme des gènes, et seules survivent celles qui savent capturer l'attention. Le faux circule plus vite que le vrai, la colère s'accroche mieux que la nuance, et les messages liés à l'identité s'enracinent plus profondément que ceux qui sollicitent la raison (Vosoughi, Roy & Aral, 2018). Le résultat est une véritable crise du sens : la viralité prend le pas sur la vérification, et la société devient gouvernée par l'image virale plutôt que par la vérité.

Mais les conséquences les plus graves ne sont pas seulement politiques. Elles touchent notre vie intérieure. La réalité fabriquée s'infiltre jusque dans ce que nous sommes, dans notre rapport à la solitude et dans notre capacité même à être libres.

SOI, SOLITUDE ET LIBÉRATION

Les enjeux de cette réalité fabriquée ne concernent pas seulement l'information, ils touchent directement à l'être. Notre identité elle-même est devenue programmable. Ce qu'Erving Goffman décrivait en 1959 comme une simple métaphore, la vie comparée à une mise en scène, est devenu une réalité concrète avec les réseaux sociaux. L'idée avancée par Judith Butler (1990), selon laquelle l'identité se construit par la performance, n'est plus seulement une théorie culturelle : c'est désormais un modèle économique.

Les logiques des plateformes se nourrissent de caricatures. Elles privilégient ce qui choque, ce qui affirme avec force et ce qui réduit le monde à des archétypes simples. La nuance, la complexité et l'ambiguïté, elles, disparaissent dans le flot des publications. Ce qui reste n'est pas ce qui est le plus vrai, mais ce qui est le plus visible, le plus rentable et le plus facile à rendre viral.

Cette transformation n'est pas imposée de l'extérieur, elle est intériorisée. Peu à peu, nous apprenons à sculpter nos propres identités pour les rendre compatibles avec l'approche algorithmique. Nous devenons à la fois prisonniers et gardiens de nos « moi » calibrés pour la plateforme.

Le panoptique de Foucault (1977) n'est plus une métaphore : il vit dans nos poches. Chaque vibration, chaque rafraîchissement et chaque quête de *mentions J'aime* resserrent les barreaux d'une cage que nous avons bâtie nous-mêmes.

L'EFFONDREMENT DE LA SOLITUDE

À cette redéfinition de soi s'ajoute une autre perte : celle de la solitude. Comme le souligne le philosophe Byung-Chul Han, nous vivons dans des sociétés où les individus sont condamnés à performer, optimiser, produire, se mettre en avant et s'exploiter sans jamais s'accorder de repos. Le *téléphone intelligent*, devenu le prolongement permanent du corps, incarne cette dynamique en abolissant les frontières entre travail, loisir et intimité.

Cette connexion continue n'érode pas seulement notre rapport au temps : elle transforme aussi notre rapport à l'esprit. Nicholas Carr (2010) nous avait avertis que cette immersion permanente fragilise notre capacité à lire en profondeur, à réfléchir longuement et à habiter un silence fertile. À la place, nous glissons vers une lecture superficielle, un multitâche fragmenté et une attention pulvérisée. En réponse, Cal Newport (2019) propose le minimalisme numérique : non pas le rejet de la technologie, mais la reprise d'une souveraineté, autrement dit la possibilité d'en faire un outil choisi plutôt qu'un maître invisible.

Et pourtant, malgré ces appels à la vigilance, la solitude reste une espèce en voie de disparition. Le silence, autrefois refuge, est devenu insupportable non parce qu'il manque de valeur, mais parce qu'il ne rapporte rien. Il n'est tout simplement pas monétisable. Or, un esprit capable de demeurer immobile, attentif sans distraction, représente une menace pour une économie qui traite chaque pause comme une perte de revenu.

Dans ce monde, l'acte radical n'est pas de défiler plus vite, mais de ralentir; pas de consommer davantage, mais d'oser choisir moins. Préserver la solitude, c'est préserver les conditions mêmes de la pensée, de l'imagination et de la liberté. Sa lente érosion ne traduit pas seulement une perte intime : elle s'inscrit dans une transformation plus large encore, celle de la nature du pouvoir.

QUAND LE CONTRÔLE PREND LA FORME DU CHOIX

Ces mutations du soi et de la solitude ne peuvent être séparées des métamorphoses du pouvoir. Dans les sociétés disciplinaires, comme l'analysait Foucault (1977), le pouvoir s'exerçait par la surveillance, les institutions et la punition directe. Gilles Deleuze (1992) a montré que nous avions basculé vers des *sociétés de contrôle*, où le pouvoir s'insinue dans les pratiques de la vie quotidienne, inscrit dans les mots de passe, les points d'accès et les algorithmes.

Byung-Chul Han (2017) a prolongé ce diagnostic avec sa notion de *psychopolitique* : un contrôle qui n'a même plus besoin de répression externe, car nous nous gouvernons nous-mêmes sous l'impératif de l'auto-optimisation.

Dans ce nouveau paysage, le pouvoir n'impose plus : il façonne. L'interface elle-même — le fil d'actualité, le défilement, la notification — devient le mécanisme de gouvernance. Le nouveau panoptique n'est pas une prison contre laquelle nous luttons : c'est une expérience utilisateur que nous embrassons.

La dissidence n'est plus réduite au silence par la force : elle est ensevelie sous le vacarme, diluée dans des torrents de bruit, ridiculisée par le divertissement ou recadrée par la logique de la viralité. Le pouvoir ne se cache plus : il s'exhibe, mais sous la forme de la commodité. Et c'est peut-être là sa victoire la plus subtile.

VERS LA LIBÉRATION

La libération ne viendra pas d'un rejet pur et simple de la technologie. Elle fait désormais partie intégrante de nos existences, et s'en retirer totalement reviendrait à laisser le terrain aux corporations et aux gouvernements. La tâche n'est pas la fuite, mais la métamorphose : il s'agit de réorienter la technique pour qu'elle serve la vie humaine plutôt que le contrôle ou le profit.

À l'échelle individuelle, l'attention doit être considérée comme une ressource vitale, aussi essentielle que l'air ou l'eau. Elle mérite d'être protégée. Cela suppose parfois de s'extraire des flux numériques, de ralentir son régime médiatique et de s'ancrer dans des pratiques incarnées comme la méditation, le souffle ou la marche dans la nature. Même de modestes gestes, tels que désactiver la lecture automatique, couper les notifications ou s'accorder un moment de silence, suffisent à rompre la boucle et à réaffirmer notre souveraineté intérieure.

La liberté repose aussi sur l'agilité. Aucun système, aucune plateforme, aucun dogme ne doit prétendre dicter notre vision du monde. Nous préservons notre autonomie en confrontant les idées, en tenant nos convictions avec souplesse et en accueillant les perspectives qui nous dérangent autant que celles qui nous réconfortent. La clarté véritable n'est pas la certitude, mais le discernement : reconnaître quand un message tente de capturer notre identité ou nos émotions, puis trouver la force de résister au courant viral.

La libération ne se vit pas en solitaire. Vérité et sens se nourrissent de pratiques partagées. De petits collectifs de vérification, guidés par une éthique commune de recherche, peuvent devenir des foyers où la confiance se régénère. De là peuvent naître des structures plus larges : des « *fonds citoyens* » pour collectiviser les données, ou des systèmes publics d'information transparents, audités et gouvernés dans l'intérêt commun.

Mais ces progrès resteront précaires sans une transformation institutionnelle réelle. Pour qu'un vrai changement advienne, il faut casser les monopoles, obliger les géants du numérique à rendre leurs systèmes compatibles entre eux, interdire la publicité fondée sur la surveillance, et investir dans des plateformes publiques, sans but lucratif, gérées de façon démocratique.

Le mouvement n'émerge pas d'un acte isolé mais d'une accumulation patiente. Une minute d'attention retrouvée, une histoire replacée dans son contexte, une communauté engagée pour la vérité : chacune de ces étincelles pèse face à l'empire du flot numérique. Aucun geste n'est suffisant en soi, mais ensemble ils tissent une dynamique de résistance.

Au fond, la libération est une présence lucide. Elle ne demande pas l'abstinence technologique, mais un usage souverain : le courage de s'asseoir dans le silence, de questionner les cadres, de refuser la visibilité obligatoire et de cultiver une indépendance intérieure face à la machinerie d'influence la plus sophistiquée jamais inventée.

Voir clairement, c'est déjà se libérer. Se libérer, c'est devenir imprévisible.

Si les médias et les réseaux sociaux sont le théâtre civique, alors influenceurs et gourous occupent désormais le devant de la scène. L'attention y tient lieu de sacrement, et ceux qui maîtrisent l'art du spectacle se nourrissent d'une ferveur maquillée en « abonnés ». Le ministère du récit s'est mué en marché des âmes, où même la spiritualité se trouve conditionnée, estampillée et vendue comme une marchandise.

De cette réalité fabriquée naît son rejeton le plus insidieux : la *marchandisation* du sacré.

RÉFÉRENCES

Andrejevic, M. (2013). *Infoglut : Comment trop d'information transforme notre manière de penser et de savoir*. Routledge.

Bennett, W. L. (1990). Vers une théorie des relations presse–État aux États-Unis. *Journal of Communication, 40*(2), 103-125. https://doi.org/10.1111/j.1460-2466.1990.tb02265.x

Berger, P. L., & Luckmann, T. (1966). *La construction sociale de la réalité : Traité de sociologie de la connaissance*. Anchor Books.

Butler, J. (1990). *Trouble dans le genre : Le féminisme et la subversion de l'identité*. Routledge.

Carr, N. (2010). *Internet rend-il bête ? Ce que le Net fait à nos cerveaux*. W. W. Norton.

Chomsky, N., & Herman, E. S. (1988). *La fabrication du consentement : L'économie politique des médias de masse*. Pantheon Books.

Courtwright, D. T. (2019). *L'âge de l'addiction : Comment les mauvaises habitudes sont devenues un grand business*. Belknap Press.

Couldry, N., & Mejias, U. A. (2019). *Les coûts de la connexion : Comment les données colonisent la vie humaine et l'approprient au service du capitalisme.* Stanford University Press.

Deleuze, G. (1992). Post-scriptum sur les sociétés de contrôle. *October, 59,* 3-7. https://doi.org/10.2307/778828

Entman, R. M. (1993). Framing : Vers une clarification d'un paradigme éclaté. *Journal of Communication, 43*(4), 51-58. https://doi.org/10.1111/j.1460-2466.1993.tb01304.x

Fogg, B. J. (2009). Un modèle comportemental pour le design persuasif. Dans *Proceedings of the 4th International Conference on Persuasive Technology* (pp. 1-7). ACM. https://doi.org/10.1145/1541948.1541999

Foucault, M. (1977). *Surveiller et punir : Naissance de la prison* (trad. A. Sheridan). Pantheon Books.

Goffman, E. (1959). *La mise en scène de la vie quotidienne.* Anchor Books.

Hallin, D. C. (1986). *La guerre non censurée : Les médias et le Vietnam.* Oxford University Press.

Han, B.-C. (2017). *Psychopolitique : Le néolibéralisme et les nouvelles technologies de pouvoir* (trad. E. Butler). Verso.

Harris, T. (2017). Comment une poignée d'entreprises technologiques contrôle des milliards d'esprits chaque jour [Vidéo]. TED. https://www.ted.com/talks/tristan_harris_how_a_handful_of_tech_companies_control_billions_of_minds_every_day

Kahneman, D. (2011). *Système 1, système 2 : Les deux vitesses de la pensée.* Farrar, Straus and Giroux.

Lakoff, G. (2004). *Ne pensez pas à un éléphant ! Connaître vos valeurs et cadrer le débat.* Chelsea Green.

Lembke, A. (2021). *La nation dopamine : Retrouver l'équilibre à l'ère de l'excès.* Dutton.

Levitin, D. J. (2014). *L'esprit organisé : Penser droit à l'ère de la surcharge informationnelle*. Dutton.

Lippmann, W. (1922). *L'opinion publique*. Harcourt, Brace and Company.

McLuhan, M. (1964). *Comprendre les médias : Les prolongements technologiques de l'homme*. McGraw-Hill.

Nora, P. (1989). Entre mémoire et histoire : Les lieux de mémoire. *Representations, 26*, 7-24. https://doi.org/10.2307/2928520

Newport, C. (2019). *Minimalisme digital : Choisir une vie centrée dans un monde bruyant*. Portfolio.

Oreskes, N., & Conway, E. M. (2010). *Les marchands de doute : Comment une poignée de scientifiques a obscurci la vérité sur le tabac, le climat et d'autres enjeux*. Bloomsbury.

Pariser, E. (2011). *La bulle de filtres : Ce que l'Internet vous cache*. Penguin Press.

Rosen, J. (1999). *À quoi servent les journalistes ?* Yale University Press.

Srnicek, N. (2016). *Le capitalisme de plateforme*. Polity.

Sunstein, C. R. (2017). *#République : Démocratie fragmentée à l'ère des réseaux sociaux*. Princeton University Press.

Turkle, S. (2011). *Seuls ensemble : Pourquoi nous attendons plus de la technologie et moins des autres*. Basic Books.

Tufekci, Z. (2018, 10 mars). YouTube, le grand radicalisateur. *The New York Times*. https://www.nytimes.com/2018/03/10/opinion/sunday/youtube-politics-radical.html

Vosoughi, S., Roy, D., & Aral, S. (2018). La diffusion des vraies et fausses nouvelles en ligne. *Science, 359*(6380), 1146-1151. https://doi.org/10.1126/science.aap9559

Chapitre 9

Le marquage du spirituel et l'ascension du gourou numérique

« Le jeu n'est pas de devenir quelqu'un,
c'est de ne devenir personne. »
— Ram Dass

Autrefois, ceux qui cherchaient la vérité — affamés d'infini, pèlerins de l'absolu — se retiraient dans des cavernes façonnées par la patience du temps, dans des forêts touffues bruissant comme des cathédrales de feuilles, dans des monastères perchés au sommet des montagnes ou dans des déserts où la lumière consumait toute illusion. Là, dans ces espaces nus et rudes, ils affrontaient la solitude, le silence et l'inconnu. Ils se dépouillaient aussi de leurs certitudes et dans ce dépouillement, ils espéraient rencontrer le sacré.

Aujourd'hui, ces élans immémoriaux, ce besoin de lien et cette soif de transformation ne se tournent plus vers les lieux reculés. Ils s'écoulent dans la lumière des écrans, se perdent dans le courant interminable des défilements et se livrent aux logiques froides des algorithmes. La spiritualité n'emprunte plus les routes poussiéreuses du pèlerinage ni les chuchotements secrets d'un maître à son disciple. Elle circule dans les mots-dièses scandés comme des prières mécaniques, dans les diffusions offertes à des foules invisibles et dans les recommandations automatiques des machines de calcul. Le sacré n'a pas disparu, il s'est métamorphosé en une présence digitalisée, lissée comme une vitrine et offerte comme une marchandise éclatante mais fragile.

Mais que devient l'esprit lorsque des pratiques conçues pour dissoudre l'ego sont transformées en instruments de visibilité ? Que reste-t-il d'un enseignement dont le but était de briser l'illusion de l'identité, lorsqu'il est revendu comme perfectionnement d'une image personnelle et comme ajustement d'une façade que l'on expose au monde ? La collision entre le désir ancien de vérité et l'engrenage implacable des plateformes enfante un hybride inquiétant : une économie de l'éveil calibrée non pour la profondeur mais pour l'engagement, non pour la vérité mais pour le spectacle.

Ce paradoxe mérite d'être interrogé. Car de ce mariage étrange naît une nouvelle caste sacerdotale composée de gourous numériques, de prescripteurs de bien-être et de mentors autoproclamés qui promettent d'ouvrir les portes de la liberté tout en enfermant subtilement les foules dans des dépendances invisibles.

Dans ce chapitre, j'examinerai les mécanismes psychologiques, sociologiques, économiques et technologiques qui transforment la transcendance en contenu, l'intuition en propriété et la communauté en audience. Et, à l'horizon, je tracerai une autre route : un chemin libéré de la marchandisation, enraciné dans des relations vraies, façonné par le silence et le service, résistant aux pressions du capitalisme numérique et fidèle à ce qui ne se vend ni ne s'achète : la flamme nue de l'esprit.

L'APPROPRIATION CORPORATIVE DE L'INFINI

Le sacré n'est plus seulement enfermé dans les temples ou les églises : il circule désormais dans les sanctuaires numériques et dans les espaces du Nouvel Âge, paré de lumières apaisantes et d'apparences séduisantes. Mais si les vieux mécanismes de pouvoir semblent avoir disparu, ils reviennent en réalité sous d'autres habits. Le charisme se déguise en révélation, et la pureté devient un critère qui tranche : certains sont admis, d'autres rejetés. L'exclusion ne s'exprime plus dans la colère, mais dans le ton feutré du prétendu discernement. Quant à l'exploitation, elle se dissimule derrière le langage de l'émancipation, comme si l'illumination elle-même devait se payer.

Les plateformes, conçues comme des machines de contrôle, amplifient la certitude, l'indignation et le charme. Elles étouffent la nuance, l'intégration et l'humilité. Il en résulte une prêtrise de l'économie de l'attention qui ne vise pas la sagesse mais la viralité. Les maîtres spirituels de visibilité deviennent un nouveau clergé. Ils érigent de petits mondes fermés, semblables à des cultes miniatures, enrobés du vernis de la guérison mais fissurés par leurs propres blessures. Pourtant, au milieu de ce vacarme, il existe encore des enseignants authentiques et des communautés sincères. Ce qui manque, ce n'est pas leur présence, mais notre discernement. Qu'importe l'encens ou l'écran, qu'importe la grotte ou la plateforme : la vraie question reste la même — ce chemin ramène-t-il à la conscience, ou bien enferme-t-il dans une image, une marque ou un prétendu maître ?

Nous vivons dans une civilisation où l'identité se négocie et où la visibilité s'érige en valeur morale. Dans un tel climat, la spiritualité, qui fut jadis une confrontation intime, troublante et solitaire avec la *Réalité Ultime*, se transforme en style de vie, en esthétique aseptisée et en étiquette de consommation. Les plateformes mettent en avant ce qui est agréable et cachent ce qui dérange. L'image de l'éveil supplante le processus de l'éveil. Ainsi surgit le paradoxe de notre époque : un monde saturé de discours spirituels mais assoiffé de profondeur véritable.

L'ESTHÉTISATION DE L'ÉVEIL

L'économie de l'attention prospère sur la rapidité et la facilité. Ce qui fut autrefois des enseignements subtils, complexes et exigeants est aujourd'hui compressé en images éclatantes, en slogans séduisants et en secrets de transcendance préparés pour tenir en une phrase.

En ligne, on ne vit plus vraiment sa vie : on l'expose comme une vitrine. Chaque instant devient une mise en scène, chaque fragment d'existence se transforme en spectacle. Même le soi spirituel devient performance, théâtre d'élévation évalué non par la profondeur de la transformation intérieure, mais par le nombre de clics, de mentions J'aime et de partages.

Instagram, YouTube, TikTok : autant de sanctuaires numériques voués au culte du spectaculaire, de la répétition et de la certitude. Dans cette liturgie en ligne, l'harmonie visuelle se confond avec l'harmonie de l'être, comme si une surface patiemment façonnée suffisait à garantir une profondeur authentique. Les mosaïques d'images offertes par les figures spirituelles prennent l'allure de véritables catéchismes, où le sacré se polit, s'emballe et se marchandise.

Pourtant, le sacré n'a jamais été une marchandise. Le numineux bouleverse, déstabilise et renverse. L'éveil véritable ne flatte pas les illusions de l'ego, il les déchire. Ce n'est pas une stratégie mais un dépouillement. Il naît non du contenu mais du contact, dans le silence habité, dans la présence de la nature qui enveloppe, dans le regard des autres qui nous reflètent et dans la profondeur mystérieuse de notre propre être.

INFLUENCEURS ET ENTREPRENEURS SPIRITUELS

Dans le vide laissé par le recul des religions et la méfiance envers les institutions politiques, une nouvelle caste de gardiens s'est levée. Figures charismatiques, voix séduisantes, elles promettent souveraineté, guérison et délivrance. Elles parlent la langue de la libération tout en recréant souvent les mêmes rapports de force que les hiérarchies qu'elles prétendent renverser.

Leur offre est séduisante. Elles disent : « *Tu es ton problème, mais je suis ta solution.* » Une solution mise en vente sous forme de cours numériques, de cercles fermés, d'abonnements et de retraites. Le marché s'appuie sur une idée simple : tout dépend uniquement de toi. Les problèmes deviennent personnels et les solutions individualisées. Les forces collectives, traumatismes partagés, injustices systémiques et exploitations sociales sont balayées d'un revers de main. Et si tu n'évolues pas, on t'assure que la faute vient de ton état d'esprit ou de ton manque d'alignement.

Le monde du développement personnel, autrefois espace de sagesse partagée et d'expérimentations collectives, a été travesti par les exigences du marché. La vulnérabilité s'y mue en technique de vente, la confession en stratégie de croissance, et l'on y apprend aux foules à confondre l'intimité avec la transaction, et l'authenticité avec une exposition savamment orchestrée.

COMMENT LES PLATEFORMES CONDITIONNENT LA CONSCIENCE

Les plateformes ne sont pas neutres. Elles sont des architectures conçues pour orienter les comportements. Elles récompensent la vitesse, la nouveauté, l'intensité émotionnelle et l'alignement tribal. Dans cet environnement, l'entrepreneur spirituel vit sous pression constante. Il doit promettre toujours plus de percées, inventer des récits plus séduisants, et donner une image de présence toujours plus polie et brillante.

Il en résulte une boucle sans fin. D'abord vient la promesse, celle qu'un rituel, une méthode ou un état d'esprit déclenchera la transformation. Puis surgit la preuve, avec ses témoignages, ses récits avant et après, ses images éclatantes et ses chiffres rassurants. Enfin arrive l'achat, présenté non comme un simple service mais comme une preuve de valeur et une démonstration d'engagement.

Quand la transformation n'arrive pas, le cycle se retourne contre les chercheurs de vérité. Ils entendent qu'ils ont manqué de foi, de discipline ou d'alignement. Alors le cycle reprend. Une nouvelle méthode, un nouvel atelier, une autre version d'eux-mêmes leur est présentée comme la clé ultime.

Ainsi le rituel numérique se perpétue : l'attention se mue en dévotion, les données deviennent confessions, et la ronde se poursuit, faite de défilements, de clics, d'élans d'adhésion et d'achats répétés.

LE MATÉRIALISME SPIRITUEL À L'ÈRE DU MOI NÉOLIBÉRAL

Il y a plus d'un demi-siècle, Chögyam Trungpa mettait en garde contre le *matérialisme spirituel*. Il désignait la tendance de l'ego à utiliser la quête intérieure pour se renforcer lui-même. Aujourd'hui, ce piège a été industrialisé, amplifié et financé par les capitaux du marché.

La spiritualité contemporaine est filtrée par le prisme du *moi néolibéral*, cette manière d'exister où chacun se vit comme une entreprise, un projet à gérer, à optimiser et à surveiller sans relâche. Dans un tel système, la personne devient comptable d'elle-même : responsable de ses succès, coupable de ses échecs et toujours en défaut. Ce terrain prépare le marché spirituel à prospérer, car il exploite ce sentiment d'insuffisance permanente. Sa logique est circulaire : se croire incomplet pousse à chercher des solutions, et ces solutions se présentent toujours sous forme d'offres à acheter. Chaque nouveauté entretient le manque qu'elle prétend combler, nourrissant la roue qu'elle promettait d'arrêter. Ainsi, ce qui fut autrefois un chemin patient, vécu dans la durée et au sein d'une communauté, se réduit désormais à un abonnement identitaire et à une croissance sans fin. Le progrès lui-même devient marchandise, ornement de style de vie plutôt que transformation profonde.

QUAND L'EXPÉRIENCE SACRÉE SE VEND EN FORFAIT

La renaissance des psychédéliques et des médecines sacrées se présente comme promesse de guérison démocratisée et horizon de savoirs décolonisés. Mais dans la pratique, ces promesses se déforment. Trop souvent elles répètent les dynamiques coloniales : extraction des sagesses autochtones sans retour, commercialisation des rituels et fétichisation de l'exotique.

Le tourisme de l'ayahuasca, les cliniques de kétamine vantées comme un "piratage de l'âme", et les sociétés psychédéliques financées par des investisseurs révèlent une même tendance : le besoin de guérison profonde est happé par l'empire du marché. Le bien-être se transforme alors en produit de luxe, vendu en forfaits de retraites, en abonnements ou en accès privilégiés. Sous couvert de sécurité et de protocoles cliniques, les promesses d'expériences "sûres" aplatissent la richesse chaotique et collective des cérémonies pour la réduire à des procédures standardisées, calibrées pour l'efficacité.

Peu à peu, la cérémonie perd son âme et se mue en marque. L'expérience psychédélique n'est plus vécue comme un mystère partagé, mais présentée comme un produit de prestige, soigneusement emballé et revendu en événement exclusif. On y promet des percées garanties et des retraites photogéniques, alors que les accompagnateurs manquent souvent de réelle préparation et que des entreprises transforment la transcendance en marchandise aseptisée, empaquetée pour être consommée. Ce qui relevait jadis du sacré à aborder avec humilité devient ainsi un simple produit à acheter. Dans cette dynamique, la guérison ne vaut que si elle est optimisée, estampillée puis revendue à ceux-là mêmes qu'elle prétend libérer. Et ce qui s'efface alors, c'est l'essentiel : la réciprocité, l'humilité et la certitude que le sacré ne se fabrique pas sur commande.

LE CÔTÉ OBSCUR

Le mouvement Nouvel Âge parle d'émancipation, mais derrière ce discours se cache souvent un système de dépendance. Ce qui commence par une invitation à faire confiance à son intuition finit par se transformer en cercle fermé, où le doute est taxé d'ego et la résistance réduite à une « *basse vibration* ». Quand une promesse ne se réalise pas, on explique que c'est faute de foi suffisante. La moindre question est vue comme une trahison, et chaque déception comme une preuve d'immaturité. Ainsi, ce qui semblait au départ une voie vers la liberté se change peu à peu en une prison dorée.

Le langage joue ici un rôle central. Les mots abondent, étincelants et vagues : *vibrations, guérison quantique, contrats d'âme, téléchargements, activations*. Ces termes fascinent, ils captivent par leur résonance émotionnelle, mais ils demeurent brumeux, scientifiquement insaisissables. Leur imprécision n'est pas un défaut. Elle est leur fonction même. Grâce à ce flou, tout devient justifiable après coup, et toute critique peut être écartée en étant taxée de pensée limitée. L'effet est puissant : émerveillement sans clarté et obéissance plutôt que compréhension.

Les formules toutes faites renforcent le piège. « *Tout arrive pour une raison.* » « *Ton trauma est ton maître.* » « *Choisis une vibration plus haute.* » Ces paroles peuvent apaiser, mais trop souvent elles bâillonnent la douleur. Le contournement spirituel remplace le lent travail de guérison par des explications célestes. Il troque l'élaboration patiente du deuil contre la promesse d'une transcendance prématurée. Derrière le masque impeccable de la positivité, la souffrance demeure, la honte s'accroît et l'isolement grandit.

Pendant ce temps, le marché de l'illumination prospère. Certains "maîtres" prétendent avoir dépassé l'ego tout en exigeant argent, vénération et obéissance, et toute remise en question passe pour un signe d'immaturité. Peu à peu, la conversation vivante cède la place à la croyance rigide et au charme. L'image du maître se transforme en marque, la marque en enseignement, et l'enseignement lui-même en modèle économique. "Investis en toi" devient un commandement moral, tandis que les discours sur l'abondance se muent en ventes insistantes. On répète : si tu croyais vraiment, tu paierais pour le forfait supérieur. Et lorsque les résultats ne viennent pas, la responsabilité retombe toujours sur le chercheur de vérité. Ainsi, le moi devient à la fois problème et produit, tandis que l'exploitation se déguise en croissance.

Dans le monde des plateformes, la dépendance est conçue avec précision. Des tactiques de rareté, des places limitées et des bonus qui expirent créent une urgence spirituelle artificielle. L'accès hiérarchisé promet que la vraie connaissance se trouve toujours dans le prochain cercle, dans le prochain programme ou dans le prochain privilège. La transformation devient horizon fuyant, toujours à une mise à jour de distance. Entre-temps, les chercheurs de vérité sont encouragés à mettre en scène publiquement leur gratitude et leurs percées, alimentant à la fois leur sentiment d'appartenance et la machine promotionnelle du maître.

Ces dynamiques s'appuient sur des ressorts psychologiques connus. Les percées arrivent de manière imprévisible, créant un cycle de renforcement intermittent. Les échecs sont toujours imputés à l'individu. Peu à peu, cela engendre une forme d'impuissance apprise, où l'on cesse de croire que l'on peut sortir du cercle.

AU-DELÀ DU SACRÉ MARCHANDISÉ

Lorsque la spiritualité se réduit à une affaire individuelle et devient marchandise, elle perd sa force politique. L'injustice sociale est alors rebaptisée *karma collectif*, les appels à la réforme sont discrédités comme « basses fréquences » et la souffrance se privatise, transformant la guérison en tâche solitaire. Peu à peu, les solidarités se défont, les communautés se changent en audiences et les liens réciproques cèdent la place à des relations unilatérales. De plus, les rites partagés disparaissent au profit de retraites réservées aux privilégiés, et le bien commun se dissout dans l'univers des marques.

Reprendre le sacré aux griffes du spectacle exige un discernement attentif. On le reconnaît à certains signes : ces messages qui se répandent comme un incendie mais s'effondrent dès qu'on les questionne ; l'ésotérisme brandi pour justifier des prix exorbitants ; des traditions ancestrales réduites à des produits sans réciprocité ; des enseignements qui n'abattent pas l'ego mais lui offrent simplement de nouveaux masques plus brillants ; et, plus encore, l'absence de comptes à rendre, qui trahit le maître enfermé dans sa propre démesure.

Alors, que pourrait être une vie spirituelle libérée de ces illusions ? Une vie où la relation compte plus que l'image, où le processus a plus de valeur que le produit, et où la profondeur prend le pas sur la portée. Une telle vie commence par l'attention donnée au silence, à la lenteur et à la solitude. Dans un monde où l'attention se monnaie, rester immobile devient déjà un acte de résistance.

De cette immobilité naît le retour vers la communauté : l'audience se transforme en cercle de réciprocité, les rassemblements entre pairs ouvrent des réseaux d'entraide et des économies du don. Dans ces espaces, la responsabilité prend la place du charisme, la facilitation tempère la domination et le leadership se partage. La guérison s'y déploie dans ce tissu commun, attentive aux traumas comme aux systèmes, reconnaissant que la douleur n'est pas une erreur d'alignement mais la mémoire d'histoires inscrites dans des corps en quête de soin.

L'orientation change alors de nature : on quitte l'obsession d'optimiser pour chercher la résonance. Comme l'a montré Hartmut Rosa, la résonance est une relation vibrante au monde, un antidote à la vitesse, impossible à acheter ou à programmer. Elle naît de la rencontre, et c'est dans cette rencontre que la pratique spirituelle s'allège de la performance pour devenir dialogue vivant avec la vie elle-même.

De ces fondations émergent les gestes de désenvoûtement : s'éloigner régulièrement des écrans pour retrouver qui l'on est hors du masque, explorer ses ombres afin d'accueillir la colère et le chagrin sans les pathologiser, plonger dans le corps pour apaiser le système nerveux, et cultiver l'esprit critique qui protège des manipulations. C'est aussi servir discrètement, donner sans attendre d'applaudissements, laisser l'anonymat devenir une médecine, tout en honorant toujours la réciprocité envers les traditions et les communautés qui nourrissent le chemin.

DANS UN MONDE DE MIROIRS, L'AUTHENTICITÉ EST RÉVOLUTIONNAIRE

S'éveiller à l'ère du marquage spirituel, c'est refuser que le sacré soit réduit à un simple contenu, que le soi devienne un masque et que la guérison se transforme en transaction. C'est aussi revenir au travail patient, incarné et relationnel de l'humanité, et choisir la voie la plus exigeante, celle de la déconstruction, de l'humilité et de l'intégration. Car l'authenticité n'est pas une marque, la guérison ne se produit pas à la chaîne et la vérité ne se met pas sous emballage. La tâche est de rebâtir des pratiques qui échappent aux modes, des pratiques qui ne demandent pas seulement la croyance mais appellent aussi le courage, la patience et l'amour.

Le théâtre du contrôle ne s'arrête pas à l'esprit. Les mêmes ressorts de peur, de répétition et de consensus s'étendent désormais au récit de la planète. Le changement climatique, bien que réel, urgent et complexe, sert de scénario pour mobiliser culpabilité, obéissance et pouvoir centralisé. De la scène des figures spirituelles, nous passons à la tribune planétaire, où la peur de l'apocalypse devient l'ultime levier.

RÉFÉRENCES

Dass, R. (1971). *Be here now.* Lama Foundation.

Labate, B., & Cavnar, C. (dir.). (2014). *Ayahuasca shamanism in the Amazon and beyond.* Oxford University Press.

Masters, R. A. (2010). *Spiritual bypassing: When spirituality disconnects us from what really matters.* North Atlantic Books.

Maté, G. (2022). *The myth of normal: Trauma, illness, and healing in a toxic culture.* Avery.

Pollan, M. (2018). *How to change your mind.* Penguin.

Purser, R. (2019). *McMindfulness: How mindfulness became the new capitalist spirituality.* Repeater Books.

Rosa, H. (2019). *Resonance: A sociology of our relationship to the world.* Polity Press.

Rose, N. (2021). Psychedelics as a new technology of the self. *Frontiers in Psychology, 12,* 632281. https://doi.org/10.3389/fpsyg.2021.632281

Seligman, M. E. P. (1975). *Helplessness: On depression, development, and death.* W. H. Freeman.

Skinner, B. F. (1953). *Science and human behavior.* Macmillan.

Trungpa, C. (1973). *Cutting through spiritual materialism.* Shambhala.

van der Kolk, B. (2014). *The body keeps the score: Brain, mind, and body in the healing of trauma.* Viking.

Wu, T. (2016). *The attention merchants: The epic scramble to get inside our heads.* Knopf.

Chapitre 10

Le scénario climatique : entre science, peur et agenda globaliste

« Le pouvoir consiste à déchirer l'esprit humain pour le
recomposer ensuite selon des formes de son propre choix. »
— George Orwell

L e changement climatique est une réalité indéniable. Ce
n'est pas une invention de partis politiques ni
l'hallucination de prophètes de malheur. Les preuves sont
gravées dans le corps de la Terre. Par exemple, le dioxyde de
carbone atmosphérique est passé d'environ 280 parties par
million avant l'ère industrielle à plus de 420 aujourd'hui, un seuil
qui n'avait pas été atteint depuis des millions d'années selon le
Groupe d'experts intergouvernemental sur l'évolution du climat
(GIEC, 2021). Pendant que la température moyenne grimpe, les
glaciers se retirent et les calottes polaires du Groenland et de
l'Antarctique perdent leur masse à une vitesse croissante. Ici ou
là, des conditions locales provoquent encore un épaississement
de la glace, mais elles ne font que retarder l'inévitable (Shepherd
et al., 2018 ; Équipe IMBIE, 2018). Les océans absorbent une
grande partie de ce surplus de carbone et deviennent plus acides,
mettant sous pression tout un réseau d'écosystèmes, du corail
aux grands mammifères marins (Doney et al., 2009). La NASA
rapporte que la dernière décennie a été la plus chaude depuis le
début des mesures modernes (2020). Cette hausse alimente une
extinction d'espèces à un rythme que l'humanité n'avait pas
connu depuis des millénaires (Ceballos et al., 2017) et déclenche

des événements climatiques extrêmes plus fréquents, plus imprévisibles et plus destructeurs (Coumou et Rahmstorf, 2012).

Pourtant, replacer ces bouleversements dans la longue mémoire de la Terre est essentiel. Depuis des milliards d'années, bien avant l'apparition de l'être humain, les températures terrestres n'ont cessé de monter et de descendre comme des marées cosmiques. Les archives du climat passé racontent une histoire fascinante, faite de contrastes extrêmes : une véritable danse entre le feu et la glace. On y découvre de grandes ères glaciaires sculptées par les cycles orbitaux de la Terre, connus sous le nom de *cycles de Milankovitch*. À d'autres moments, la planète baignait dans une chaleur tropicale si intense que des crocodiles nageaient jusque sur les rives de l'Arctique. Et parfois, le climat a basculé brutalement, secoué par des variations du champ magnétique terrestre ou les humeurs changeantes du Soleil. Aujourd'hui encore, ces forces invisibles continuent d'agir. Le magnétisme, les cycles solaires, et les grands courants atmosphériques et océaniques s'entrelacent et rendent impossible tout récit simple où une cause unique expliquerait la totalité du climat.

Réduire cette mémoire planétaire à quelques slogans, c'est mutiler la complexité du monde. L'empreinte humaine sur la planète est indéniable : la combustion des énergies fossiles, la déforestation et l'agriculture industrielle bouleversent en profondeur les équilibres du système Terre. Cependant, ces perturbations s'inscrivent dans une trame bien plus vaste, façonnée par des cycles naturels qui nous dépassent, et dont notre présence ne constitue qu'un chapitre. Prendre conscience de cette profondeur n'excuse pas l'inaction. Au contraire, cela rappelle la nécessité de l'humilité et du respect face à une planète vivante, imprévisible et toujours plus grande que nous.

C'est justement dans cette quête de clarté sans simplisme que le carbone mérite d'être reconsidéré. Cet élément chimique n'est pas seulement un poison, mais la charpente de la vie. Chaque souffle s'y abreuve, les forêts y plongent leurs racines, et du plus humble organisme à la fleur la plus fragile, tous en portent l'empreinte. Dans certaines limites, une concentration plus élevée de gaz carbonique (CO_2) peut même stimuler la croissance végétale. Les écologues appellent cela l'*effet de fertilisation du dioxyde de carbone* (Donohue et al., 2013). Les satellites confirment que la Terre s'est reverdie au cours des dernières décennies, en partie grâce à ce surcroît de photosynthèse (Zhu et al., 2016). Mais ce fait, pourtant majeur, n'atteint presque jamais le débat public. Il disparaît dans un discours qui simplifie tout en termes de vice et de vertu, de culpabilité et de rachat.

Refuser d'admettre le changement climatique, c'est nier l'évidence des faits. Mais l'accepter aveuglément, sans nuance et sans mémoire des cycles anciens, c'est se livrer pieds et poings liés à une nouvelle cage où la peur devient l'instrument des gouvernements.

L'APOCALYPSE COMME STRATÉGIE DE GESTION

La peur est une stratégie politique ancestrale. Depuis des siècles, elle est l'outil le plus efficace pour faire plier les peuples. Les Églises médiévales transformaient la peste, la famine ou les incendies en messages de punition divine. Craindre l'enfer suffisait pour acheter des indulgences et obéir aux décrets. Aujourd'hui, la catastrophe climatique joue un rôle semblable. Elle devient un scénario d'apocalypse qui désigne les grandes institutions comme gardiennes de la survie collective.

La célèbre phrase du Forum économique mondial, « *Vous ne posséderez rien et vous serez heureux* » (Schwab, 2020), n'a rien d'une prophétie innocente. Elle sonne comme une incantation, un mantra répété pour habituer les esprits à l'idée que dépendre serait une forme de bonheur et que renoncer serait une libération. L'avenir qui s'annonce n'est plus celui d'un épanouissement commun, mais celui d'une austérité imposée, centralisée et autoritaire, au nom de la Terre.

Dans la vie quotidienne, cette dynamique se manifeste à travers un ensemble de règles moralisantes qui transforment les gestes les plus banals en jugements de valeur. La paille en plastique devient symbole d'agression contre la planète, le repas carné se charge du poids de la violence écologique et l'empreinte carbone d'un foyer s'imprime comme un sceau de culpabilité. À force de réduire des problèmes structurels immenses—comme la dépendance aux énergies fossiles ou les guerres pour les ressources—à la taille d'un simple péché individuel, l'action collective se dissout dans une discipline intime. Peu à peu, la honte se substitue à l'élan créatif, la culpabilité étouffe l'imagination et les citoyens glissent dans le rôle de fidèles d'une religion séculière. Leur absolution n'est plus délivrée par des prêtres, mais par des politiciens, des philanthropes et des dirigeants d'entreprise, souvent les mêmes qui continuent d'étendre leurs empires fossiles tout en exhortant les populations à la sobriété.

De cette mise en scène naît un théâtre de la peur. Les habitudes individuelles sont saturées de morale, tandis que les contradictions globales demeurent intactes : subventions massives aux énergies fossiles, déforestation organisée pour le commerce international et guerres déclenchées pour l'accès aux ressources. Le décor est planté, et déjà l'acte suivant s'ouvre sous nos yeux. Son nom résonne avec évidence : *l'hypocrisie*.

L'HYPOCRISIE COMME RITUEL

Le *Forum économique mondial* à Davos illustre ce rituel avec une force presque caricaturale. Les jets privés affluent dans les vallées suisses et les limousines patientent devant les palais de verre chauffés en plein hiver, tandis qu'à l'intérieur, les puissants prononcent des discours solennels sur la nécessité de réduire les émissions. La contradiction est si éclatante qu'elle prend des allures de mise en scène. Mais c'est sans doute là son rôle véritable : un spectacle qui sert de pédagogie, où le public apprend, consciemment ou non, à considérer la hiérarchie comme une évidence naturelle, même lorsqu'elle se pare d'un langage moral.

Dans ce système, la duplicité n'est pas un accident. Elle est assumée, ritualisée et transformée en enseignement. Elle trace une frontière entre ceux qui édictent les règles et ceux qui doivent s'y soumettre. Les excès des élites s'habillent de nécessité, et leurs banquets prennent des airs de diplomatie. Comme le clergé médiéval qui menait grand train tout en vendant des indulgences, les nouveaux prédicateurs modernes se déchargent de leurs excès en achetant des *crédits carbone* (Green, 2010). Par ce tour de passe-passe, l'argent lave la faute, la pollution se convertit en certificats et la vertu se délègue aux comptables.

Pendant ce temps, les populations sont invitées à voyager moins, à consommer moins et à espérer moins. Les familles modestes réduisent leurs voitures ou changent de régime alimentaire, tandis que les dirigeants s'envolent en escadrilles et festoient autour de mets luxueux venus du bout du monde. Ainsi, la rareté n'apparaît plus comme la conséquence d'une mauvaise gestion ou d'une économie prédatrice : elle est élevée au rang d'exigence morale. La pauvreté se maquille en vertu, l'abstinence en sagesse et la résignation en loyauté envers la Terre. La comédie se joue alors par contraste : la liberté des puissants souligne la restriction imposée aux autres, leur abondance dessine le manque des foules, et l'inégalité finit par se présenter comme une évidence, presque comme une loi sacrée.

AL GORE ET LE SCÉNARIO CLIMATIQUE ONUSIEN

Toute religion a ses prophètes. La politique climatique a trouvé le sien en Al Gore. Son film *Une vérité qui dérange*, sorti en

2006, ressemblait moins à un documentaire qu'à un sermon. Les images défilaient comme des visions apocalyptiques : ours polaires dérivant sur des banquises fondues, villes englouties, et cartes géographiques inondées de rouge. Sa voix montait et descendait comme celle d'un pasteur qui prévient de l'enfer. Le film fut récompensé par un prix Nobel, partagé avec le GIEC, et Al Gore devint le prophète laïc de l'apocalypse climatique.

Mais son rôle révéla aussi le mécanisme sous-jacent. En tant que vice-président des États-Unis, il entretenait des liens étroits avec les milieux de l'énergie, de la finance et de la défense, ce qui l'éloignait de l'image d'un moine écologiste. Sa carrière ultérieure accentua encore ce paradoxe : il se présenta comme la conscience planétaire tout en investissant dans les marchés du carbone (Klein, 2014), endossant à la fois le rôle de prédicateur de sobriété pour les masses et celui de spéculateur prospère parmi les élites.

L'ONU, de son côté, offrait la cathédrale. Le GIEC et la Convention-cadre sur les changements climatiques n'étaient pas seulement des structures scientifiques, mais aussi des scènes ritualisées : rapports savamment présentés, sommets annuels et mises en scène diplomatiques. Les calculs prudents des chercheurs se transformaient en slogans politiques, puis en mantras médiatiques. Le fameux consensus n'émergeait pas seulement des laboratoires, mais aussi des couloirs de négociation où la science se mêlait aux stratégies.

La mise en scène était limpide : la peur planétaire servait de prétexte à une gouvernance mondiale faite de marchés du carbone, de traités internationaux et de systèmes de surveillance. Comme au temps de l'Église médiévale, les mystères se changeaient en règles et en obéissance. Le feu n'était plus éternel mais planétaire, et les sauveurs n'étaient plus des saints mais des technocrates.

Pourtant, les émissions continuaient de croître. Ni Gore ni l'ONU ne parvinrent à infléchir la trajectoire. Le climat ne se plia pas au récit, mais le scénario survécut. Non pas parce qu'il modifiait la physique, mais parce qu'il transformait la psychologie collective. On enseigna aux foules à vivre dans un état de peur permanente, soigneusement entretenue et administrée.

ENTRE SCIENCE ET PROPAGANDE

La véritable tragédie de ce théâtre est que les crises écologiques bien réelles disparaissent derrière les rideaux du spectacle. Tandis que les médias saturent l'espace public de compteurs à rebours et de slogans apocalyptiques, les récifs coralliens blanchissent silencieusement (Hughes et al., 2017), les pollinisateurs déclinent dans une indifférence presque générale (Potts et al., 2010), et les rivières s'empoisonnent peu à peu sous le poids des rejets industriels. Ces blessures tangibles réclament des réponses concrètes : de la créativité locale, des technologies adaptées aux territoires et des coopérations transnationales fondées sur le pragmatisme. Ces défis, bien que redoutables, ne sont pas insurmontables. Mais ils n'offrent pas le spectacle dramatique dont la machine du pouvoir se nourrit.

À la place de ces réalités concrètes s'impose une dramaturgie de fin du monde, rythmée par des horloges qui décomptent les années, des films-catastrophes et des campagnes chocs. Mais loin de stimuler la créativité, cette peur de l'effondrement global paralyse. Elle engendre moins l'action qu'un engourdissement de l'imagination, produisant des foules inquiètes, dociles, et pourtant incapables de la transformation profonde dont elles auraient besoin.

La peur se propage comme un feu sur l'herbe sèche (O'Neill et Nicholson-Cole, 2009) : elle déclenche des clics, arrache des votes et obtient l'obéissance. L'amour du monde vivant, lui, avance à pas lents. Il naît de l'intimité avec la forêt, du murmure de l'eau et de la patience infinie des gestes quotidiens. La révérence qu'il inspire sème la responsabilité comme une graine fragile. Elle n'offre pas de profits rapides, mais elle féconde ce qui dure.

Ainsi s'élargit le fossé entre le travail écologique concret et la panique abstraite. Dans ce vide s'installe une nouvelle économie du contrôle, non pas organisée autour du soin des écosystèmes, mais autour de la mesure et de la monétisation du carbone.

LE CONTRÔLE PAR LE CARBONE

La peur façonne les esprits, la règle vient ensuite refermer la cage. Dans cette nouvelle ère, l'unité de contrôle n'est plus le péché, mais le carbone.

Cette molécule, fondement de la vie, est redéfinie comme poison, comme stigmate et comme monnaie du siècle (Anderson et Peters, 2016). On la traque, on la comptabilise, on la vend et on l'échange comme si elle pouvait acheter la rédemption. Les marchés financiers organisent des enchères de salut sous forme de crédits, et les industries inventent des rituels pseudo-sacrés de compensation écologique (Bumpus et Liverman, 2008). Le carbone fait office d'hostie dans une nouvelle liturgie : ingéré symboliquement, compté à l'obsession, et échangé comme une promesse de rédemption.

La menace, cependant, n'est pas seulement financière mais technologique. Pour taxer ou rationner, il faut d'abord suivre la trace. Et suivre la trace exige des infrastructures de surveillance. Les foyers se voient équiper de *compteurs dits intelligents*. Des projets de *cartes d'identité numériques* liées à la consommation énergétique émergent. Certains chercheurs envisagent même des *quotas personnels de carbone*, où chaque achat, chaque voyage, chaque repas serait enregistré, noté et limité (Fawcett, 2010). Ce qui commence comme comptabilité environnementale se mue donc rapidement en *ingénierie sociale*.

Cette moralité imposée se révèle profondément asymétrique. Un petit paysan privé d'engrais peut réduire ses émissions d'une année entière, mais une seule traversée en jet privé d'un milliardaire efface cet effort en quelques heures. Et pourtant, ce n'est pas le globe-trotteur fortuné qu'on sanctionne, mais l'agriculteur (Altieri et Nicholls, 2017). Derrière cette injustice se dessine une ambition plus vaste : non pas la durabilité, mais la restructuration des économies autour d'autorités centralisées.

La fameuse « *Grande réinitialisation* » proposée par le Forum économique mondial n'est pas un simple slogan de durabilité. Il est un plan de consolidation (Schwab et Malleret, 2020). Les cadres ESG (environnementaux, sociaux et de gouvernance), qui récompensent les grandes entreprises conformes et punissent les dissidents, permettent aux multinationales de prospérer tout en étouffant les petits agriculteurs, les artisans et les innovateurs incapables de se conformer à des règles coûteuses (Bennett et al., 2021). La nouvelle morale devient une mécanique d'audits, d'indices et de profits.

Et lorsque la taxation et la surveillance ne suffisent plus, une tentation surgit : celle de reprogrammer directement la planète.

LA TENTATION DE LA GÉO-INGÉNIERIE

Lorsque la peur s'installe, l'hubris la suit. Si réduire les émissions paraît trop lent, pourquoi ne pas modifier le ciel lui-même (Caldeira et al., 2013) ? Les propositions relèvent presque de la science-fiction : injecter des aérosols dans la stratosphère pour atténuer le soleil, déverser du fer dans les océans pour stimuler le plancton, concevoir des nanoparticules réfléchissantes ou encore déployer des miroirs en orbite pour détourner les rayons du soleil (Crutzen, 2006). Ce qui paraissait jadis délire dystopique s'affiche désormais dans les revues scientifiques et les rapports gouvernementaux. Des projets pilotes sont déjà lancés (Keith et al., 2016).

Parmi les promoteurs de cette approche se trouve Bill Gates. Par sa fondation et ses investissements, il finance des recherches en géo-ingénierie solaire, dont l'expérience SCoPEx de Harvard, qui prévoit de libérer des particules réfléchissantes dans la haute atmosphère pour imiter les effets de refroidissement volcanique. Gates se présente comme philanthrope pragmatique, offrant une assurance contre l'échec climatique. Ses critiques voient plutôt une concentration dangereuse de pouvoir, où un seul milliardaire peut financer des expériences à l'échelle planétaire avec un contrôle démocratique quasi nul (Keith et Irvine, 2016).

Certains activistes comme Dane Wigington (2017) vont plus loin et affirment que ces programmes sont déjà une réalité secrète depuis l'après-guerre, avec des épandages aériens réalisés sans débat public. La science dominante rejette ces affirmations, mais le simple fait que de telles discussions se tiennent à huis clos alimente la suspicion.

Les risques toxicologiques sont rarement mis en avant. Les sulfates censés refroidir l'atmosphère pourraient acidifier les pluies et ruiner les cultures. L'aluminium proposé comme agent réfléchissant est associé à des troubles neurologiques et respiratoires. Quant aux nanoparticules, leur taille infinitésimale leur permet de s'introduire profondément dans les poumons, puis dans le sang, mettant en péril la santé humaine. Mais leur impact ne s'arrête pas là : elles s'infiltrent aussi dans les sols, les écosystèmes aquatiques, les pollinisateurs, et menacent, en silence, l'équilibre du vivant tout entier. Altérer le ciel avec ces substances n'est pas un simple ajustement technique. C'est un pari risqué aux conséquences durables, qui pourraient dépasser de loin les bénéfices supposés.

La démarche de la géo-ingénierie est limpide : elle rejette l'humilité et s'accroche au fantasme du contrôle. Or, les systèmes terrestres sont non linéaires, interconnectés et profondément imprévisibles (Lenton, 2011). Imaginer les manipuler sans conséquences imprévues relève de l'illusion. Mais lorsque l'apocalypse est annoncée comme imminente, toute intervention, même risquée, peut soudain paraître plus acceptable que l'inaction.

DES SOLUTIONS AU-DELÀ DE LA PEUR ET DU CONTRÔLE

Si l'on écarte la propagande, la vérité est simple et nue. Les écosystèmes craquent sous la pression. Les sols perdent leur richesse, les océans se vident de vie et les forêts tombent toujours plus vite (Steffen et al., 2015). Le carbone n'est qu'un symptôme. La blessure véritable se trouve dans notre rupture avec la Terre, dans notre éloignement des autres et dans l'oubli de nous-mêmes.

La résilience véritable vient souvent d'en bas. Elle naît des communautés qui innovent, qui coopèrent et qui renouent avec la réciprocité (Ostrom, 1990). Les *réseaux d'énergie décentralisés*, l'*agriculture régénératrice*, la *permaculture* et la *souveraineté alimentaire* offrent des chemins qui échappent à la capture des élites, parce qu'ils sont enracinés dans des lieux et des cultures. Ils tirent leur force non pas de la peur de l'effondrement, mais de la révérence pour la vie.

La peur peut susciter un sursaut, mais seule la révérence peut nourrir une action durable. Une conscience née de la peur conduit à l'obéissance, tandis qu'une conscience née de la révérence ouvre au soin (Keltner et Haidt, 2003). La révérence n'exige pas la retenue comme une punition, mais l'inspire comme un geste d'amour profond.

L'histoire de la rareté a toujours été l'outil des élites pour maintenir leurs hiérarchies. À l'inverse, l'histoire de la suffisance raconte celle de l'équité : un assez partagé par tous, nourri par la coopération (Eisler, 1987). On en retrouve la trace dans les *coopératives*, les *économies communautaires* et les *réseaux d'entraide*, qui incarnent ce principe et démontrent qu'il est possible de défier la centralisation en redonnant aux liens directs leur véritable pouvoir.

Résister à la propagande apocalyptique, ce n'est pas nier la science mais refuser qu'elle soit instrumentalisée. C'est désobéir consciemment aux systèmes de surveillance numérique tout en inventant des formes concrètes de soin écologique, rejeter la géo-ingénierie tout en cultivant des pratiques régénératives.

La crise est bien réelle, et la propagande l'est tout autant. Nier l'une ou l'autre, c'est demeurer prisonnier. Ce qui nous manque, c'est le discernement : cette capacité à reconnaître les faits sans les confondre avec leur mise en scène, à se souvenir des anciens rythmes de la Terre, et à formuler une réponse qui procède de la liberté.

L'être humain éveillé tend l'oreille plus profondément : à la Terre, à son propre corps et à la conscience silencieuse qui l'habite. Dans cette écoute, la peur se dissout et la propagande relâche son emprise.

Même dans les sphères les plus intimes — dans la manière d'aimer, de s'unir, de donner la vie — les logiques de contrôle continuent de s'infiltrer. La monogamie, souvent présentée comme une évidence naturelle, relève en réalité d'un scénario culturel conçu pour encadrer le désir, organiser la transmission et garantir la loyauté. Ainsi, du climat à l'amour, la mise en scène s'étend jusque dans nos corps et nos lits.

RÉFÉRENCES

Altieri, M. A., & Nicholls, C. I. (2017). *The adaptation and mitigation potential of traditional agriculture in a changing climate. Climatic Change, 140*(1), 33–45.
https://doi.org/10.1007/s10584-013-0909-y

Anderson, K., & Peters, G. (2016). *The trouble with negative emissions. Science, 354*(6309), 182–183.
https://doi.org/10.1126/science.aah4567

Bard, E., & Frank, M. (2006). *Climate change and solar variability: What's new under the sun? Earth and Planetary Science Letters, 248*(1–2), 1–14.
https://doi.org/10.1016/j.epsl.2006.06.016

Bennett, B., Chetty, R., Hall, J., & Kraus, W. (2021). *ESG investing: Practices, progress and challenges. Journal of Applied Corporate Finance, 33*(2), 8–22.
https://doi.org/10.1111/jacf.12479

Büchs, M., & Schnepf, S. V. (2013). *Who emits most? Associations between socio-economic factors and UK households' home energy, transport, indirect and total CO_2 emissions. Ecological Economics, 90*, 114–123.
https://doi.org/10.1016/j.ecolecon.2013.03.007

Bumpus, A. G., & Liverman, D. M. (2008). *Accumulation by decarbonization and the governance of carbon offsets. Economic Geography, 84*(2), 127–155.
https://doi.org/10.1111/j.1944-8287.2008.tb00401.x

Caldeira, K., Bala, G., & Cao, L. (2013). *The science of geoengineering. Annual Review of Earth and Planetary Sciences, 41*, 231–256. https://doi.org/10.1146/annurev-earth-042711-105548

Ceballos, G., Ehrlich, P. R., & Dirzo, R. (2017). *Biological annihilation via the ongoing sixth mass extinction signaled by vertebrate population losses and declines. PNAS, 114*(30), E6089–E6096. https://doi.org/10.1073/pnas.1704949114

Coumou, D., & Rahmstorf, S. (2012). *A decade of weather extremes. Nature Climate Change, 2*(7), 491–496. https://doi.org/10.1038/nclimate1452

Crutzen, P. J. (2006). *Albedo enhancement by stratospheric sulfur injections: A contribution to resolve a policy dilemma? Climatic Change, 77*(3–4), 211–220. https://doi.org/10.1007/s10584-006-9101-y

Donohue, R. J., Roderick, M. L., McVicar, T. R., & Farquhar, G. D. (2013). *Impact of CO2 fertilization on maximum foliage cover across the globe's warm, arid environments. Geophysical Research Letters, 40*(12), 3031–3035. https://doi.org/10.1002/grl.50563

Doney, S. C., Fabry, V. J., Feely, R. A., & Kleypas, J. A. (2009). *Ocean acidification: The other CO2 problem. Annual Review of Marine Science, 1*(1), 169–192. https://doi.org/10.1146/annurev.marine.010908.163834

Eisler, R. (1987). *The chalice and the blade: Our history, our future.* Harper & Row.

Fawcett, T. (2010). *Personal carbon trading: A policy ahead of its time? Energy Policy, 38*(11), 6868–6876. https://doi.org/10.1016/j.enpol.2010.07.001

Green, J. F. (2010). *Private standards in the climate regime: The greenhouse gas protocol. Business and Politics, 12*(3), 1–37. https://doi.org/10.2202/1469-3569.1320

Hughes, T. P., Kerry, J. T., Álvarez-Noriega, M., Álvarez-Romero, J. G., Anderson, K. D., Baird, A. H., ... Wilson, S. K. (2017). *Global warming and recurrent mass bleaching of corals. Nature, 543*(7645), 373–377. https://doi.org/10.1038/nature21707

Huybers, P. (2007). *Glacial variability over the last two million years. Quaternary Science Reviews, 26*(1–2), 37–55. https://doi.org/10.1016/j.quascirev.2006.07.013

IMBIE Team. (2018). *Mass balance of the Antarctic Ice Sheet from 1992 to 2017. Nature, 558*(7709), 219–222. https://doi.org/10.1038/s41586-018-0179-y

IPCC. (2021). *Climate change 2021: The physical science basis.* Cambridge University Press. https://www.ipcc.ch/report/ar6/wg1

Keith, D. W., Duren, R., & MacMartin, D. G. (2016). *Field experiments on solar geoengineering. Philosophical Transactions of the Royal Society A, 374*(2081), 20150203. https://doi.org/10.1098/rsta.2015.0203

Keith, D. W., & Irvine, P. J. (2016). *Solar geoengineering could substantially reduce climate risks. Earth's Future, 4*(11), 549–559. https://doi.org/10.1002/2016EF000465

Keltner, D., & Haidt, J. (2003). *Approaching awe, a moral, spiritual, and aesthetic emotion. Cognition & Emotion, 17*(2), 297–314. https://doi.org/10.1080/02699930302297

Klein, N. (2014). *This changes everything: Capitalism vs. the climate.* Simon & Schuster.

Lenton, T. M. (2011). *Early warning of climate tipping points. Nature Climate Change, 1*(4), 201–209. https://doi.org/10.1038/nclimate1143

NASA. (2020). *Global climate change: Vital signs of the planet.* https://climate.nasa.gov

O'Neill, S., & Nicholson-Cole, S. (2009). *"Fear won't do it": Promoting positive engagement with climate change through visual and iconic representations. Science Communication, 30*(3), 355–379. https://doi.org/10.1177/1075547008329201

Orwell, G. (1949). *Nineteen eighty-four.* Secker & Warburg.

Ostrom, E. (1990). *Governing the commons: The evolution of institutions for collective action.* Cambridge University Press.

Potts, S. G., Biesmeijer, J. C., Kremen, P., Neumann, P., Schweiger, O., & Kunin, W. E. (2010). *Global pollinator declines: Trends, impacts and drivers. Trends in Ecology &*

Evolution, 25(6), 345–353.
https://doi.org/10.1016/j.tree.2010.01.007
Schwab, K. (2020). *You will own nothing and be happy.* Forum économique mondial. https://www.weforum.org
Schwab, K., & Malleret, T. (2020). *COVID-19: The Great Reset.* Forum économique mondial.
Shepherd, A., Ivins, E. R., Rignot, E., Smith, B., van den Broeke, M., Velicogna, I., ... Whitehouse, P. (2018). *Mass balance of the Greenland Ice Sheet from 1992 to 2018. Nature, 579*(7798), 233–239. https://doi.org/10.1038/s41586-019-1855-2
Steffen, W., Richardson, K., Rockström, J., Cornell, S. E., Fetzer, I., Bennett, E. M., ... Sörlin, S. (2015). *Planetary boundaries: Guiding human development on a changing planet. Science, 347*(6223), 1259855.
https://doi.org/10.1126/science.1259855
Wigington, D. (2017). *Geoengineering: A grave threat to the planet.* Geoengineering Watch.
https://www.geoengineeringwatch.org
Zhu, Z., Piao, S., Myneni, R. B., et al. (2016). *Greening of the Earth and its drivers. Nature Climate Change, 6*(8), 791–795.
https://doi.org/10.1038/nclimate3004

Chapitre 11

Le mythe de la monogamie

« La grande illusion de l'amour engagé est de croire que
nos partenaires nous appartiennent. En vérité, leur
altérité est imprenable, et leur mystère ne nous
appartient jamais entièrement. »
— Esther Perel

On nous tend les plans de l'amour comme on tend une
carte avant le voyage, mais un voyage que d'autres ont
déjà tracé pour nous, bien avant que nous en
pressentions le vertige. Des contes de fées murmurés à l'enfance
jusqu'aux refrains qui hantent les ondes, des articles de loi aux
sermons du dimanche, la même litanie revient, tenace : trouve
l'unique, retiens-le, et meurs à ses côtés. L'amour, dans sa
version officielle, sanctifiée par l'ordre social, ne connaît ni
spirales, ni méandres, ni débordements. C'est un chemin tout
tracé, sage et sans détour, qui s'ouvre sur la séduction, s'élève
jusqu'au mariage, puis se referme dans un caveau commun,
scellé par deux pierres jumelles comme la signature définitive
d'un récit imposé.

Ce scénario se présente à la fois comme naturel et noble. S'en
détourner n'équivaut pas simplement à choisir une autre voie :
c'est franchir la frontière même du moral. La monogamie
n'apparaît plus comme un simple choix intime, elle s'érige en
pilier central de la grande machine sociale. Elle est inscrite dans
la loi, sacralisée par la religion et défendue comme si la survie de
la civilisation tout entière en dépendait. Pourtant, à l'instar de
tant d'évidences brandies comme absolues, sa domination n'a

rien d'un fait biologique. Elle est le produit d'une ingénierie culturelle, méthodique et opiniâtre.

L'ILLUSION DE L'UN

La monogamie nous est contée comme une vérité instinctive, tatouée dans nos veines et scellée au plus profond de notre chair. Pourtant, dans le règne animal, la fidélité à vie est une exception rarissime : elle ne concerne qu'environ trois à cinq pour cent des mammifères (Lukas & Clutton-Brock, 2013). Les exemples mis en avant — cygnes, campagnols des prairies et gibbons — sont les exceptions éclatantes d'une règle plus vaste. Et même ces modèles sont fissurés : les analyses génétiques révèlent que les nids de cygnes contiennent souvent des œufs fécondés par d'autres mâles (Olsson et al., 2001), et de nombreux oiseaux que l'on croyait exemplaires en matière de monogamie s'adonnent eux aussi aux accouplements hors couple (Westneat & Stewart, 2003).

Quant à l'être humain, loin d'incarner le sommet d'une évolution monogame, il expose au fil des siècles une flamboyante diversité de modes d'amour et de sexualité. Les grandes enquêtes anthropologiques — telles que celles réunies dans les *Human Relations Area Files* (HRAF) — montrent que la stricte monogamie à vie n'a été la norme que dans environ dix-neuf pour cent des sociétés humaines connues (Murdock, 1981). Les autres ont adopté mille autres formes : *polygynie*, où un homme unit plusieurs épouses ; *polyandrie*, où une femme partage son foyer avec plusieurs maris ; *partenariats en série*, où les relations se succèdent comme des saisons ; et *réseaux érotiques plus fluides*, sans frontières fixes.

Prenons l'exemple des *Mosuo* du sud-ouest de la Chine, où le « mariage ambulant » permet aux amants de se retrouver la nuit sans jamais fonder de foyer commun. Dans ce système, les enfants grandissent au sein du clan maternel, et ce sont les oncles qui assument le rôle central, souvent plus encore que les pères biologiques (Mattison, 2010). À l'autre bout du monde, chez les *Trobriandais*, la sexualité prémaritale se célèbre au grand jour, et les unions se défont sans stigmate lorsque l'amour s'éteint (Malinowski, 1929). Ces pratiques ne sont en rien des reliques « primitives ». Elles montrent simplement qu'il existe d'autres façons d'organiser la famille et les relations, des modèles fonctionnels, cohérents et vécus pleinement au quotidien.

Alors pourquoi, dans les sociétés occidentales postindustrielles, la monogamie est-elle imposée comme l'unique légitimité de l'amour ? Parce que son rôle ne tient pas d'abord à l'épanouissement des âmes, mais au contrôle des corps et des conduites.

LE MARIAGE AU SERVICE DU POUVOIR

Pour comprendre l'emprise de la monogamie sur l'imaginaire occidental, il faut remonter à son union avec la propriété, l'héritage et le pouvoir de l'État. Pendant la plus grande partie de l'histoire, le mariage ne fut pas affaire de passion. C'était un contrat socio-économique : un moyen de consolider des richesses, de sceller des alliances et de réguler les lignées.

Dans la Mésopotamie antique comme dans la Rome impériale, il servait à maintenir les biens dans les familles. Dans l'Europe médiévale, les mariages de noblesse fusionnaient des domaines ou cimentaient des pactes politiques, sans grand souci des désirs des époux. L'idée que l'amour romantique doive fonder l'institution aurait alors paru naïve, voire périlleuse.

Le mouvement romantique des XVIIIe et XIXe siècles changea radicalement l'équation. Comme l'a montré l'historienne Stephanie Coontz (2005), cette révolution culturelle fusionna la passion et les obligations juridiques du mariage. La promesse était enivrante : la même personne garantirait la stabilité économique et comblerait l'âme. Mais ce rêve était un piège. Car cette fusion n'était jamais seulement une affaire de bonheur intime. Elle servait l'Église, l'État et la famille patriarcale.

Les autorités religieuses sacralisèrent le mariage monogame parce qu'il garantissait la certitude de la paternité, bridait la sexualité des femmes et consolidait la domination masculine sur les lignées et les patrimoines. Les États l'adoptèrent parce que la famille nucléaire se prêtait mieux à l'impôt, à la surveillance et à la mobilisation. Le foyer à deux personnes devint l'unité administrative élémentaire, assez réduit pour être maîtrisé, et assez fécond pour alimenter la machine étatique.

LA MONONORMATIVITÉ

La *mononormativité*, c'est cette conviction diffuse que la monogamie serait le modèle standard, supérieur et moralement juste pour organiser nos relations. Elle agit comme une clôture invisible. Sa sœur jumelle, l'*amatonormativité* (Brake, 2012), nous murmure que chacun est mieux loti dans une relation amoureuse exclusive, stable et à vie.

Ceux qui s'écartent de cette norme subissent la stigmatisation, la caricature et la pathologisation. Les personnes *polyamoureuses* sont dépeintes comme des libertins obsédés par le sexe ; les couples ouverts sont considérés comme fragiles ou incapables d'un « véritable » amour ; et les monogames en série sont accusés de frivolité. La morale est si incrustée que même l'infidélité — pourtant présente dans 20 à 50 % des relations monogames selon les études (Barta & Kiene, 2005 ; Mark et al., 2011) — n'est jamais comprise comme la preuve d'un modèle défaillant. Elle est plutôt présentée comme la faute des individus, coupables de ne pas avoir su se conformer.

En ce sens, la monogamie s'apparente à une mécanique défectueuse, qui s'enraye sans cesse mais que nul n'ose repenser.

Ce ne sont pas les rouages que l'on accuse, mais les usagers eux-mêmes, jugés incompétents ou déviants.

L'INTIMITÉ À TRAVERS LES CULTURES

Le paysage de l'intimité humaine n'est pas une route unique mais un archipel, une carte constellée de continents et d'îles aux possibilités multiples. À travers les cultures, les formes d'amour et de parenté se sont dessinées autant à partir de l'écologie, de l'économie et des cosmologies qu'à partir du désir lui-même. Dans cette cartographie mouvante, la monogamie n'est ni la seule voie ni la destination fatale.

Chez les *Ashanti* du Ghana, le système *matrilinéaire* libérait les femmes du fardeau de prouver la paternité : les enfants appartenaient au clan de la mère. Dans ce cadre, hommes et femmes jouissaient de la liberté reconnue d'avoir plusieurs partenaires, sans que la trame sociale s'en trouve ébranlée. Au Tibet et au Népal, la *polyandrie fraternelle* naquit comme une solution pragmatique : plusieurs frères partageaient une épouse pour protéger la terre contre la division, alliant nécessité économique et liens affectifs, garantissant l'unité du foyer et l'intégrité du sol.

Dans le sud de l'Inde, les *Nayar* du Kerala pratiquaient le *sambandham* : les femmes pouvaient accueillir plusieurs époux de passage. Les enfants grandissaient dans la lignée maternelle, et les hommes n'avaient aucun droit exclusif, car la parenté reposait sur la mère, non sur l'union conjugale. Sur les îles d'Hawaï, le *punalua* permettait aux couples mariés de partager des partenaires avec des amis choisis, tissant par le sexe des réseaux de solidarité et des alliances communautaires renforcées.

Dans l'*Amazonie*, la croyance en une paternité partagée engendrait un autre modèle : les femmes prenaient plusieurs amants pendant leur grossesse, persuadées que chacun contribuait à la création de l'enfant. Cette croyance assurait à l'enfant les soins d'un cercle élargi de « pères », multipliant responsabilités et tendresse au-delà du foyer nucléaire. Et sur les *îles Trobriand*, la sexualité elle-même était célébrée publiquement, dans des danses et des rituels, au lieu d'être voilée de honte. Les enfants grandissaient au milieu de jeux de cour et d'expériences sensuelles, et les mariages pouvaient se délier sans stigmate quand l'amour se déplaçait ou se fanait.

Pris dans leur ensemble, ces récits révèlent une vérité lumineuse : l'exclusivité n'est ni une fatalité biologique ni une norme universelle. Elle est une construction culturelle parmi d'autres, une voie parmi mille, empruntée par certains peuples depuis des siècles, parfois même des millénaires.

LES DÉMENTIS DU CŒUR

Les défenseurs de la monogamie présentent souvent l'exclusivité comme la pierre angulaire de l'intimité, convaincus que garder son lit, son corps et son cœur pour une seule personne approfondit, stabilise et nourrit le lien amoureux. Mais dès qu'on soumet cette conviction à l'épreuve des faits, elle se dissout comme du sucre dans l'eau.

Une grande étude publiée en 2025, qui a compilé les résultats de 35 recherches menées dans 12 pays auprès de près de 24 500 personnes, n'a trouvé aucune différence notable entre les couples monogames et ceux pratiquant la non-monogamie consensuelle (CNM). Que ce soit en termes de satisfaction, de confiance, d'intimité ou d'engagement, les deux types de relations se valaient. Fait notable, les couples non monogames obtenaient souvent de meilleurs résultats en matière de communication sexuelle, d'autonomie et de gestion des conflits.

Une explication possible est que les couples CNM sont contraints à une transparence radicale. Les limites et les attentes ne peuvent pas être supposées : elles doivent être nommées, négociées et reformulées avec plus de précision et de fréquence que dans les couples monogames, où le script culturel parle à leur place. Conley et ses collègues (2013) ont montré que les personnes engagées dans des relations non monogames consensuelles déclaraient des niveaux d'honnêteté sexuelle plus élevés et bien moins de secrets que celles vivant en couple monogame.

Les témoignages contemporains le confirment. Dans les réseaux polyamoureux, la sécurité ne vient pas de l'exclusivité territoriale mais de la confiance patiemment négociée, et la stabilité ne naît pas de la répression du désir mais de son accueil clairvoyant. Ces arrangements exigent une véritable alphabétisation émotionnelle, la capacité de nommer et de traverser des sentiments difficiles comme la jalousie sans les laisser se cristalliser en ressentiment. Paradoxalement, l'absence d'exclusivité présupposée peut renforcer l'engagement : car chaque jour passé ensemble devient un choix renouvelé, et non une obligation dictée par le script dominant.

LE SYSTÈME NERVEUX DE L'AMOUR

L'élan vers l'exclusivité a souvent l'air biologique, presque viscéral. Et en un sens, il l'est. Mais ce que nous ressentons comme « jalousie naturelle » n'est en réalité qu'un dialogue entre notre neurobiologie ancienne et des siècles d'amplification culturelle.

Le système limbique, et en particulier l'amygdale, traite les menaces sociales avec la même urgence que les prédateurs ou les dangers physiques. Dans les environnements ancestraux, perdre l'investissement d'un partenaire pouvait en effet menacer la survie, surtout pour les femmes dépendantes de ressources partagées pour élever leurs enfants. Peu à peu, les institutions culturelles ont exploité cette vulnérabilité, transformant la jalousie en impératif moral.

La *théorie polyvagale* (Porges, 2011) éclaire cette mécanique. Notre *système nerveux autonome* n'est pas seulement programmé pour la fuite ou le combat : il est aussi façonné pour l'engagement social. Pour notre système nerveux, se sentir en sécurité revient le plus souvent à ressentir que les choses sont prévisibles. La monogamie offre cette prévisibilité en limitant les connexions amoureuses et sexuelles d'un partenaire, une sorte de quarantaine émotionnelle.

Mais les économies modernes, les systèmes de protection sociale et l'évolution des rôles de genre ont profondément modifié les repères traditionnels de la survie. Il est désormais possible, et même fréquent, de s'épanouir hors du carcan du couple exclusif. Le problème est que notre système nerveux ne se met pas à jour au rythme du contexte social. Tel un vieux logiciel, il continue de déclencher des alarmes face à des situations qui ne menacent plus notre existence. C'est pourquoi dépasser la monogamie obligatoire suppose souvent une rééducation du corps : apprendre à sentir la sécurité dans la connexion plutôt que dans la possession.

L'APPEL DE L'AIR LIBRE

Si l'exclusivité ne garantit pas toujours la sécurité, à quoi pourrait ressembler l'amour une fois libéré de sa cage ? Une réponse se trouve dans *l'anarchie relationnelle* (Nordgren, 2006), une philosophie qui refuse de hiérarchiser les liens romantiques au-dessus de tous les autres. Chaque connexion — sexuelle, amicale, familiale, spirituelle — est considérée comme une co-création unique, négociée selon ses propres termes.

Ce cadre n'ouvre pas sur le chaos, mais sur une alchimie consciente. Rien n'y est présupposé : pas de « *partenaire principal* », sauf si les personnes choisissent d'ériger cette structure; et pas davantage de clauses d'exclusivité implicites, mais des accords façonnés puis sans cesse réinventés dans le dialogue. Ainsi, l'amour cesse d'être une forteresse qu'il faudrait défendre et devient un jardin à cultiver, où chaque relation fait naître sa propre constellation de besoins, de joies et de limites.

Dans cette vision, l'amour peut être fluide sans être fragile. Une union romantique profonde peut coexister avec des amitiés intenses, des amants occasionnels et des collaborations créatives partagées, chacune nourrissant une autre dimension de l'intimité humaine.

TRANSFORMER LA JALOUSIE

Le déconditionnement commence dans le corps, bien avant de gagner l'esprit. Les empreintes de la monogamie obligatoire sont inscrites non seulement dans nos croyances, mais aussi dans nos systèmes nerveux, dans la mémoire de nos muscles et dans nos réflexes de stress. Imaginez, par exemple, la main de votre partenaire glissée dans celle de quelqu'un d'autre. Ce simple geste peut déclencher une réaction immédiate : une tension dans la poitrine, une bouffée de chaleur dans les joues, ou un nœud au creux du ventre. Ce ne sont pas de simples sensations passagères, mais les manifestations corporelles d'un apprentissage ancien. Elles témoignent de la manière dont nos corps ont intégré, souvent à notre insu, des normes relationnelles transmises de génération en génération.

Les *thérapies somatiques* — comme le travail de Peter Levine sur les traumatismes ou la réduction du stress par la pleine conscience (MBSR) — permettent de remarquer ces sensations sans s'y engloutir. Dans les communautés CNM, on pratique souvent une forme d'« exposition » à la jalousie : partager ses fantasmes, reconnaître ses attirances, ou même observer un flirt de son partenaire dans des contextes sûrs et convenus. Chaque étape réécrit peu à peu les circuits neuronaux, remplaçant la panique par la curiosité.

Le but n'est pas d'éradiquer la jalousie, qui peut porter un message utile, mais de la transformer d'arme en miroir. Elle devient une opportunité d'exploration intérieure : ce malaise parle-t-il de l'autre, ou des histoires que je me raconte sur ce que cela signifie ? À mesure que l'on pratique cette auto-enquête et que l'on accueille ses réactions avec compassion, les récits qui nous enchaînent perdent leur emprise.

RÉÉCRIRE LA CONNEXION

Et si l'amour n'était pas une voie ferrée à sens unique mais un écosystème, un réseau mycélien de relations — certaines sexuelles, d'autres romantiques, spirituelles ou amicales — chacune nourrissant les autres ? Dans un écosystème, la diversité augmente la résilience. Il en va de même pour l'intimité humaine. Les réseaux de parenté hors normes, les familles choisies et les *polycules* — ces constellations de personnes reliées par plusieurs liens amoureux ou intimes, parfois même rassemblées pour élever des enfants — montrent que la tendresse et le lien ne sont pas des ressources à garder jalousement. Comme une flamme, plus on les transmet, plus ils embrasent et éclairent.

Dans de tels réseaux, la joie d'un partenaire auprès d'un autre n'a pas à diminuer la nôtre. Elle peut même l'amplifier : c'est ce que l'on appelle la *compersion*. Bien qu'elle ne soit ni universelle ni automatique, la compersion révèle que la jalousie n'est pas fatale. Elle peut se muer en un sentiment plus généreux, expansif et non-possessif. Ces formes de relations ne sont pas épargnées par les chagrins ou les conflits. Mais la monogamie non plus. La différence est que, lorsque l'amour change de forme, ce n'est pas un échec : c'est une métamorphose.

La *Matrice* culturelle nous répète que l'amour est un contrat : signez ici, abandonnez votre autonomie et pariez sur la permanence. Mais l'amour peut aussi se vivre comme une conversation ininterrompue, mouvante et attentive, qui se tisse au rythme des êtres et de leurs métamorphoses. Ce n'est donc pas un appel à renier la monogamie, mais à renverser son caractère obligatoire, cette injonction qui voudrait faire de l'exclusivité la seule forme légitime d'aimer. La véritable libération ne se compte pas en partenaires, elle se mesure à la qualité des choix qui nous rendent vivants.

Si la monogamie est votre vérité, qu'elle soit choisie en pleine conscience, et non vécue comme un somnambulisme imposé. Si elle ne l'est pas, osez créer vos propres tissages d'intimité, ajustés aux contours de votre vie réelle plutôt qu'à la vie qu'on vous a ordonné de désirer.

Votre cœur n'est pas une cage, il est une constellation. Et le ciel nocturne est infini.

RÉFÉRENCES

Barta, W. D., & Kiene, S. M. (2005). Motivations for infidelity. *Journal of Social and Personal Relationships, 22*(3), 339–360.

Brake, E. (2012). *Minimizing marriage.* Oxford University Press.

Conley, T. D., et al. (2013). Stigma and CNM. *Analyses of Social Issues and Public Policy, 13*(1), 1–30.

Coontz, S. (2005). *Marriage, a history.* Viking.

HRAF. (2020). Human Relations Area Files. Yale University.

Levine, P. A. (1997). *Waking the tiger.* North Atlantic Books.

Lukas, D., & Clutton-Brock, T. H. (2013). The evolution of social monogamy in mammals. *Science, 341*(6145), 526–530.

Malinowski, B. (1929). *The sexual life of savages.* Harcourt Brace.

Mark, K. P., et al. (2011). Infidelity in relationships. *Journal of Family Psychology, 25*(3), 369–377.

Mattison, S. M. (2010). The Mosuo case. *American Anthropologist, 112*(1), 38–49.

Murdock, G. P. (1981). *Atlas of world cultures*. University of Pittsburgh Press.

Nordgren, A. (2006). *Short instructional manifesto for relationship anarchy*.

Olsson, O., et al. (2001). Divorce in swans. *Animal Behaviour, 62*(3), 509–517.

Perel, E. (2006). *Mating in captivity: Unlocking erotic intelligence*. Harper.

Porges, S. W. (2011). *The polyvagal theory*. Norton.

Rubin, J. D., et al. (2025). Consensual non-monogamy and relationship quality. *Journal of Sex Research, 62*(4), 445–462.

Westneat, D. F., & Stewart, I. R. K. (2003). Extra-pair paternity in birds. *Molecular Ecology, 12*(9), 2183–2194.

Partie 2

Sortir de la matrice

Si la première partie a mis à nu la machinerie de la peur, de la croyance et du contrôle, elle a aussi révélé l'inévitable présence de fissures, ces brèches où un autre mode de vie commençait déjà à s'imposer de lui-même. La deuxième partie se tourne vers ces interstices, non comme des accidents, mais comme des invitations. Ici, les graines éparses deviennent des pratiques, les craquelures s'élargissent en sentiers et la tâche centrale se dessine : l'éveil du Robot Humain.

Chapitre 12

Substances sacrées et réinitialisation de la conscience

« La vérité est ce qui fonctionne. »
— William James

Tout système complexe a parfois besoin d'un redémarrage intégral. Les ordinateurs se figent, les bureaucraties se sclérosent, et les paradigmes se durcissent en dogmes. La conscience humaine n'échappe pas à cette logique : elle aussi peut se bloquer, prisonnière de ses schémas. C'est précisément dans ces impasses que les substances psychédéliques — la psilocybine, le LSD, la mescaline, l'ayahuasca (et son principe actif, la diméthyltryptamine, ou DMT), la 5-méthoxy-N,N-diméthyltryptamine (5-MeO-DMT) et l'ibogaïne — ont ressurgi au début du XXIᵉ siècle comme de puissants réinitialisateurs de la perception, du sens et de l'identité.

Face à la consommation passive des récits médiatisés et des doctrines institutionnelles, les psychédéliques offrent autre chose : l'expérience directe et immédiate, une confrontation de tout l'être avec le mystère, qu'aucun prêtre ni algorithme ne peut filtrer. Dans leur sillage, la croyance cède la place à la vision personnelle, le dogme se dissout dans le solvant de l'émerveillement et la *Matrice* des scripts hérités peut être quittée, ne serait-ce que temporairement, pour reprogrammer à la fois le soi et la société.

Ce chapitre aborde les psychédéliques comme des outils sacrés : enracinés dans des usages ancestraux, mais aujourd'hui revisités à la lumière des avancées en neurosciences. À la croisée de ces deux mondes, ils apparaissent comme des catalyseurs puissants, capables de relancer la dynamique de la conscience et de bousculer nos schémas mentaux les plus rigides. Pour en comprendre la portée, nous explorerons d'abord les explications scientifiques qui montrent comment ces substances peuvent desserrer les croyances figées. Nous plongerons ensuite dans les récits d'expériences mystiques et leurs effets durables sur la psychologie et le sens de l'existence. Enfin, nous nous tournerons vers la sagesse des traditions autochtones, qui nous enseignent l'importance du cadre, de l'environnement et de l'intégration pour que ces expériences trouvent leur juste place dans un parcours de transformation.

À côté de ces ouvertures, nous croiserons aussi des effondrements : la chute des certitudes doctrinales, l'émergence de spiritualités post-dogmatiques, mais aussi les courants plus inquiétants de la marchandisation, du contournement spirituel et des abus de pouvoir par certains facilitateurs. À partir de là, la réflexion s'élargira pour interroger les enjeux éthiques, écologiques et politiques d'un monde où l'usage psychédélique n'est plus marginal, mais de plus en plus intégré au courant dominant.

À travers ces différentes perspectives, une idée revient comme un refrain : les psychédéliques ne sont jamais une fin en soi, mais des catalyseurs qui nous aident à nous souvenir de ce que la conscience peut devenir lorsqu'elle se libère de la peur, des croyances et du besoin de contrôle.

D'HALLUCINOGÈNE À ENTHÉOGÈNE

Le terme *psychédélique*, qui signifie littéralement « *manifestation de l'esprit* », a été forgé dans les années 1950 par le psychiatre Humphry Osmond, en collaboration étroite avec l'écrivain Aldous Huxley, alors qu'ils cherchaient à nommer l'effet transformateur de certaines substances sur la conscience (Osmond, 1957 ; Huxley, 1954). Ce mot avait pour but d'éviter la stigmatisation du terme *hallucinogène*, qui suggérait illusion et erreur. Qualifier une substance de psychédélique, c'était affirmer qu'elle dévoilait des dimensions cachées de la psyché et révélait des vérités plutôt que de fabriquer des mirages.

Plus tard, dans les années 1970, des chercheurs introduisirent le terme *enthéogène*, formé du grec et signifiant « *engendrer le divin en soi* » (Ruck et al., 1979). Ce mot mettait en avant le caractère sacré, la révérence et une expérience de divinité intérieure, tout en séparant ces substances des caricatures contre-culturelles. Aujourd'hui, beaucoup préfèrent le terme enthéogène, car il situe ces composés non pas comme de dangereux hallucinogènes, mais comme des portails vers des états de conscience que de nombreuses cultures ont vénérés comme divins ou transcendants.

Le langage façonne profondément la manière dont les sociétés perçoivent et réagissent. Nommer le LSD un *hallucinogène*, c'est reléguer ses visions au rang d'illusions sans valeur. Le qualifier d'*enthéogène*, en revanche, c'est ouvrir la porte à l'idée que ces expériences pourraient révéler une forme de réalité plus vaste que celle de l'état de veille ordinaire. Les mots, à leur manière, dessinent des cartes mentales : ils bornent les territoires de l'expérience ou, au contraire, en ouvrent les frontières invisibles.

Et les enjeux sont tout sauf abstraits. Au milieu des années 1960, ces substances avaient déjà catalysé des recherches sur la créativité, la psychothérapie et la spiritualité. Des alcooliques traités au LSD montraient des taux de rémission inattendus. Des membres du clergé, lors de la fameuse *Expérience du Vendredi saint* (*Good Friday Experiment*) à la chapelle Marsh, rapportèrent des expériences mystiques d'une profondeur bouleversante (Pahnke, 1963). Mais l'élan fut brisé net : la criminalisation, alimentée par la panique morale et la peur sociale, imposa le silence et ferma brutalement un champ entier d'exploration scientifique et spirituelle.

La renaissance psychédélique d'aujourd'hui rouvre l'enquête, cette fois avec l'imagerie cérébrale, des protocoles cliniques rigoureux et un débat philosophique renouvelé. Pourtant, la question centrale demeure inchangée : *ces substances provoquent-elles de trompeuses hallucinations ou révèlent-elles des réalités plus profondes ?* La réponse dépend en grande partie du regard : les considérerons-nous comme des hallucinogènes à craindre, ou comme des enthéogènes à respecter ?

LE MODÈLE REBUS ET LA LIBÉRATION DES CROYANCES

Le modèle *REBUS* (acronyme de « *Relaxed Beliefs Under pSychedelics* ») aide à comprendre pourquoi les psychédéliques peuvent agir comme de puissants catalyseurs de transformation (Carhart-Harris & Friston, 2019). Tel qu'expliqué précédemment, la *théorie du traitement prédictif* nous apprend que le cerveau n'est pas un simple récepteur, mais une machine à anticiper, qui filtre ce que nous vivons à travers des hypothèses apprises, appelées *croyances préalables*. Ce mécanisme rend l'existence plus gérable, mais lorsqu'elles se figent, ces croyances deviennent des prisons : le traumatisme programme la vigilance, la dépression installe le désespoir, et l'addiction enferme dans le besoin obsédant. Poussée jusqu'à ses implications les plus fondamentales, cette perspective suggère que même le *moi* — cette impression d'identité stable — n'est pas une entité fixe, mais une croyance préalable parmi d'autres, un modèle prédictif que le cerveau protège coûte que coûte.

C'est précisément à ce niveau que les psychédéliques interviennent, en agissant sur les bases neurobiologiques de ces croyances enracinées. Ils ciblent principalement une classe de récepteurs sérotoninergiques du cerveau connus sous le nom de 5-HT2A, qui régulent l'humeur, la perception et la cognition. En stimulant ces récepteurs, les substances desserrent temporairement l'emprise de nos habitudes mentales les plus rigides. La neuroimagerie révèle qu'elles perturbent également le *réseau du mode par défaut*, ce carrefour de régions cérébrales qui maintient habituellement l'intégrité du moi et de la mémoire autobiographique. Lorsque ce réseau s'apaise, le bavardage incessant de la pensée centrée sur soi s'efface, laissant place à une gamme plus large de possibles. En parallèle, la communication entre des zones éloignées du cerveau s'intensifie, créant un paysage neuronal plus souple et interconnecté. C'est comme si le chef d'orchestre inflexible s'était retiré, autorisant l'improvisation et l'émergence d'harmonies inattendues.

De l'intérieur, cela se traduit souvent par une dissolution de l'ego (ou du *petit moi*), accompagnée d'un sentiment d'intemporalité ou de fusion avec un océan de conscience. Mais cette ouverture peut prendre des formes très différentes selon les individus : pour certains, c'est une inondation de souvenirs d'enfance ; pour d'autres, une vision d'unité cosmique ; pour d'autres encore, une confrontation directe avec la mortalité.

Sur le plan thérapeutique, ce relâchement peut bouleverser une vie. Par exemple, une seule séance de psilocybine guidée peut, dans certains cas, alléger une dépression résistante aux traitements, apaiser la peur existentielle liée à une maladie terminale ou interrompre des années de cycles addictifs (Ross et al., 2016 ; Davis et al., 2021 ; Bogenschutz et al., 2022). Du point de vue du modèle REBUS, la substance ne donne pas de nouvelles réponses. Elle suspend les fausses réponses gravées en prédictions rigides et permet que de nouveaux sens s'inscrivent dans le système nerveux.

AU-DELÀ DU DOGME, L'EXPÉRIENCE

Les institutions reposent sur l'autorité, tandis que les psychédéliques reposent sur l'expérience directe. La théologie comme la science dépendent de structures médiatrices de validation, qu'il s'agisse de l'Écriture, du sacerdoce ou de l'examen par les pairs. Or, un voyage psychédélique contourne tous les intermédiaires. Ce qu'il offre, c'est une rencontre avec le *Fondement de l'Être* (la *Réalité ultime*), une rencontre vécue comme immédiate, brute et indéniable.

William James décrivait les états mystiques comme ineffables et noétiques, et dotés d'une autorité qui résiste aux objections intellectuelles (James, 1902/1985). C'est ce qui les rend dangereux pour les régimes attachés au monopole du sens. *Pourquoi fréquenter une église si le sacré peut être touché dans une cérémonie au champignon ? Pourquoi accepter une théorie réductrice de la conscience si l'on a vécu celle-ci comme infinie et irréductible ?*

Un tel basculement déstabilise à la fois l'orthodoxie religieuse et le matérialisme scientifique. Il sape toute structure qui prétend détenir le monopole de la vérité. Pourtant, cet effondrement ne garantit pas la sagesse. La révélation peut se cristalliser en nouveaux dogmes, ou gonfler les egos d'un sentiment de privilège spirituel. Mais ce que les psychédéliques montrent sans relâche, c'est que les croyances sont provisoires, que la vérité est affaire d'expérience et qu'aucune autorité n'est définitive.

LE SAVOIR ANCIEN ET LES TECHNOLOGIES CHAMANIQUES DE LA CONSCIENCE

Bien avant que les neurosciences modernes ne tentent de cartographier l'esprit, les cultures autochtones avaient déjà élaboré des voies raffinées pour travailler avec les plantes psychoactives.

Dans l'Amazonie, l'*ayahuasca* n'est pas une simple décoction. Elle s'inscrit dans une cérémonie complexe, précédée de jeûnes, de restrictions alimentaires et de périodes de solitude. Le breuvage est accompagné de chants, de prières, et du regard soutenant de la communauté. Chez les *Huichol* du Mexique, les pèlerins parcourent des centaines de kilomètres jusqu'au *désert de Wirikuta* pour cueillir et ingérer le cactus peyotl, dans des rituels qui renouvellent leur lien avec le peuple, la terre et le cosmos. Au Gabon, les initiations à l'*iboga* offrent des visions qui guident la maturité sociale et spirituelle.

Dans ces traditions, les plantes ne sont pas des produits mais des maîtres. Elles s'entrelacent à des cosmologies où humains, esprits et écosystèmes sont inséparables. Consommer l'ayahuasca sans ce contexte, c'est ignorer sa profondeur relationnelle.

Les chercheurs occidentaux et les voyageurs en quête de guérison adoptent parfois ces pratiques pour des raisons personnelles : soins, développement ou optimisation. Rapidement, les centres de retraite s'en emparent, les transforment en produits à vendre, rebaptisés « *astuces biologiques* », *thérapies express* ou *outils de bien-être et de performance.* Ce glissement commercial vide peu à peu de son sens ce qui fut jadis sacré, le réduisant à une marchandise sans âme.

Certes, une guérison authentique peut encore s'y produire. Mais le véritable danger réside dans la réduction de traditions sacrées à de simples techniques consommables, détachées de leur ancrage spirituel et culturel. Un apprentissage profond demande autre chose : de l'humilité, une responsabilité écologique, et un respect sincère pour la souveraineté des plantes ainsi que pour la garde autochtone qui les protège. Faute de cela, la renaissance psychédélique risque de n'être qu'une nouvelle forme d'appropriation spirituelle, séduisante en surface, mais vide de substance.

LE CADRE ET LE CONTEXTE

Les psychédéliques amplifient tellement la conscience que l'expérience dépend en grande partie des conditions dans lesquelles on les vit. On distingue alors le *cadre*, qui correspond à l'état intérieur — nos intentions, notre humeur, et notre histoire personnelle — et le *contexte*, c'est-à-dire ce qui nous entoure : le lieu, les personnes présentes et la culture qui nous façonne. Ensemble, cadre et contexte sont comme la charpente invisible qui détermine si l'expérience sera vécue comme rassurante, riche de sens ou même sacrée.

La recherche clinique a confirmé cette sagesse ancestrale. Avant la prise, des séances de préparation servent à poser des intentions claires et à instaurer la confiance. Pendant l'expérience, l'espace est protégé : on y trouve la musique, un bandeau sur les yeux et la présence rassurante de guides. Ensuite vient l'intégration, ce moment où les visions sont mises en mots, en gestes ou en pratiques. Les traditions autochtones suivent le même principe avec d'autres langages : chants, prières, récits mythiques, restrictions alimentaires et surtout le soutien constant de la communauté.

Nos vies modernes, en revanche, offrent souvent des contenants fragiles. Un *contenant*, c'est comme une coquille ou un berceau : il accueille et protège l'expérience. Dans les cultures traditionnelles, il est bâti avec patience et respect, par la cérémonie, l'intention et la présence du groupe. Dans le monde d'aujourd'hui, il se fragilise sous le poids des distractions, du contrôle et de la course à l'attention. Introduire les psychédéliques dans un tel vide, sans préparation ni accompagnement, revient à semer une graine dans un sol instable : elle peut s'égarer, se briser ou pousser de travers.

Créer un *espace sacré* dans ce paysage fragmenté devient un acte radical. C'est offrir un refuge, un lieu clos mais vivant, tissé de silence, de confiance et de respect, où la psyché peut enfin se déposer, explorer et se réorganiser sans crainte. Un tel espace n'est pas un luxe : il constitue la condition même pour que l'expérience psychédélique ne sombre pas dans le chaos, mais s'ouvre à la métamorphose.

EXPÉRIENCE MYSTIQUE ET
TRANSFORMATION DE LA PERSONNALITÉ

Le lien entre voyages psychédéliques et états mystiques est aujourd'hui l'un des résultats les plus constants de la littérature scientifique. Plus l'expérience mystique est profonde, plus les bénéfices thérapeutiques sont marqués. Les participants qui rapportent des rencontres avec l'unité, l'intemporalité, le sacré ou un sens ineffable sont aussi ceux qui montrent les plus fortes diminutions de dépression, d'anxiété ou d'addiction (Griffiths et al., 2006, 2008, 2018). Beaucoup classent ces sessions parmi les événements les plus importants de leur vie, comparables à la naissance d'un enfant ou à la mort d'un parent.

Ce qui rend ces états si puissants, ce n'est pas seulement leur intensité, mais la façon dont ils élargissent l'horizon du possible. La dépression se vit souvent comme un futur qui se rétrécit, une espérance qui s'effondre dans la répétition. L'addiction, elle, enferme dans une boucle sans fin à la recherche de soulagement. L'expérience mystique vient rompre cette rigidité : elle ouvre un espace intérieur, une certitude vécue que d'autres chemins existent. Ce n'est pas une idée abstraite, mais une connaissance incarnée. On n'en ressort pas en disant : « je crois que je suis aimé », mais : « *j'ai fait l'expérience d'être l'amour* ».

Peut-être le plus remarquable est la preuve que la personnalité elle-même, réputée stable à l'âge adulte, peut se modifier. Les études montrent que l'ouverture — curiosité, imagination, capacité à embrasser la nouveauté — peut augmenter après une seule session de psilocybine (MacLean et al., 2011). Les psychédéliques ne se contentent pas de soigner des troubles, ils peuvent catalyser une croissance à long terme.

La *thérapie assistée par la MDMA* (abréviation de 3,4-méthylènedioxyméthamphétamine) offre une autre voie pour soigner le stress post-traumatique. Cette substance apaise la peur et renforce la confiance ainsi que le sentiment de lien avec les autres. Contrairement aux psychédéliques classiques, elle ne fait pas disparaître l'ego : elle ouvre plutôt l'esprit avec douceur. Dans cet état de sécurité, les survivants peuvent revisiter leurs souvenirs les plus douloureux sans être engloutis par la panique, et raconter leur histoire sans perdre pied. Lors d'études cliniques récentes (Mitchell et al., 2021), près des trois quarts des participants ne présentaient plus de symptômes de stress post-traumatique après seulement quelques séances : des années de terreur figée s'étaient dissipées.

L'ensemble de ces résultats indique que les psychédéliques n'agissent pas comme de simples correctifs chimiques mais comme des catalyseurs d'expériences de sens, de connexion et de sécurité. Ils reconfigurent les cadres mêmes à travers lesquels la vie est comprise et vécue.

L'INTÉGRATION COMME PRATIQUE

Une expérience mystique sans *intégration* ressemble à un éclair qui frappe mais ne touche jamais terre. L'éclair illumine tout, mais l'énergie se dissipe aussitôt. L'intégration est ce qui permet à la révélation de s'enraciner, de transformer la vie plutôt que de se réduire à un souvenir évanescent.

Les formes d'intégration sont multiples. Certains écrivent abondamment, transformant des images oniriques en récits cohérents. D'autres travaillent avec des thérapeutes ou des accompagnateurs spécialisés dans l'intégration psychédélique, traduisant les visions en changements concrets dans le travail, les relations ou le soin de soi. Les pratiques créatives — peinture, danse, musique — permettent d'exprimer ce que les mots échouent à capturer. Quant aux approches somatiques, elles aident à ancrer les intuitions dans le corps plutôt que de les laisser flotter comme des abstractions.

L'intégration, pourtant essentielle, est aussi le lieu où les difficultés surgissent. L'ego, qu'on croyait dissous, revient souvent plus fort, gonflé de ses visions. « *J'ai vu Dieu, donc je suis élu* » : telle est l'illusion subtile de l'inflation spirituelle. Dans certaines communautés, se créent des hiérarchies où ceux qui sont « allés plus loin » revendiquent une autorité sur les autres. C'est le dogme qui renaît, sous une autre forme.

Une autre dérive est le contournement spirituel. Au lieu d'affronter les blessures non résolues, certains utilisent leurs visions pour se convaincre qu'ils sont déjà guéris. La douleur demeure intacte, mais voilée de langage métaphysique. La véritable intégration refuse ce mirage. Elle pose des questions dérangeantes : *comment cela change-t-il ma manière de traiter les autres ? Ma façon de dépenser, de voter, d'élever mes enfants, de réparer le tort ?* Sans cette incarnation, la révélation psychédélique n'est qu'un spectacle.

La mesure d'une intégration réussie ne réside pas dans la grandeur des visions, mais dans l'humilité et la responsabilité qui s'installent dans la vie quotidienne.

RISQUES, ABUS ET DYNAMIQUE DU PHARMAKON

Les psychédéliques sont un *pharmakon* : à la fois remède et poison. Ils peuvent soigner ou blesser, libérer ou enfermer, selon le contexte et le soin avec lequel on les approche.

Les risques sont réels. La panique, la déréalisation ou la manie peuvent submerger. Chez les personnes prédisposées à la psychose ou au trouble bipolaire, ces substances peuvent aggraver les symptômes. Des dangers physiologiques existent aussi, surtout lorsqu'elles sont combinées à d'autres drogues ou que des breuvages puissants contenant des IMAO (inhibiteurs de la monoamine oxydase) sont consommés sans supervision médicale. Les IMAO bloquent l'enzyme chargée de dégrader des neurotransmetteurs tels que la sérotonine, la dopamine ou la noradrénaline. Quand cette enzyme est neutralisée, ces messagers chimiques restent actifs plus longtemps : les effets psychédéliques s'intensifient, mais les interactions avec certains médicaments ou aliments peuvent devenir périlleuses.

Il existe aussi des dangers sociaux. Ces dernières années, des cas d'abus commis par des facilitateurs ont été signalés, aussi bien dans des centres de retraite que dans des cérémonies clandestines. Les participants, souvent vulnérables et en confiance, se sont retrouvés manipulés sexuellement, financièrement ou spirituellement. Ce risque s'explique : lorsque les anciennes structures de croyance s'effondrent, les individus deviennent particulièrement suggestibles, et c'est précisément dans ces failles que s'engouffrent les prédateurs. Le mouvement psychédélique n'échappe donc pas aux dynamiques de pouvoir qui gangrènent également les contextes religieux ou thérapeutiques.

La marchandisation ajoute une autre couche. Des entreprises brevettent désormais des molécules psychédéliques, bâtissent des cliniques pour une clientèle aisée et vendent ces anciens sacrements comme des plateformes d'optimisation de la santé mentale. Une médecine vénérée par les cultures autochtones depuis des millénaires se retrouve réduite à une propriété intellectuelle, mise sur le marché comme un produit de bien-être. Si les psychédéliques sont absorbés pleinement dans la logique du profit et de l'extraction, ils risquent de renforcer les structures mêmes qu'ils semblaient dissoudre.

Tenir les psychédéliques de façon responsable exige vigilance. Ils ne sont ni des remèdes miracles ni des drogues intrinsèquement diaboliques, mais des outils puissants, capables d'amplifier autant la lumière que l'ombre.

LA CONSCIENCE D'ABORD

Les psychédéliques révèlent-ils que la conscience est première, et non dérivée ? De plus en plus de scientifiques et de philosophes envisagent cette possibilité. Si l'esprit n'était qu'un sous-produit de la matière, alors les visions psychédéliques ne devraient être que du bruit chimique. Pourtant, les états qu'ils induisent apparaissent souvent plus cohérents, plus intelligents et plus réels que la vie ordinaire.

Une perspective *post-matérialiste* voit le cerveau non comme le générateur de la conscience, mais comme un simple filtre. Les psychédéliques entrouvrent ce filtre, comme une écluse qui cède, et laissent affluer des horizons plus vastes de l'esprit (Beauregard et al., 2014 ; Beauregard, 2021). Dans cette perspective, la mort n'est pas une fin mais un passage, semblable à une porte qui s'ouvre sur l'inconnu ; l'ego n'est pas un moi solitaire mais une vague se dissolvant dans l'océan immense de la conscience ; et les rencontres avec des entités, des ancêtres ou des esprits de plantes ne sont pas de simples mirages, mais les éclats furtifs d'un cosmos vivant et animé.

Cette vision du monde ne nous demande pas d'adopter de nouvelles croyances, mais d'accueillir l'humilité face à ce que nous ignorons et le courage de contempler l'inconnu. Nous ne connaissons pas encore toute l'ampleur de la conscience, et les psychédéliques nous rappellent que ce que nous appelons « réalité » n'est peut-être qu'une mince tranche d'un tout beaucoup plus vaste.

Pour la science, cela signifie reconnaître les récits en première personne comme des données importantes, plutôt que de les balayer comme du bruit. Pour la spiritualité, cela signifie enraciner la foi non pas dans la croyance, mais dans la communion directe et incarnée. Ainsi, les psychédéliques ne sont pas seulement des thérapies, mais des instruments de révélation.

S'ÉVADER DU PROGRAMME, REVENIR AU MONDE

On présente souvent les psychédéliques comme une sortie de la *Matrice*, une levée soudaine du voile de la peur et du contrôle. Dans cet éclairage nouveau, la vie quotidienne se dévoile autrement : les traumatismes apparaissent comme des boucles qui tournent en rond, semblables à des disques rayés ; les illusions médiatiques se révèlent pour ce qu'elles sont, des fictions qui se donnent pour des vérités ; et les scripts culturels ressemblent à des rôles imposés, joués comme si nous n'avions pas le choix. Voir tout cela, c'est un peu comme lire le code en coulisses et découvrir l'algorithme caché derrière le décor.

Mais le but n'est pas l'exil. Demeurer indéfiniment dans la vision, c'est s'éloigner de la tâche humaine. Le don de la révélation réside dans le retour. Les mythes l'enseignent clairement : le héros descend aux enfers non pour y rester, mais pour rapporter le feu, l'eau, et la guérison à son peuple.

Il en va de même pour les psychédéliques. Leurs révélations doivent être rapportées sous forme de nouveaux modes de vie : des lois qui guérissent au lieu de punir, des systèmes de soin qui ouvrent au lieu d'exclure, une éducation qui cultive la merveille autant que la critique et des économies qui honorent la réciprocité de la terre au lieu de glorifier le pillage infini.

Sans cet enracinement, les psychédéliques risquent de se dissoudre en divertissement pour quelques privilégiés. Avec lui, ils cessent d'être une fuite pour devenir un retour, ils ne sont plus un spectacle mais un renouveau, une manière de se souvenir du monde comme sacré, et de nous-mêmes comme partie intégrante de son récit vivant.

RESTAURER LE SENS

La renaissance psychédélique annonce une spiritualité qui dépasse le consumérisme. Elle nous invite à quitter l'ornière de la consommation et des dogmes rigides, pour entrer dans une vie spirituelle enracinée dans l'expérience directe, le respect de la terre et le soin mutuel.

Cette spiritualité n'est pas une théorie, mais une expérience vécue. Elle prend racine dans des états de conscience incarnés plutôt que dans des croyances abstraites, et se déploie dans la relation, où plantes, animaux et lieux apparaissent comme des parents. Elle s'enrichit enfin d'une éthique attentive aux blessures, où la sécurité et la responsabilité deviennent les conditions mêmes de la profondeur.

Les psychédéliques ne sont pas le seul sentier vers cette réorientation. La méditation, la danse extatique, le travail du souffle, la prière contemplative, l'art et les expériences de mort imminente peuvent toutes ouvrir des portes similaires. Mais les psychédéliques accélèrent le processus en suspendant les gardiens ordinaires de la conscience, et en montrant en quelques heures combien nos questions et nos suppositions ont toujours été façonnées de toutes pièces.

Cette spiritualité ne vise pas l'évasion, mais la recomposition de la trame sacrée. Elle cherche à guérir les fractures qui séparent science et esprit, rituel et preuve, ainsi qu'individualité et communauté.

LE VRAI VOYAGE COMMENCE AU RETOUR

Dans une culture saturée de distractions, les psychédéliques sont à la fois dangereux et nécessaires. Dangereux, parce qu'ils peuvent déstabiliser des psychés fragiles, être récupérés par le capital ou devenir des outils d'exploitation. Nécessaires, parce qu'ils nous rappellent que la conscience est vaste, plastique, et capable de plus d'amour et d'imagination que ce que nos institutions autorisent.

Éveiller le *Robot Humain* exige plus que résister aux systèmes extérieurs de contrôle. Cela demande aussi de transformer les schémas qui nous habitent. Les psychédéliques sont un outil parmi d'autres, mais ils n'agissent vraiment que si nous acceptons de nous préparer, de lâcher prise, d'accueillir ce que nous découvrons et de l'incarner dans une manière nouvelle de vivre. Abandonner les dogmes rigides ne fait pas disparaître la direction intérieure, mais ouvre à des horizons de signification que nous pouvons tisser et partager ensemble, nés de la reconnaissance que nous sommes plus vastes que nos conditionnements.

La révélation ne peut rester privée. Entrevoir le script est une chose ; vivre au-delà exige de nouveaux cadres qui soutiennent la souveraineté. Les psychédéliques peuvent ouvrir les portes de la perception, mais le corps reste pris dans les dépendances économiques. Pour que les visions perdurent, elles doivent s'étendre aux domaines de l'argent, de la dette et du pouvoir. L'empire de la peur, de la croyance et du contrôle ne s'écroule pas par l'intuition seule, mais par des vies vécues autrement.

RÉFÉRENCES

Beauregard, M. (2021). *Expanding Reality: The Emergence of Postmaterialist Science*. Iff Books.

Beauregard, M., Schwartz, G. E., Miller, L., Dossey, L., Moreira-Almeida, A., Schlitz, M., Sheldrake, R., & Tart, C. (2014). Manifesto for a post-materialist science. *Explore: The Journal of Science and Healing, 10*(5), 272–274. https://doi.org/10.1016/j.explore.2014.08.001

Bogenschutz, M. P., et al. (2022). Psilocybin-assisted treatment for alcohol use disorder: A randomized clinical trial. *JAMA*

Psychiatry, 79(7), 650–661.
https://doi.org/10.1001/jamapsychiatry.2022.1250
Carhart-Harris, R. L., & Friston, K. J. (2019). REBUS and the anarchic brain: Toward a unified model of the brain action of psychedelics. *Pharmacological Reviews, 71*(3), 316–344.
https://doi.org/10.1124/pr.118.017160
Davis, A. K., Barrett, F. S., May, D. G., et al. (2021). Effects of psilocybin-assisted therapy on major depressive disorder: A randomized clinical trial. *JAMA Psychiatry, 78*(5), 481–489.
https://doi.org/10.1001/jamapsychiatry.2020.3285
Griffiths, R. R., Richards, W. A., McCann, U., & Jesse, R. (2006). Psilocybin can occasion mystical-type experiences having substantial and sustained personal meaning and spiritual significance. *Psychopharmacology, 187*(3), 268–283.
https://doi.org/10.1007/s00213-006-0457-5
Griffiths, R. R., Richards, W. A., Johnson, M. W., et al. (2008). Mystical-type experiences occasioned by psilocybin mediate the attribution of personal meaning and spiritual significance 14 months later. *Journal of Psychopharmacology, 22*(6), 621–632. https://doi.org/10.1177/0269881108094300
Griffiths, R. R., et al. (2018). Psilocybin-occasioned mystical-type experience in combination with meditation and other spiritual practices produces enduring positive changes in psychological functioning and in trait measures of prosocial attitudes and behaviors. *Journal of Psychopharmacology, 32*(1), 49–69. https://doi.org/10.1177/0269881117731279
Huxley, A. (1954). *The Doors of Perception.* Harper & Brothers.
James, W. (1985). *The Varieties of Religious Experience.* Penguin. (Original work published 1902)
MacLean, K. A., Johnson, M. W., & Griffiths, R. R. (2011). Mystical experiences occasioned by the hallucinogen psilocybin lead to increases in the personality domain of openness.

Journal of Psychopharmacology, 25(11), 1453–1461.
https://doi.org/10.1177/0269881111420188

Mitchell, J. M., et al. (2021). MDMA-assisted therapy for severe PTSD: A randomized, double-blind, placebo-controlled phase 3 study. *Nature Medicine, 27*(6), 1025–1033.
https://doi.org/10.1038/s41591-021-01336-3

Osmond, H. (1957). A review of the clinical effects of psychotomimetic agents. *Annals of the New York Academy of Sciences, 66*(3), 418–434. https://doi.org/10.1111/j.1749-6632.1957.tb40738.x

Pahnke, W. N. (1963). Drugs and mysticism: An analysis of the relationship between psychedelic drugs and the mystical consciousness (Doctoral dissertation, Harvard University).

Ross, S., et al. (2016). Rapid and sustained symptom reduction following psilocybin treatment for anxiety and depression in patients with life-threatening cancer: A randomized controlled trial. *Journal of Psychopharmacology, 30*(12), 1165–1180.
https://doi.org/10.1177/0269881116675512

Ruck, C. A. P., Bigwood, J., Staples, D., Ott, J., & Wasson, R. G. (1979). Entheogens. *Journal of Psychedelic Drugs, 11*(1–2), 145–146. https://doi.org/10.1080/02791072.1979.10472098

Chapitre 13

Briser les chaînes de l'esclavage économique

> « La difficulté n'est pas tant de développer de nouvelles idées que d'échapper aux anciennes. »
> — John Maynard Keynes

Êtes-vous souverains, ou bien serviteurs déguisés en consommateurs ? La question n'est pas rhétorique. Elle s'inscrit dans chaque interaction économique que nous accomplissons, qu'il s'agisse d'effleurer une carte dans un café ou de signer une hypothèque qui s'étirera sur des décennies. Chaque geste ne révèle pas seulement une transaction, mais aussi un rapport aux structures de pouvoir qui façonnent nos vies à un niveau si profond que la plupart d'entre nous ne s'y arrêtent jamais. On nous a dressés à croire que l'argent est neutre, que la dette est naturelle et que les institutions financières sont inévitables. Or l'argent n'est jamais neutre, la dette est souvent fabriquée de toutes pièces et les institutions sont conçues par des acteurs bien précis, dans des contextes historiques particuliers, pour des objectifs déterminés (Eisenstein, 2011 ; Korten, 2009).

Le premier pas pour briser les chaînes de l'esclavage économique consiste à transformer notre manière de voir le monde. Il s'agit de comprendre que l'économie n'est pas un terrain neutre régi par des lois immuables, mais une histoire écrite par le pouvoir (Graeber, 2011). Dès lors que nous reconnaissons que l'ordre actuel est un récit et non un fait naturel, surgit la possibilité d'imaginer d'autres récits, d'autres systèmes d'échange et d'autres règles de valeur. Le second pas est architectural : il s'agit non seulement d'écrire de nouvelles histoires, mais aussi de bâtir les infrastructures qui permettront à ces histoires de devenir des réalités vivantes.

Ce chapitre esquisse un chemin qui mène du consommateur au créateur d'architectures de valeur, de la servitude au sein d'un régime fondé sur la dette vers la souveraineté, à l'échelle personnelle, communautaire et même civilisationnelle. La souveraineté n'est pas ici synonyme d'isolement ou d'autarcie. Elle signifie la capacité de reprendre en main sa vie économique selon des valeurs communes, libérée de la dépendance sans fin aux banques et aux créanciers privés (Hudson, 2018 ; Brown, 2010).

Le voyage commence par l'affrontement et le démantèlement des chaînes de la dette prédatrice. Il se poursuit par une décentralisation de la finance, non pas seulement au sens étroit des cryptomonnaies, mais à travers un programme plus large incluant la banque publique, les fonds coopératifs, les systèmes de crédit mutuel et les expérimentations monétaires civiques (Ostrom, 1990 ; Bauwens & Kostakis, 2014). Enfin, il s'achève dans la reconquête même de la valeur : redéfinir ce que signifie « richesse » et la manière dont nous mesurons l'épanouissement. C'est un long cheminement qui mobilise l'histoire, le mythe, la création et la lutte politique, et qui demeure avant tout une entreprise de réécriture du grand récit de l'argent.

DÉTRUIRE LA DETTE

La dette n'est pas seulement une ligne sur un registre. C'est une laisse invisible, tissée de chiffres et de silence, qui attache des peuples entiers à la main qui la tient. Pourtant, toutes les dettes ne sont pas nocives. Les dettes de gratitude, les promesses de soin et les prêts informels qui circulent entre proches font partie du tissu qui maintient la vie sociale. Ce qu'il faut abolir, ce sont les formes prédatrices de dette qui enferment les gens dans des cycles d'intérêts, font remonter les profits vers une minorité et abandonnent les risques et les pertes à l'ensemble de la société (Hudson, 2018).

L'histoire regorge d'exemples où les spirales de dette ont englouti des civilisations entières. Pour y faire face, certaines sociétés mirent en place des mécanismes de préservation collective. Dans l'ancienne Mésopotamie, les souverains proclamaient périodiquement des jubilés, effaçant les dettes agricoles pour éviter que les paysans ne soient réduits à la misère ou à la servitude (Hudson, 2018). Cette tradition de remise des dettes fut reprise dans les textes bibliques, qui en firent un devoir sacré inscrit dans le tissu moral de la communauté. Plus tard, l'Europe médiévale prolongea cette méfiance envers l'endettement excessif, en encadrant strictement l'usure et en interdisant souvent l'intérêt pur. Mais avec l'avènement de l'âge moderne, ces garde-fous cédèrent peu à peu : l'endettement devint non seulement toléré, mais institutionnalisé. Hypothèques, prêts étudiants, cartes de crédit : autant d'instruments devenus banals, qui enchaînent désormais les individus et les foyers à des décennies de remboursement.

Les jubilés modernes peuvent revêtir de multiples formes, toutes pointant vers une même possibilité : la libération des chaînes de l'obligation impayable. L'annulation des dettes étudiantes, qui fait aujourd'hui flamber les débats aux États-Unis, ne délivrerait pas seulement les emprunteurs individuels, mais allégerait le poids psychique porté par des générations entières (Martenson, 2011). Le travail d'organisations comme *Undue Medical Debt* montre combien il est peu coûteux d'effacer des montagnes de factures hospitalières une fois dissipée l'illusion d'inévitabilité : rachetées pour quelques dollars, elles peuvent être annulées, libérant ainsi des familles d'un fardeau qui les aurait hantées des années durant (Klein, 2007). À l'échelle mondiale, lier l'allègement de la dette souveraine à des objectifs écologiques pourrait réaligner la finance sur la survie planétaire plutôt que sur la croissance extractive. Quant à la *banque publique de l'État du Dakota du Nord*, elle illustre comment le crédit peut être réorienté vers les infrastructures, la restauration écologique et le bien-être collectif, au lieu d'alimenter des bulles spéculatives (Brown, 2010). Ces expériences révèlent une vérité : la dette n'est pas une loi naturelle mais une création humaine, et donc sujette à réinvention.

L'abolition de la dette est autant mythique que fiscale. Elle brise l'histoire culturelle qui veut que la dette soit sacrée et que l'impossibilité de payer soit un péché. Graeber (2011) a montré que, dans l'histoire, la dette fut souvent présentée comme une obligation morale, même lorsque les conditions étaient injustes. En contestant ce récit, les jubilés et les mouvements abolitionnistes restaurent un équilibre entre créancier et débiteur, dévoilant que ce qui se présente comme un ordre naturel est en réalité une construction volontaire.

Détruire la dette sans incendier le monde exige de la nuance. La tâche n'est pas d'abolir l'obligation elle-même, mais d'en transformer le sens — de chaînes d'exploitation, elle peut devenir liens de réciprocité. Dans ce nouveau cadre, l'obligation ne se présente plus comme une prison, mais comme le fondement d'un système financier où la relation, et non l'exploitation, guide le flux de valeur.

DÉCENTRALISER LA FINANCE

Se délier de la dette prédatrice, c'est reprendre souffle face à l'étouffement. Mais l'émancipation s'écroule si rien ne vient prendre la relève. On ne peut pas simplement démanteler les systèmes financiers : il faut les reconstruire sous des formes qui empêchent les mêmes pièges de se refermer. C'est là qu'entre en scène la *décentralisation*.

Beaucoup de discours sur la décentralisation se sont focalisés sur les cryptomonnaies. Lorsque *Bitcoin* apparut en 2008, il démontra qu'il était possible d'envoyer de l'argent directement d'une personne à une autre sans passer par une banque (Nakamoto, 2008). Mais si ce mécanisme résolvait un problème technique, il ne s'attaquait pas aux questions plus profondes : inégalités, soutenabilité et gouvernance (Popper, 2015). *Ethereum* et d'autres projets relevant de la finance dite décentralisée (ou *DeFi*) promirent d'aller plus loin en inventant une « *monnaie programmable* » capable d'exécuter automatiquement des contrats (Buterin, 2013). En réalité, nombre d'expérimentations DeFi — des systèmes financiers numériques censés écarter les banques — retombèrent dans les mêmes excès spéculatifs que Wall Street : emprunts risqués, bulles et effondrements en cycles accélérés, mais cette fois à la vitesse numérique (Leshner & Hayes, 2019).

La décentralisation doit être comprise dans un sens plus large : comme un principe de finance *polycentrique*, où nulle autorité unique ne contrôle tout, et où la coopération se déploie à travers de multiples niveaux. Ostrom (1990) l'a montré : les ressources partagées prospèrent non pas sous la férule d'un centre rigide, ni dans l'atomisation individualiste, mais dans des réseaux de collaboration. Appliqué à l'argent, cela veut dire imaginer un paysage où plusieurs formes de monnaie coexistent et se complètent : les cryptomonnaies circulent aux côtés de crédits locaux, certaines monnaies protègent la vie privée pendant que des banques publiques assument leur responsabilité, les coopératives de crédit s'allient à des structures décentralisées, et les monnaies régionales renforcent les économies locales tandis que d'autres servent aux échanges mondiaux.

Cette pluralité n'est pas une faiblesse, mais une force. La redondance engendre la résilience. Aucune forme unique de monnaie n'a besoin de dominer : plusieurs formes peuvent coexister, chacune adaptée à son contexte. La décentralisation, en ce sens, n'est pas une fuite libertarienne, mais un art civique. Elle pose la question : *la finance peut-elle cesser d'être un monopole pour devenir une ressource commune, un espace où les communautés détiennent un véritable pouvoir sur la circulation du capital ?*

REPRENDRE LA VALEUR

Si l'argent est notre langue pour dire la valeur, la question essentielle devient : *qui écrit le texte ?* Depuis des générations, les économistes affirment que les prix sont le signal le plus efficace, condensant en un chiffre la rareté, la demande et l'utilité. Mais s'en remettre aux prix seuls a produit un miroir déformé.

Le *produit intérieur brut* (PIB), toujours utilisé comme mesure dominante de la prospérité nationale, célèbre la destruction comme s'il s'agissait de croissance. Quand une forêt est abattue, le PIB grimpe. Quand un déversement de pétrole survient et que l'on mobilise des équipes pour nettoyer, le PIB grimpe. Même la guerre et la maladie font grimper le PIB, parce qu'elles génèrent des dépenses. Ce que le PIB ne compte pas, ce sont les véritables fondements du bien-être : le travail invisible des soins, l'équilibre écologique et la résilience des communautés.

Des approches alternatives cherchent à corriger ces angles morts. L'une des plus influentes est la *Théorie du beignet* (Raworth, 2017), qui dessine un espace sûr pour l'humanité : le bord intérieur du beignet marque les fondations sociales indispensables à une vie digne — nourriture, logement, santé — tandis que le bord extérieur signale les limites écologiques qu'il serait suicidaire de franchir. Dans le même esprit, les *Indicateurs de Progrès Réel* ajustent le PIB en soustrayant les coûts cachés de la pollution, des inégalités ou de l'érosion du temps libre. Quant aux « *Budgets du bien-être* », inaugurés en Nouvelle-Zélande, ils déplacent l'orientation des politiques publiques : ce qui compte n'est plus la production brute, mais l'épanouissement humain et la qualité de vie. En somme, ces approches rappellent une leçon profonde : les nouveaux indicateurs sont précieux, mais ils ne suffisent pas. Pour vraiment reprendre la valeur, il faut aussi transformer les pratiques de l'échange.

Des communautés testent déjà ces nouvelles façons de voir la valeur. Par exemple, certaines créent leurs propres crédits pour récompenser la restauration écologique, en considérant la reforestation ou la protection de l'eau comme de vraies richesses pour l'économie. D'autres ressuscitent des formes de finance basées sur la confiance : ici, un prêt n'est pas garanti par des biens matériels, mais par des réseaux de personnes se portant garantes les unes pour les autres. Les *banques de temps* poussent ce principe plus loin en plaçant toutes les formes de travail sur un pied d'égalité, effaçant les hiérarchies de prestige et de compétence (Cahn, 1992). Dans les espaces numériques, des *réseaux de production pair-à-pair* et une *comptabilité ouverte* rétribuent les contributions aux projets d'intérêt général sans les enfermer dans la propriété privée (Bauwens & Kostakis, 2014). Même les données, matière première du capitalisme de surveillance, peuvent être reconfigurées en bien commun, négociées collectivement sous forme de dividendes citoyens, transformant ce qui était autrefois extrait en secret en ressource partagée pour le bien public.

Reprendre la valeur, c'est à la fois déplacer les instruments de mesure et élargir l'imagination. C'est aussi se souvenir que l'économie est avant tout une histoire de ce que nous choisissons d'honorer.

LABORATOIRES VIVANTS DE SORTIE ÉCONOMIQUE

Si ces idées paraissent utopiques, il suffit de se rappeler qu'elles sont déjà, par endroits, mises en pratique. À travers le monde, des communautés inventent de véritables laboratoires vivants de sortie économique, montrant chacune à sa manière comment la finance et la propriété peuvent être réimaginées.

L'un des premiers exemples est la *Banque WIR* en Suisse, fondée durant la Grande Dépression. Fonctionnant comme un système de crédit mutuel sans intérêts entre petites et moyennes entreprises, elle a fourni de la liquidité quand le crédit conventionnel s'était tari. Agissant comme un amortisseur, elle a atténué les cycles d'expansion et de récession pour ses membres (Studer, 1998).

Des décennies plus tard, plus au sud, la Sardaigne mit en place le *réseau de crédit mutuel Sardex*. Comme le WIR, il facilite les échanges en dehors du système bancaire classique, mais sa force singulière réside dans l'enracinement de la valeur dans la culture et la confiance locales, veillant à ce que la richesse circule à l'intérieur de la région plutôt que de fuir vers les centres financiers mondiaux (Littera et al., 2017). Ensemble, WIR et Sardex montrent comment le crédit coopératif peut prospérer lorsqu'il est lié à l'identité communautaire.

Un autre modèle apparaît aux États-Unis avec la *Banque du Dakota du Nord*. Établie en 1919, elle reste la seule banque d'État du pays. En s'associant aux institutions locales et en réinjectant ses bénéfices dans l'intérêt public, elle démontre que la banque peut être organisée autour du service, et non de l'extraction (Brown, 2010).

Au Kenya, l'innovation prit une forme encore différente. Le lancement de *M-Pesa* en 2007 permit à des millions de personnes de contourner les banques traditionnelles en utilisant leur téléphone portable pour les transactions quotidiennes. Ce saut technologique élargit non seulement l'inclusion financière, mais fit émerger des micro-économies entières là où l'infrastructure classique faisait défaut (Greer, 2013).

Les expérimentations ne se limitent pas aux banques. Les fiducies foncières communautaires montrent comment la terre elle-même peut être soustraite aux marchés spéculatifs et placée sous une gestion collective. Elles assurent ainsi une accessibilité permanente et ancrent la richesse dans les territoires (Kelly, 2012).

À la frontière de l'innovation technosociale, les *organisations autonomes décentralisées* (*DAOs*), comme *MakerDAO*, annoncent une gouvernance transparente, régie par protocole. Bien qu'encore expérimentales, elles offrent un aperçu d'institutions financières dont les règles sont ouvertes, auditées et contrôlées collectivement (MakerDAO, 2017).

Pris ensemble, ces exemples ne sont pas des curiosités marginales, mais de véritables phares : ils éclairent ce qui devient possible quand l'imagination se joint à la création et que des communautés osent façonner des systèmes à la mesure de leurs valeurs.

RISQUES, PIÈGES ET IMPASSES

Nulle alternative n'est à l'abri de l'échec. L'histoire de la finance est parsemée de fausses sorties, d'innovations qui promettaient la libération mais n'ont fait que forger de nouvelles chaînes. Les cryptomonnaies, par exemple, se sont trop souvent transformées en véhicules de spéculation, générant une volatilité qui reproduit au lieu de dépasser la fragilité financière. Les initiatives pilotées par les États n'offrent aucune garantie non plus : les *monnaies numériques de banques centrales* (*CBDC*), aujourd'hui en développement dans de nombreux pays, pourraient instaurer une surveillance programmable, inscrivant le contrôle étatique dans chaque transaction du quotidien (Schwab & Malleret, 2020). Et les solutions locales ne sont pas exemptes de dangers :

les monnaies communautaires s'étiolent si elles sont mal conçues, tandis que les banques publiques, sans solides garde-fous, peuvent être capturées par les élites politiques.

Le scénario est familier. Les barons du rail du XIXe siècle promettaient la connectivité mais forgèrent des monopoles. La bulle Internet promettait la décentralisation mais consolida des empires corporatifs. Même les réformes animées des meilleures intentions échouent lorsqu'elles continuent de sacraliser la morale de la dette, présentant toujours le défaut de paiement comme une faute individuelle plutôt qu'une faille systémique (Graeber, 2011).

Pour éviter ces pièges, les institutions doivent conjuguer transparence et respect de la vie privée, empêcher l'argent de s'accumuler au sommet, rester reliées aux limites écologiques de la planète et s'appuyer sur une culture citoyenne vivante. Sans de tels garde-fous, les alternatives risquent bien de se refermer en de nouvelles prisons.

LA MARCHE HORS DU VIEUX MONDE

Quitter l'ancienne économie n'est pas un saut théâtral, mais une lente migration vers une nouvelle trame d'institutions. Václav Benda, écrivant sous le joug soviétique en Tchécoslovaquie, nommait cette stratégie la *polis parallèle* (Allen, 2015). Les dissidents ne pouvaient renverser le régime d'un coup ; mais ils pouvaient édifier des structures parallèles — écoles, réseaux culturels, organisations civiques — qui nourrissaient l'autonomie et la solidarité, jusqu'à ce que le système dominant se fragilise.

Aujourd'hui, notre économie parallèle pourrait se construire à travers des banques publiques, des plateformes coopératives, des systèmes de prêts solidaires, des monnaies locales, des fiducies pour gérer collectivement la terre, des organisations décentralisées en ligne et même des budgets pensés pour le bien-être. L'objectif n'est pas de se retirer du monde, mais de multiplier les points d'ancrage alternatifs jusqu'à ce que l'ancien système perde son monopole. Chaque nœud, si modeste soit-il, renforce le tissu ; chaque institution qui prouve sa solidité devient une pierre vivante de l'infrastructure de souveraineté.

La tâche consiste à traduire les idéaux en pratiques concrètes, faciles à reproduire. Les groupes locaux doivent apprendre les uns des autres, grandir non pas en se copiant, mais en partageant des principes communs adaptés à leur réalité. Peu à peu, cette économie parallèle cesse d'être une exception pour devenir une véritable alternative durable.

SOUVERAINETÉ OU SERVITUDE ?

Le choix qui s'impose à nous est d'une clarté implacable, sans échappatoire ni demi-teinte. Allons-nous continuer à habiter un système économique où la vie elle-même sert de garantie, ou bien allons-nous reprendre le pouvoir de façonner l'argent, la dette et la valeur de manière à ce qu'ils servent la vie ? La souveraineté ne signifie pas l'isolement, mais l'auto-détermination : la capacité d'émettre, de refuser, de coopérer et de mesurer selon des critères qui portent un sens véritable.

L'empire de la dette ne tombera pas de lui-même. La sortie doit être conquise : par des communautés qui créent leur propre liquidité, par des peuples qui réaffirment le pouvoir de frapper et de faire circuler la monnaie, par des réseaux qui transforment le capital en bien commun, et par des individus qui s'éveillent à une vérité simple : la valeur naît quand les êtres s'unissent pour proclamer que le monde peut fonctionner autrement.

Retrouver la souveraineté demande du courage, car cela suppose la désobéissance. Refuser de céder notre attention, notre travail ou notre consentement, c'est fissurer la mécanique du contrôle. L'économie révèle les chaînes, mais c'est la désobéissance qui les fait vibrer. De la comptabilité du quotidien aux espaces publics, sortir de l'économie des chaînes demeure un acte fondamental : celui d'apprendre à dire non.

RÉFÉRENCES

Allen, D. W. (2015). The institutional revolution: Measurement and the economic emergence of the modern world. University of Chicago Press.

Bauwens, M., & Kostakis, V. (2014). Network society and future scenarios for a collaborative economy. Palgrave Macmillan.

Brown, E. (2010). Web of debt: The shocking truth about our money system and how we can break free. Third Millennium Press.

Buterin, V. (2013). Ethereum white paper: A next-generation smart contract and decentralized application platform. https://ethereum.org/en/whitepaper/

Cahn, E. S. (1992). Time dollars: The new currency that enables Americans to turn their hidden resource—time—into personal security and community renewal. Rodale Press.

Eisenstein, C. (2011). Sacred economics: Money, gift, and society in the age of transition. Evolver Editions.

Graeber, D. (2011). Debt: The first 5,000 years. Melville House.

Greer, J. M. (2013). The wealth of nature: Economics as if survival mattered. New Society Publishers.

Hudson, M. (2018). ...and forgive them their debts: Lending, foreclosure and redemption—from Bronze Age finance to the Jubilee Year. ISLET-Verlag.

Kelly, M. (2012). Owning our future: The emerging ownership revolution. Berrett-Koehler Publishers.

Klein, N. (2007). The shock doctrine: The rise of disaster capitalism. Metropolitan Books.

Korten, D. C. (2009). Agenda for a new economy: From phantom wealth to real wealth. Berrett-Koehler Publishers.

Leshner, R., & Hayes, G. (2019). Compound: The money market protocol. https://compound.finance/documents/Compound.Whitepaper.pdf

Littera, G., Sartori, L., Dini, P., & Antoniadis, P. (2017). From an idea to a scalable working model: Merging economic benefits with social values in Sardex. International Journal of Community Currency Research, 21(Winter), 6–21. https://doi.org/10.15133/j.ijccr.2017.002

MakerDAO. (2017). The Maker protocol: MakerDAO's multi-collateral Dai (MCD) system. https://makerdao.com/en/whitepaper/

Martenson, C. (2011). The crash course: The unsustainable future of our economy, energy, and environment. Wiley.

Nakamoto, S. (2008). Bitcoin: A peer-to-peer electronic cash system. https://bitcoin.org/bitcoin.pdf

Ostrom, E. (1990). Governing the commons: The evolution of institutions for collective action. Cambridge University Press.

Popper, N. (2015). Digital gold: Bitcoin and the inside story of the misfits and millionaires trying to reinvent money. HarperBusiness.

Raworth, K. (2017). Doughnut economics: Seven ways to think like a 21st-century economist. Chelsea Green Publishing.

Schwab, K., & Malleret, T. (2020). COVID-19: The great reset. Forum Publishing.

Studer, T. (1998). WIR and the Swiss national economy. WIR Bank. (Original work published 1994).

Chapitre 14

La désobéissance consciente et le pouvoir du non

« Le commencement de la sagesse,
c'est la capacité de dire : "Non." »
— Abraham Joshua Heschel

Toute libération commence par délier un nœud. Car nos vies sont tissées de scénarios qui nous enserrent, fils invisibles qui nous maintiennent petits, dociles et gouvernables. Avant de pouvoir offrir un oui clair, généreux et fécond à la vie, il faut donc défaire ces liens et retirer notre consentement à ce qui nous retient. Le premier pas vers la liberté n'est pas un saut romantique dans l'inconnu, mais un acte simple en apparence et radical en vérité : desserrer ces nœuds par un refus. Refuser, c'est couper le fil de l'obéissance automatique que les institutions et les attentes sociales tentent d'imposer. Et ce non, loin d'être une négation stérile, devient le geste créateur qui libère le terrain pour la souveraineté, la clarté et la participation authentique.

Dire non est dangereux, car cela brise la logique de la prédiction. Dans une civilisation qui transforme la prévoyance en marchandise, en multipliant assurances, notations, incitations comportementales, polices prédictives et algorithmes de recommandation, le refus vient gripper l'engrenage et introduit du désordre. Il déstabilise les marchés de la prédiction et, par ricochet, le pouvoir de gestion qui s'y appuie. Voilà pourquoi le refus est puni, tourné en dérision et parfois même pathologisé. On nous répète d'être des joueurs d'équipe, de faire confiance aux experts et de suivre le protocole. Mais obéir sans réfléchir, c'est céder notre pouvoir à des institutions qui, par nature, ne peuvent jamais vraiment prendre soin de nous.

La *désobéissance consciente* n'est ni la rébellion adolescente ni la destruction nihiliste. C'est la pratique disciplinée de tracer des limites en pleine conscience, pour des raisons éthiques, au service d'un ordre de vie plus élevé. Elle nous oblige à poser des questions dérangeantes : *À quoi suis-je en train de consentir ? Qui profite de ma conformité ? Quels coûts invisibles — psychologiques, communautaires, écologiques — suis-je en train d'assumer pour rester conforme et prévisible ?*

Ce chapitre explore la philosophie, la psychologie et la pratique de l'art de devenir incontrôlable dans un monde obsédé par la prédiction. L'objectif n'est pas l'irresponsabilité, mais l'exercice délibéré de la liberté.

PRÉDICTION, CAPTURE ET NOUVEAUX SYSTÈMES D'OBÉISSANCE

Nous avons déjà vu comment la punition a cédé la place à la discipline, avant que la discipline elle-même se transforme en formes plus diffuses de contrôle. Aujourd'hui, l'étau se resserre encore : l'expérience humaine est capturée, traduite en données et injectée dans des machines de prédiction qui ne se contentent plus d'observer, mais cherchent à orienter nos gestes à venir. Dans ce monde quadrillé par les chiffres et les algorithmes, la liberté n'est plus affaire de visibilité ou de conformité, mais d'opacité et d'imprévisibilité. Elle devient alors un art du refus, capable d'interrompre la capture et de rouvrir l'espace du possible.

Ce déplacement révèle une logique plus profonde : le gouvernement moderne opère de plus en plus par prédiction, et la prédiction dépend des données. Pour rendre la vie lisible, les appareils nous réduisent à des catégories, des chiffres et des comportements traçables et influençables. James C. Scott (1998) a montré que les États ont depuis longtemps tenté de simplifier et de standardiser les formes locales de vie afin de les rendre gouvernables, souvent au prix de destructions. Aujourd'hui, une alliance technocratique d'États et de corporations applique cette réduction à l'échelle planétaire. Plus la donnée est fine, plus la prédiction est tranchante ; et plus la prédiction est tranchante, plus le contrôle est serré. Ce qui nous est vendu comme une commodité sans effort n'est en réalité qu'un enrobage sucré qui dissimule la capture de notre attention et de nos informations. Le paiement en un clic ou la lecture automatique de vidéos semblent pratiques, mais ils sont pensés pour nous garder captifs, nous pousser à consommer et à nourrir sans cesse la *Matrice* avec nos données.

Dans cet engrenage qui nous enferme, la désobéissance invente de nouveaux gestes. Résister, c'est réintroduire de la friction, cultiver l'opacité, et devenir un sujet qu'on ne peut pas totalement profiler. C'est aussi le droit d'être une femme récalcitrante, un citoyen indocile, un patient qui ne rentre pas dans les cases ou encore une donnée qui déjoue les calculs. En d'autres termes, c'est devenir *imprévisible* et refuser de se laisser enfermer dans les moyennes que les statistiques imposent. Sur le plan politique, c'est affirmer qu'il existe en chacun de nous une part morale irréductible, une profondeur intérieure qui échappe aux catégories et rappelle que l'essentiel de la vie humaine ne se résume pas en données.

LA PSYCHOLOGIE DU « NON »

Du point de vue des neurosciences, la désobéissance n'est ni une erreur ni un dysfonctionnement, mais l'expression même de notre capacité d'agir, cette faculté par laquelle nous devenons les auteurs de nos propres actes. Les régions préfrontales impliquées dans le contrôle exécutif, l'évaluation et le raisonnement moral — y compris le cortex préfrontal dorsolatéral et ventromédian —

s'activent lorsque nous inhibons des réponses automatiques ou résistons à la pression sociale (Miller & Cohen, 2001 ; Greene et al., 2001). La capacité d'inhiber est bien plus qu'un frein : c'est une faculté de second ordre qui nous permet de guider et de modeler nos autres aptitudes, et qui, en ce sens, incarne un pouvoir d'auto-détermination.

La psychologie enrichit ce tableau en expliquant pourquoi le refus de se soumettre est si décisif. La *théorie de la réactance* (Brehm, 1966) montre que lorsque les individus sentent leur liberté menacée, ils sont poussés à réagir. Or les systèmes modernes de contrôle émoussent cette résistance naturelle en normalisant la perte de liberté : ainsi, nous cédons nos données, notre temps et notre attention sans même protester. La *théorie de l'autodétermination* (Deci & Ryan, 2000) souligne également que l'autonomie, la compétence et la connexion sont des besoins psychologiques fondamentaux. Quand ces besoins sont systématiquement minés — par des technologies opaques, par des gestionnaires obsédés par le contrôle, ou par des autorités médicales qui rejettent nos voix — le résultat est la démoralisation, l'épuisement et le retrait.

Les recherches sur le *locus de contrôle* (ou lieu de maîtrise; Rotter, 1966) prolongent l'argument. Ceux qui possèdent un locus interne croient pouvoir influencer les résultats, ce qui nourrit résilience et responsabilité, tandis qu'un *locus externe* engendre passivité et impuissance (Seligman, 1975). Les systèmes contemporains de contrôle cultivent délibérément la prévisibilité de masse en poussant vers un locus externe, nous apprenant à croire que les structures extérieures « savent mieux ». Quand chaque imprévu est géré depuis l'extérieur, nos capacités intrinsèques d'anticipation et d'adaptation s'atrophient. Là encore, la désobéissance devient vitale : le refus réintroduit l'incertitude et l'exploration, il nous force à penser et à nous adapter, plutôt qu'à simplement obéir.

La psychologie sociale nous avertit du danger de perdre complètement cette capacité. Les célèbres expériences de Milgram (1963) et de Zimbardo (1973) ont révélé à quel point les individus abandonnent vite leur jugement dans un contexte hiérarchique, basculant dans l'obéissance. La désobéissance consciente est donc plus qu'une simple résistance : c'est un entraînement de l'âme. Elle exerce ce muscle moral qui sait s'arrêter pour demander *"Dois-je obéir ?"* avant de céder, et c'est précisément dans cet effort de lucidité qu'elle maintient vivante la faculté d'agir qui fait de nous des êtres pleinement humains.

LA GÉNÉALOGIE DU REFUS

Dans son essai *La Désobéissance civile* (1849), Henry David Thoreau écrivait que sa seule véritable obligation était de faire, à tout instant, ce qu'il croyait juste. Il refusa de payer des impôts qui finançaient l'esclavage et la guerre contre le Mexique. Gandhi transforma ensuite la désobéissance civile en *Satyagraha* — la force de la vérité — insistant sur le fait que le refus devait être non violent, enraciné dans une éthique et publiquement assumé (Gandhi, 1927/1993). Václav Havel (1978), sous la Tchécoslovaquie communiste, décrivit le pouvoir de « *vivre dans la vérité* » comme une forme de refus silencieux mais subversif.

Gene Sharp (1973, 2010) systématisa l'action non violente en centaines de méthodes, allant de la protestation symbolique à la non-coopération économique. Plus récemment, Erica Chenoweth et Maria Stephan (2011) ont démontré, données à l'appui, que les campagnes non violentes avaient davantage de chances de réussir que celles ayant recours à la violence.

Au XXIᵉ siècle, cette lignée se prolonge sous de nouvelles formes de résistance numérique. L'une d'elles, l'*obfuscation*, consiste à submerger les collecteurs de données d'informations trompeuses ou délibérément confuses. Certains utilisent de fausses adresses courriel pour s'inscrire, des bloqueurs de publicité ou des applications qui génèrent de faux profils de navigation, afin que les entreprises soient incapables de construire un portrait fidèle (Brunton & Nissenbaum, 2015). Une autre forme de résistance numérique est le *chiffrement*, qui brouille les messages pour que seul le destinataire prévu puisse les lire. Des applications comme Signal ou WhatsApp, ou des outils comme les VPN, incarnent ce type de cryptographie (Schneier, 2015). Plus récemment, certains chercheurs ont défendu le droit de rester insaisissable par les algorithmes, c'est-à-dire de ne pas être réduit à une suite de données (Nahum-Claudel, 2022). La désobéissance consciente, en ce sens, ne consiste pas à abandonner la technologie, mais à refuser la capture tout en reprenant les outils au service d'une finalité humaine.

LA NON-CONFORMITÉ AU QUOTIDIEN

James C. Scott (1985) a rendu célèbre l'idée des « *armes des faibles* » : ces actes de résistance discrets menés par les paysans et les ouvriers — traîner les pieds, feindre l'ignorance, saboter en silence ou ne pas coopérer. Dans les États contemporains, les pratiques sont analogues : refuser de remplir des formulaires intrusifs, décliner l'installation d'applications de traçage, insister pour payer en espèces, se soustraire aux programmes de fidélité ou encore tisser des réseaux d'entraide qui réduisent la dépendance aux plateformes extractives.

Le schéma proposé par Albert O. Hirschman (1970) — quitter, parler, rester fidèle — aide à comprendre ces dynamiques. La désobéissance consciente s'exprime d'un côté en quittant certaines structures pour bâtir des alternatives, et de l'autre en élevant la voix pour contester les règles, les récits et les mesures imposées. Quant à la fidélité, elle change de sens : elle n'est plus accordée aux institutions, mais à la vérité, à la vie et à la communauté.

Le « *refus lent* » ajoute une autre dimension. Dans une culture de l'accélération, il est temporel : revendiquer le droit de différer et de ne pas répondre. Comme le décrit Byung-Chul Han (2015), nous habitons une « *société de l'épuisement* » où chacun devient son propre exploiteur, accroché à l'optimisation. Le refus conscient interrompt ce tempo et installe un contre-rythme qui préserve l'intériorité.

L'ÉTHIQUE DU REFUS

Un refus sans repères finit vite par tourner à vide ou à l'égoïsme. Pour qu'il ait du sens, il doit s'appuyer sur des valeurs qui dépassent l'intérêt personnel. Le "non" dont il est question ici n'est pas caprice, mais un choix guidé par la vérité, la dignité, l'autonomie, et parfois même le sacré. Audre Lorde (1988) l'avait exprimé avec force : prendre soin de soi n'est pas un luxe, c'est une nécessité vitale. Dans cette perspective, le refus n'est pas une main qui se ferme, mais une flamme que l'on protège, un feu qu'il faut entretenir pour que la vie continue de se déployer.

Pour que le refus dépasse le simple geste passager, il doit être pratiqué avec discernement. Cela commence par la *transparence* : expliquer les raisons de son refus, c'est ouvrir la porte au dialogue, à la reconnaissance mutuelle et même à l'action collective. La *proportionnalité* compte aussi : dire non doit viser à prévenir un mal plus grand, et non se figer dans l'entêtement pour lui-même. À cela s'ajoute la *non-violence*, qui confère au refus son intégrité : elle prouve que la désobéissance peut protéger la dignité de tous les côtés tout en rendant ses intentions claires. Enfin, se pose la question de la *substituabilité* : un refus qui ne fait que détruire laisse un vide vite colonisé par la domination. Le véritable refus plante des graines de renouveau, il cultive des pratiques et des institutions alternatives qui portent dans l'avenir des valeurs plus saines.

Un tel refus se construit pas à pas : il commence par de petits gestes, se poursuit dans des choix plus conscients et peut, à terme, conduire à des décisions capables de transformer les institutions. Une pratique simple consiste à exercer le *"non immédiat"* : suspendre l'obéissance une seconde, que ce soit en ligne ou dans la vie quotidienne, pour se demander à quoi l'on consent vraiment, qui en tire profit et à quel prix. D'autres pratiques prolongent cette attitude, comme protéger sa vie privée grâce au chiffrement, préserver son autonomie en utilisant des espèces ou des circuits locaux, refuser les systèmes de notation comportementale ou encore reconquérir son attention par des pauses numériques et une lecture intentionnelle.

Pratiqué collectivement, le refus démultiplie sa puissance. Des syndicats de locataires, des coopératives de travailleurs ou des assemblées civiques sécurisées montrent comment de petits gestes de dissidence peuvent grandir jusqu'à provoquer de véritables transformations sociales. À ce sujet, la recherche d'Erica Chenoweth (2017) a révélé que lorsque seulement 3,5 % d'une population s'engage activement, des régimes entiers peuvent vaciller. Le refus collectif devient alors la semence d'une affirmation commune, car dans tout "non" organisé se trouve déjà en germe un "oui".

Enfin, refuser demande du courage pour résister à la honte. Les structures de contrôle mobilisent souvent le ridicule et la stigmatisation comme armes. Dire non ouvertement, c'est refuser l'humiliation et créer un espace où la dignité, la solidarité et l'imagination peuvent prospérer. Les frontières, en ce sens, ne sont pas des murs mais des actes de soin, des manières de protéger ce qui compte le plus. Le refus éthique n'est donc pas la fin de la responsabilité mais son commencement. C'est l'art de maintenir vivante une marge d'imprévisibilité, là où la liberté et la créativité survivent.

LA DÉSOBÉISSANCE COMME RITUEL

Nous ne vivons pas seulement de théorie, mais de rythme. Et c'est le rythme qui transforme les idées en habitudes, et les habitudes en culture. Le refus acquiert sa force lorsqu'il devient rituel, lorsqu'une pratique répétée grave les valeurs dans le corps et dans la communauté. Par le rituel, ce qui commence comme un simple choix prend racine et s'installe comme une manière d'exister.

À l'échelle individuelle, les rituels quotidiens du refus peuvent être modestes, mais puissants : commencer la journée en se posant une question — *qu'est-ce que je ne laisserai pas coloniser mon attention aujourd'hui ?* —, s'offrir trente minutes de pensée analogique avec stylo et papier, ou partir marcher sans aucun appareil. Chacun de ces gestes devient un rite minuscule mais fécond de reconquête de la présence.

À l'échelle hebdomadaire, les rituels peuvent prendre la forme d'une retraite numérique : mettre de côté les fils d'actualité, les courriels, les métriques de performance, et leur préférer des activités nourrissantes. Lire, cuisiner, converser lentement, se plonger dans la nature : autant de pauses vitales qui ne sont pas seulement du repos, mais l'affirmation d'autres rythmes possibles. Peu à peu, ces cadences s'entrelacent à l'identité, marquant en soi et pour les autres que le refus n'est pas un accident, mais une manière d'exister.

Des rencontres où l'on échange des stratégies de refus, des leçons tirées d'échecs ou des nouvelles politiques contribuent à tisser une culture de solidarité. Dans ces espaces, le refus cesse d'être un acte isolé de conscience pour devenir une expression commune de liberté, qui raffermit les liens. Quant aux rituels annuels, ils approfondissent encore cette trame : réexaminer ses dépendances, décider de quelles plateformes s'extraire, de quelles institutions rester fidèle, voire réécrire sa propre constitution personnelle.

Les rituels comptent parce que la répétition remodèle à la fois le cerveau et la culture. Par eux, le « non » s'incarne plutôt que de se déclarer seulement, et la résistance gagne en durabilité plutôt qu'en éphémère.

DU NON AU OUI

Refuser est nécessaire, mais jamais suffisant : une vie ne peut pas se bâtir sur la seule négation. Refuser, c'est défricher un espace — mais dans cette clairière il faut aussi bâtir. Comme l'avait rappelé Václav Benda (1978), la dimension constructive de la dissidence réside dans la *polis parallèle*, ces institutions qui émergent en dehors des ordres officiels.

Aujourd'hui, la *polis parallèle* prend des formes multiples. Elle se dessine dans l'économie, avec des monnaies locales qui font circuler la valeur à l'intérieur des communautés, ou des plateformes coopératives qui offrent une alternative à l'extraction de données par la *Silicon Valley*. Elle s'incarne aussi dans notre rapport à la terre, avec l'agriculture régénératrice qui soigne le sol tout en recréant du lien social ; et dans notre manière de produire l'énergie, grâce à des réseaux communautaires qui réduisent la dépendance aux industries extractives. La connaissance, elle aussi, peut se réinventer, avec des pratiques scientifiques décentralisées qui partagent les découvertes au-delà des barrières corporatives. Même la santé peut s'organiser autrement, par exemple à travers des réseaux qui garantissent la confidentialité des patients et qui placent le soin et le bien-être des personnes avant la recherche de profit. Vue dans son ensemble, cette constellation n'est pas une suite de projets isolés mais l'esquisse d'un motif plus vaste : la construction graduelle d'infrastructures qui servent la vie plutôt que l'extraction.

Le passage du non au oui se déploie par étapes. La première est celle de la *désintoxication* : se libérer des régimes d'exploitation en leur retirant notre consentement. Vient ensuite la *guérison* : retrouver la maîtrise de sa vie, rebâtir la confiance avec les autres, souvent à travers le soin, le soutien mutuel et le réapprentissage de gestes autrefois confiés aux machines ou aux services extérieurs. Enfin vient la *création* : fonder des institutions capables d'incarner d'autres valeurs et d'autres pratiques. Chaque étape appelle ses vertus propres : la clarté pour la désintoxication, la patience pour la guérison, le courage et même le jeu pour la création.

L'essentiel est que le refus ne se fige pas dans le retrait, mais s'épanouisse en affirmation. La *polis parallèle* n'est pas l'exil : elle est une répétition générale d'un autre monde.

L'HUMAIN INCONTRÔLABLE

Un humain prévisible est un humain obéissant ; et un humain obéissant est un humain épuisé. L'épuisement érode la capacité d'imaginer, et sans imagination, il n'y a pas d'alternative possible. Le projet de devenir *incontrôlable* est donc, au fond, le projet de reprendre l'imagination elle-même. C'est la faculté de percevoir autrement, de voir des possibles là où les cartes officielles n'indiquent que des fatalités, et d'agir depuis cette perception, même quand les modèles, les experts ou les majorités affirment le contraire.

Dans une civilisation obsédée par la quantification, le classement et la mesure, l'acte le plus radical pourrait être de disparaître dans l'intégrité. Non pas se retirer de la vie, mais s'y enraciner plus profondément, choisir d'habiter un espace où les guetteurs artificiels ne peuvent pas suivre. Cet espace est le sol de la conscience, de l'amour et de la vérité vécue. De là, le mot *non* porte un autre poids, non plus le caprice de l'enfance ou la colère adolescente, mais une frontière assez ferme pour protéger ce qui compte, et qui, en protégeant, ouvre l'espace pour un oui plus vaste, assez vaste pour refaire le monde.

Pourtant, l'imagination seule ne suffit pas. Une rébellion sans outils s'effondre vite en théâtre. Sortir vraiment de la *Matrice* demande plus que des slogans : il faut des pratiques qui reconfigurent le système nerveux, desserrent les scripts hérités de l'obéissance et cultivent une liberté incarnée. La respiration, le mouvement, le silence et le dialogue sont autant de technologies quotidiennes de déprogrammation, tandis que la communauté fournit le terrain où le courage peut être éprouvé et renforcé. À travers ces pratiques, l'humain incontrôlable cesse d'être une utopie lointaine et devient une réalité vécue, une manière d'être qui résiste à la capture tout en irradiant des possibles.

Devenir incontrôlable, c'est entrer dans la forge de la libération, où le feu de la désobéissance consume l'illusion et où le travail du soin reconstruit les fondations. Dans ce rythme de refus, les semences de la création sont patiemment nourries, jusqu'à ce que la résistance elle-même devienne le sol où peut germer un monde plus libre.

RÉFÉRENCES

Brehm, J. W. (1966). *A theory of psychological reactance.* Academic Press.

Brunton, F., & Nissenbaum, H. (2015). *Obfuscation: A user's guide for privacy and protest.* MIT Press.

Chenoweth, E. (2017). The future of nonviolent resistance. *Journal of Democracy, 28*(4), 69–84.

Chenoweth, E., & Stephan, M. J. (2011). *Why civil resistance works: The strategic logic of nonviolent conflict.* Columbia University Press.

Deci, E. L., & Ryan, R. M. (2000). The "what" and "why" of goal pursuits: Human needs and the self-determination of behavior. *Psychological Inquiry, 11*(4), 227–268.

Gandhi, M. (1993). *An autobiography: The story of my experiments with truth* (M. Desai, Trans.). Beacon Press. (Original work published 1927)

Graeber, D. (2011). *Debt: The first 5,000 years.* Melville House.

Greene, J. D., Sommerville, R. B., Nystrom, L. E., Darley, J. M., & Cohen, J. D. (2001). An fMRI investigation of emotional engagement in moral judgment. *Science, 293*(5537), 2105–2108.

Han, B.-C. (2015). *The burnout society.* Stanford University Press.

Havel, V. (1978). *The power of the powerless.* Samizdat.

Heschel, A. J. (1965). *Who is man?* Stanford University Press.

Hirschman, A. O. (1970). *Exit, voice, and loyalty: Responses to decline in firms, organizations, and states.* Harvard University Press.

Lorde, A. (1988). *A burst of light: Essays.* Firebrand Books.

Milgram, S. (1963). Behavioral study of obedience. *Journal of Abnormal and Social Psychology, 67*(4), 371–378.

Miller, E. K., & Cohen, J. D. (2001). An integrative theory of prefrontal cortex function. *Annual Review of Neuroscience, 24*(1), 167–202.

Nahum-Claudel, C. (2022). Incomputability as a political value. *Anthropological Theory, 22*(3), 373–394.

Rotter, J. B. (1966). Generalized expectancies for internal versus external control of reinforcement. *Psychological Monographs: General and Applied, 80*(1), 1–28.

Schneier, B. (2015). *Data and Goliath: The hidden battles to collect your data and control your world.* W. W. Norton.

Scott, J. C. (1985). *Weapons of the weak: Everyday forms of peasant resistance.* Yale University Press.

Scott, J. C. (1998). *Seeing like a state: How certain schemes to improve the human condition have failed.* Yale University Press.

Seligman, M. E. P. (1975). *Helplessness: On depression, development, and death.* Freeman.

Sharp, G. (1973). *The politics of nonviolent action.* Porter Sargent.

Sharp, G. (2010). *From dictatorship to democracy.* The Albert Einstein Institution.

Thoreau, H. D. (1849). *Civil disobedience.*

Zimbardo, P. G. (1973). On the ethics of intervention in human psychological research: With special reference to the Stanford prison experiment. *Cognition, 2*(2), 243–256.

Chapitre 15

Quelques outils de déprogrammation

« Nul n'est plus désespérément esclave que
celui qui croit faussement être libre. »
— Goethe

D ans les chapitres précédents, nous avons exploré les rouages qui façonnent le *Robot Humain* : les peurs, les institutions, les messages médiatiques, les pressions économiques, et ces schémas de pensée qui dictent la manière dont nous voyons et agissons. Ces forces se conjuguent pour produire des habitudes qui paraissent naturelles, alors qu'elles ont été savamment construites.

Ce chapitre quitte l'analyse pour entrer dans l'action. La question centrale n'est plus seulement de savoir ce qui nous façonne, mais comment nous pourrions nous refaçonner nous-mêmes. *Comment desserrer les griffes du conditionnement aux niveaux les plus profonds de l'attention, de l'émotion, de la croyance, de l'identité et de la culture ? Comment cultiver la capacité de vivre et penser librement à une époque savamment organisée pour nous maintenir sur pilote automatique ?*

Ce qui suit est un cadre progressif de déprogrammation. Il commence par l'apaisement du système nerveux, se poursuit par la reconquête de l'attention, le renforcement de la clarté mentale, puis débouche sur la réorganisation des environnements afin qu'il devienne plus naturel de rester éveillé que de retomber dans le sommeil. Ce cadre se présente comme un *guide de déprogrammation.* Il s'appuie sur six domaines qui se répondent et s'entrelacent : *l'équilibre du corps et des émotions, l'attention et l'hygiène de nos rapports aux médias, les manières de connaître et d'interroger, l'art de se raconter et de se recréer, la sagesse partagée du dialogue,* enfin *la transformation des structures et l'ouverture de voies de libération.* Chaque domaine soutient les autres, et ensemble ils créent les conditions d'une liberté durable. Pour concrétiser cet ensemble, le chapitre s'achève par une *Intensive de Déprogrammation* sur trente jours, une expérience pratique invitant chacun à introduire ces outils dans sa vie quotidienne.

L'ÉQUILIBRE DU CORPS ET DES ÉMOTIONS

L'empire de la peur ne règne pas seulement sur l'esprit, il s'empare aussi du corps. Sa puissance repose sur le maintien de notre système nerveux en état d'alerte permanente. Le cœur s'emballe, la respiration se raccourcit et les muscles se tendent dans l'attente du danger. Dans un tel état, la perception se rétrécit jusqu'à voir des menaces partout ; la pensée se contracte en une vision en tunnel, et dans ce couloir étroit, la voix la plus forte — en général celle qui promet la sécurité — devient celle à laquelle que nous obéissons.

La raison seule ne peut nous libérer si le corps se croit toujours enfermé dans une maison en flammes. Avant que l'esprit ne puisse s'ouvrir, il faut que les alarmes corporelles s'apaisent, que la sécurité cesse d'être une abstraction et devienne une expérience vécue. C'est seulement ainsi que l'esprit peut s'apaiser et reconsidérer ce qu'il croyait évident.

Le travail du souffle offre l'une des voies les plus efficaces pour calmer ces alarmes. Des pratiques comme la *respiration en cohérence cardiaque* — cinq secondes d'inspiration, cinq secondes d'expiration — apprennent au corps qu'il n'est plus assiégé. Dix minutes par jour suffisent à accroître la *variabilité cardiaque*, marqueur d'une souplesse retrouvée entre tension et repos. Peu à peu, l'équilibre se rétablit et le corps réapprend la confiance : il reconnaît que le danger s'est dissipé.

Quand le corps retrouve un terrain plus calme, on peut aller plus loin en apprenant simplement à écouter ce qu'il ressent. Il s'agit d'accueillir les sensations dès qu'elles apparaissent : la poitrine qui se serre, la chaleur qui monte au visage, le frisson des papillons dans le ventre. Les nommer les rend déjà plus faciles à porter. Et en apprivoisant peu à peu ces vagues, par petites doses sûres, le système nerveux découvre qu'il peut traverser la tempête sans se briser. Comme on guiderait un animal farouche vers l'eau : on le laisse s'approcher, boire, reculer, jusqu'à ce que son corps comprenne enfin : *je peux ressentir cela et rester en sécurité*.

Sur cette base, les pratiques de *pleine conscience* élargissent l'horizon. La *méditation d'observation ouverte* révèle les météos de l'esprit : orages de colère, bourrasques de peur, nuages de doute. On les regarde, et chacun finit par passer. Les exercices simples de notation ajoutent de la clarté en étiquetant les pensées par un mot : « entendre », « s'inquiéter », « planifier ». Même la mécanique automatique de la pensée devient visible, et la visibilité ouvre la porte à la liberté.

Les approches thérapeutiques comme la *thérapie d'acceptation et d'engagement* enrichissent encore ces outils. Parmi elles, la *défusion cognitive* nous aide à voir les pensées comme de simples pensées. Répéter une croyance avec une voix ridicule jusqu'à ce qu'elle perde son pouvoir révèle que ce qui paraissait ordre n'était que son. Alors s'ouvre la place à une question plus profonde : *qu'est-ce qui compte vraiment pour moi ?* Quand la peur ne dirige plus nos pas, ce sont nos valeurs qui reprennent le guidon et nous montrent la direction, comme une boussole qui retrouve le nord.

L'ATTENTION ET L'HYGIÈNE DE NOS RAPPORTS AUX MÉDIAS

Si la physiologie constitue la fondation, c'est l'attention qui décide de ce qui franchit la porte. L'attention est le seuil de l'esprit, et à l'ère des plateformes ce seuil est assiégé sans relâche.

La déprogrammation commence par reprendre ce seuil en main. Beaucoup découvrent leur première libération en allégeant radicalement leur vie numérique, par exemple en supprimant pendant un mois les applications les plus accaparantes. Ce qui revient alors frappe par son évidence : du temps, du calme et un espace mental retrouvé. Couper par défaut les notifications transforme les interruptions en visiteurs rares, au lieu d'occupants illégitimes installés dans la conscience.

Une fois la porte de l'attention protégée, l'étape suivante est d'affûter le discernement. L'éducation aux médias n'est plus facultative. De simples réflexes — consulter plusieurs sources, remonter une affirmation jusqu'à son origine, la confronter à des enquêtes indépendantes — nous aident à distinguer le vrai de l'artifice. Mais le doute seul ne suffit pas : il faut des compétences concrètes pour résister à la manipulation.

La préparation renforce encore cette défense. S'exercer à reconnaître d'avance les procédés de manipulation agit comme une vaccination de l'esprit contre le mensonge. Se familiariser avec les tours les plus fréquents, qu'il s'agisse de faux choix, d'attaques personnelles ou de campagnes fabriquées de toutes pièces, rend leur repérage plus facile lorsque nous les rencontrons. Connaître la manœuvre, c'est déjà la priver d'une partie de sa force.

Prendre soin de son attention ne signifie pas seulement se priver, mais aussi cultiver. Un régime d'information ressemble à l'entretien d'un jardin. Nous choisissons des sources nourrissantes, nous instaurons des jeûnes réguliers d'actualités pour laisser le système nerveux se réaccorder, et nous recourons à des outils qui nous donnent accès au savoir selon nos propres termes plutôt que par la porte d'un gardien mécanique. Une fois reprise, l'attention redevient le carburant de la créativité : si l'on garde la porte, l'esprit refleurit.

LES MANIÈRES DE CONNAÎTRE ET D'INTERROGER

Si l'attention garde l'entrée du château, ces pratiques en garantissent l'honnêteté intérieure. Déprogrammer ne consiste pas seulement à bloquer les influences toxiques : il s'agit aussi d'apprendre à repérer les faux-semblants et à les démanteler. Le philosophe Andy Norman parle du *système immunitaire de l'esprit*.

L'une des habitudes les plus transformatrices consiste à *reconstruire loyalement la pensée d'autrui avant de la critiquer.* Avant de juger une idée, nous la reformulons dans sa version la plus forte. Ce geste interrompt le réflexe de caricaturer l'adversaire et dissipe la défense tribale.

Une autre habitude féconde est *l'autopsie cognitive.* Quand une croyance s'effondre ou qu'une décision échoue, nous demandons quels signaux nous avons ignorés, quels biais ont incliné notre regard et quelles pressions ont faussé notre jugement. Écrire ces leçons bâtit un manuel personnel où les erreurs passées deviennent du compost pour une pensée plus lucide.

Certains outils conceptuels apportent clarté et rapidité. Le cycle *Observer, S'orienter, Décider, Agir*, élaboré par John Boyd, enseigne l'adaptation vive. Le cadre dit « *Cynefin* » ajoute de la nuance en distinguant les situations simples, compliquées, complexes ou chaotiques, et en nous rappelant que chaque domaine appelle un mode de réponse différent.

Il est tout aussi important de mettre nos croyances à l'épreuve avant que le monde ne s'en charge. On peut par exemple pratiquer un « *pre-mortem* » : imaginer qu'un projet a déjà échoué et se demander pourquoi. On peut aussi inviter des personnes de confiance, qui pensent autrement, à éprouver nos idées. Leurs retours honnêtes évitent que l'assurance fragile ne se déguise en vérité.

Au plus profond, penser clairement signifie prendre du recul face à nos propres cartes et les reconnaître pour ce qu'elles sont : des outils, non des territoires. En somme, même nos convictions les plus chères peuvent être révisées quand de nouveaux faits surgissent. Un esprit fort n'est pas une forteresse fermée au changement : il ressemble davantage à un écosystème vivant, assez poreux pour accueillir des preuves nouvelles, assez résilient pour affronter les tempêtes du doute, et assez sage pour écarter les cartes devenues inutiles. La déprogrammation n'est donc pas une guerre d'arguments, mais un art : celui de cultiver un esprit qui demeure perpétuellement ouvert à la correction.

L'ART DE SE RACONTER ET DE SE RECRÉER

Nos croyances ne flottent pas isolées. Elles sont tissées dans des récits, et ces récits s'attachent à notre sentiment d'identité. C'est pourquoi la persuasion échoue si souvent. Quand une idée nouvelle semble menacer ce que nous croyons être, le cerveau émotionnel s'interpose et ferme la porte à la raison. Le vrai changement ne consiste donc pas simplement à modifier quelques croyances particulières. Il exige d'interroger les programmes plus profonds qui organisent ces croyances en une histoire de nous-mêmes. La *thérapie narrative* offre ici une voie précieuse.

Elle nous invite à nommer les programmes absorbés sans conscience. Ainsi des identités comme « l'Étudiant exemplaire », « la Machine à productivité » ou « le Citoyen obéissant » portent chacune un ensemble de croyances sur la conduite à adopter, sur ce qui compte, et sur ce qui est attendu de nous. Une fois nommés, ces programmes sortent de l'ombre et apparaissent pour ce qu'ils sont : des récits, et non des vérités immuables.

Les métaphores structurent aussi la pensée en organisant nos perceptions. Si la vie est décrite comme une guerre, chaque rencontre devient un combat. Si l'économie est décrite comme une jungle, la compétition paraît inévitable. Remplacer ces métaphores par d'autres, voir la vie comme un jardin ou le marché comme une danse, réorganise tout un monde de significations.

Cependant, les récits demandent une orientation. Sans direction claire, la déprogrammation peut s'égarer. Rédiger une constitution personnelle, enracinée dans des valeurs non négociables, apporte une gravité intérieure. Ces valeurs gagnent leur puissance lorsqu'elles se traduisent quotidiennement en actes et en choix.

L'ombre doit également être intégrée. Ce qui est refoulé ne disparaît pas, mais agit depuis la nuit intérieure. Des approches comme le *processus dit trois-deux-un* ou les *Systèmes familiaux intérieurs* ouvrent des chemins de réconciliation. Toutes affirment que déprogrammer ne signifie pas amputer nos fragments conditionnés, mais les accueillir avec clarté et sollicitude.

L'identité se transforme aussi par le rituel. Les renoncements publics, les vœux, les épreuves initiatiques ou les engagements au service ancrent le changement dans le corps et dans la communauté. Sans rituel, la transformation risque de se dissoudre dans l'abstraction ; avec rituel, elle prend corps et devient tangible.

Lorsque l'identité se fige, toute nouveauté se présente comme une menace. Mais lorsque l'identité s'élargit, la nouveauté devient nourriture. C'est là que le travail sur le récit intervient : il transforme la déprogrammation en acte créateur. Car inventer un récit, c'est inventer le cadre même à travers lequel la réalité est vécue.

LA SAGESSE PARTAGÉE DU DIALOGUE

Le conditionnement est social, et la déprogrammation doit donc l'être aussi. Des traditions aussi diverses que les *assemblées athéniennes*, les *réunions quaker* ou les *conseils autochtones* nous rappellent la puissance du dialogue quand il se déploie assez lentement pour laisser place à la réflexion. Des pratiques comme le *dialogue de Bohm*, où les participants suspendent leurs présupposés pour observer la pensée émerger comme un processus partagé, ou les *cercles socratiques*, qui exigent la reformulation et la référence attentive avant toute prise de parole, montrent comment la conversation peut cesser d'être un affrontement pour devenir une codécouverte.

Ces traditions anciennes trouvent un écho dans les expériences modernes. Les *assemblées citoyennes*, par exemple, démontrent que des groupes choisis au hasard mais suffisamment informés peuvent parvenir à des conclusions plus sages et moins polarisées que celles produites par les institutions partisanes.

Les petits cercles comptent également. La *microsolidarité* consiste à se réunir en groupes restreints, suffisamment fréquents pour que la confiance prenne racine et que la sincérité puisse respirer. Dans ces espaces intimes, éprouver les idées de chacun devient un rituel qui soude le groupe.

LA TRANSFORMATION DES STRUCTURES ET L'OUVERTURE DE VOIES DE LIBÉRATION

Même les meilleures habitudes s'effondrent si notre environnement nous pousse sans cesse dans l'autre sens. La seule volonté ne suffit pas. La vraie liberté consiste à façonner nos conditions de vie de manière à ce que le choix juste devienne aussi le choix le plus simple.

Une clé est de changer ce qui se met en place dès le départ. Les études montrent que ce sont nos automatismes initiaux qui orientent nos gestes, bien plus que nos intentions. On peut donc bloquer d'emblée les défilements sans fin sur son téléphone, bâtir sa journée autour de moments de véritable attention, ou s'engager avec des amis pour tenir le cap.

Une autre étape consiste à bâtir des alternatives qui nous offrent davantage d'indépendance. Rejoindre une coopérative alimentaire, utiliser des moyens de communication sécurisés, ou soutenir des systèmes d'échange locaux réduit la dépendance aux grandes plateformes centralisées.

On peut aussi se réapproprier l'apprentissage. Au lieu de se limiter à l'école, chacun peut créer son propre plan d'étude, en choisissant par exemple d'explorer les chiffres, la dynamique des systèmes, les rouages de la propagande ou encore les pratiques corporelles comme le yoga, la danse, les arts martiaux ou la méditation en mouvement. Ainsi, la vie de tous les jours devient une école.

Il est enfin salutaire de réviser régulièrement nos schémas. Tous les quelques mois, nous pouvons prendre un instant pour nous interroger : *Quelles influences m'épuisent et me privent de mon élan ? Où ai-je trahi mes valeurs, consciemment ou par lassitude ? Quels appâts enfin m'attirent hors de ma voie, me séduisant pour mieux m'égarer ?* Considérer la vie comme quelque chose que l'on peut mettre à jour nous empêche de glisser dans d'anciens automatismes.

Si notre environnement reste le même, être libre ressemble à grimper une pente raide sans jamais voir le sommet, car tout autour de nous—la publicité, les écrans et les pressions sociales— nous ramènent sans cesse vers nos vieilles habitudes. Mais si nous transformons ce qui nous entoure, nos habitudes quotidiennes, nos outils et nos espaces de vie, alors la liberté devient plus simple. Elle se met à couler d'elle-même, comme si le monde autour de nous nous portait vers l'avant.

UNE INTENSIVE DE DÉPROGRAMMATION

Certaines transformations exigent des années, mais d'autres peuvent être déclenchées par une immersion concentrée. *L'Intensive de déprogrammation* est une période de trente jours conçue comme une remise à zéro : elle permet d'éclaircir les distractions, de renouveler les habitudes mentales et de mettre en place de meilleures structures avant que les anciens schémas ne reprennent le dessus.

Première semaine : installer la stabilité. Chaque matin commence par un travail du souffle et une méditation simple pour apaiser le système nerveux. Les défilements sans fin sont supprimés et remplacés par un régime informationnel plus sain. On dresse aussi un inventaire des croyances héritées de la famille, de la culture ou des idéologies, en notant ce qu'elles nous ont coûté.

Deuxième semaine : affiner la perception. On se ménage une coupure numérique en passant un temps défini entièrement hors ligne. On écrit sa propre constitution personnelle, c'est-à-dire un ensemble de valeurs fondamentales, et l'on relie chacune d'elles à un geste quotidien.

Troisième semaine : éprouver la pensée. On s'exerce à contester ses propres idées en rédigeant des arguments contre elles. On pratique la reformulation loyale, en reconstruisant dans sa version la plus forte une opinion à laquelle on s'oppose. On tient aussi un journal de prédictions, notant ce que l'on attend des situations ordinaires et comparant ensuite avec ce qui se produit réellement.

Quatrième semaine : remodeler la structure. On examine son environnement et l'on choisit un changement majeur que l'on écrit noir sur blanc. Cela peut être quitter une plateforme toxique, réduire ses heures dans un emploi épuisant ou remplacer du temps d'écran par une promenade quotidienne ou une heure de lecture. On établit un plan simple pour maintenir ce changement, et l'on clôt la semaine par un rituel personnel qui scelle l'engagement.

Trente jours ne suffisent pas pour achever la déprogrammation, et ce n'est pas leur but. Mais c'est assez pour goûter à la liberté et rendre plus difficile le retour en arrière. Cette Intensive agit comme un feu contrôlé qui dégage l'espace nécessaire à une nouvelle croissance.

DE LA BLESSURE À LA PLÉNITUDE

La déprogrammation n'est pas une ligne d'arrivée mais une respiration. Nous remarquons la transe, nous desserrons son emprise, nous adoptons de meilleures pratiques, puis nous retournons au monde pour servir. L'influence ne disparaît jamais, mais elle peut devenir choisie. La liberté ne se mesure pas à l'absence de forces qui nous façonnent, mais à la présence d'influences transparentes, conscientes et révisables. Le *Robot Humain* peut s'éveiller, non pas en rejetant toute structure, mais en bâtissant des habitudes, des communautés et des incitations qui nourrissent la lucidité et l'amour.

Les outils existent déjà. Ce qui manque, c'est la discipline de les employer et la volonté de continuer à pratiquer. La libération n'est pas un geste unique de délivrance, c'est un renouvellement constant du corps, de l'esprit et de la société.

Ces outils perdent leur valeur s'ils se figent en règles rigides. La tâche n'est pas seulement de briser la poigne de la manipulation, mais aussi de rester ouvert au sens et à la croissance. Le renouvellement perdure lorsque l'esprit demeure souple et le cœur réceptif.

RÉFÉRENCES

Boyd, J. R. (1987). *A discourse on winning and losing.* Unpublished briefing, Air University Library, Maxwell Air Force Base, AL.

Bohm, D. (1996). *On dialogue.* Routledge.

Fishkin, J. S. (2018). *Democracy when the people are thinking: Revitalizing our politics through public deliberation.* Oxford University Press.

Goethe, J. W. von. (1949). *Maxims and reflections* (W. H. Auden & E. Mayer, Trans.). Penguin. (Original work published n.d.)

Hayes, S. C., Strosahl, K. D., & Wilson, K. G. (2012). *Acceptance and commitment therapy: The process and practice of mindful change* (2nd ed.). Guilford Press. (Original work published 1999)

Klein, G. (2007). Performing a project premortem. *Harvard Business Review*, 85(9), 18–19.

Lakoff, G., & Johnson, M. (1980). *Metaphors we live by.* University of Chicago Press.

Lewandowsky, S., & van der Linden, S. (2021). Countering misinformation and fake news through inoculation and prebunking. *European Review of Social Psychology*, 32(2), 348–384. https://doi.org/10.1080/10463283.2021.1874212

Newport, C. (2019). *Digital minimalism: Choosing a focused life in a noisy world.* Portfolio.

Norman, A. (2021). *Mental immunity: Infectious ideas, mind-parasites, and the search for a better way to think.* HarperOne.

Richards, C. (2004). *Certain to win: The strategy of John Boyd, applied to business.* Xlibris.

Schwartz, R. C. (1995). *Internal family systems therapy.* Guilford Press.

Snowden, D. J., & Boone, M. E. (2007). A leader's framework for decision making. *Harvard Business Review*, 85(11), 68–76.

Tannahill, R. (2019). Microsolidarity. Retrieved from https://www.microsolidarity.cc/

Thaler, R. H., & Sunstein, C. R. (2008). *Nudge: Improving decisions about health, wealth, and happiness.* Yale University Press.

White, M., & Epston, D. (1990). *Narrative means to therapeutic ends.* W. W. Norton.

Chapitre 16

Retrouver le divin intérieur

« Le monde n'est pas compréhensible, mais il est
étreignable : en étreignant l'un de ses êtres. »
— Martin Buber

N ous vivons à une époque où l'on a proclamé maintes fois
la mort des anciens dieux, et pourtant des temples
ressurgissent dans des lieux inattendus. Ils apparaissent
dans les studios de yoga et les cérémonies psychédéliques, dans
les retraites de méditation et jusque dans les campements
dressés par les militants, ces lieux de lutte où l'on vit ensemble
pour défendre une cause, mais aussi dans les routines
méticuleusement réglées de ceux qui traquent la performance du
corps. Des athées écrivent désormais sur l'émerveillement, des
neuroscientifiques examinent les expériences de type mystique,
et des philosophes s'interrogent sur la résonance, le sens et l'être.
Comme l'observe Charles Taylor, nous sommes des êtres « sous
tension », à la fois désenchantés par l'effondrement des
cosmologies traditionnelles et hantés par l'intuition qu'il existe
plus que la matière brute.

Les chapitres précédents ont montré comment ce
désenchantement a surgi, comment la logique de consommation
et de contrôle a vidé le monde de sa sève, et comment l'attention
elle-même a été capturée puis transformée en marchandise. Mais
si la modernité a aminci le monde, elle n'a pas éteint le désir
humain de profondeur. Dans ce contexte, une question se pose :
que se passe-t-il quand on ramène au cœur de la vie spirituelle ce

travail de réintégration du sens, du sacré et du lien vivant avec le monde ?

Pour approcher cette question, je propose un cadre qui permette de se réapproprier le sacré sans qu'une croyance préalable soit requise. Par « *sacré* », je n'entends pas l'adhésion à des doctrines, mais la rencontre avec ce que les traditions ont nommé *Réalité ultime* (le *Divin*, le *Tout*, le *Fondement de l'Être*). Ces rencontres ne sont pas contraintes à une seule forme. Elles peuvent surgir dans des instants d'émerveillement qui débordent l'ego, dans la présence chatoyante de la nature, ou dans la plénitude discrète de l'ordinaire.

Quand elles adviennent, la vie elle-même commence à apparaître autrement. Elle révèle plus que ce qui peut être mesuré, contrôlé ou exploité. Elle porte une richesse irréductible, une profondeur qui échappe à toute explication. Certains éprouvent cela dans une forêt qui semble respirer de sa propre vitalité, d'autres dans une musique qui transperce le cœur, d'autres encore dans le silence entre les mots, soudain habité de sens. La *Réalité ultime* n'est pas un royaume lointain flottant au-dessus de l'ordinaire. Elle se tisse à la fois dans l'ordinaire et l'extraordinaire, attendant d'être reconnue partout où la vie est abordée avec ouverture et révérence.

Ainsi compris, le sacré n'est pas une idée abstraite que l'on accepte ou rejette. C'est une orientation vécue, que l'on peut cultiver et partager, autant sur le plan personnel qu'en communauté. Cette orientation ne repose pas sur un ensemble de croyances concernant l'univers. Elle invite plutôt à une transformation de la perception, de l'incarnation, de la relation et de la pratique. Et comme nous le verrons plus loin, son authenticité se reconnaît moins dans les arguments que dans les fruits qu'elle porte dans l'existence.

QUAND LA CROYANCE CÈDE LA PLACE À LA PARTICIPATION

John Vervaeke affirme que la crise de sens actuelle provient d'un excès de confiance accordé à un seul type de savoir : le *savoir propositionnel*, celui qui consiste à affirmer que quelque chose est vrai. Les autres formes de connaissance ont été négligées : *savoir comment agir*, *savoir voir depuis une certaine perspective* et *savoir participer directement*. Autrefois, les traditions religieuses tenaient ensemble ces différentes formes de savoir grâce aux rituels, aux récits et aux pratiques contemplatives. Avec la montée de la modernité, ces structures ont été démantelées. Nous nous sommes retrouvés seuls avec des propositions, faciles à discuter ou à rejeter, mais coupées de la grammaire plus profonde de la participation vécue.

Pour dépasser ce déséquilibre, réintégrer le sacré sans recourir à la croyance suppose de redonner vie à ces formes de savoir oubliées. Les concepts et les cartes gardent leur importance car ils nous orientent, mais la transformation exige plus que des idées. Elle prend corps dans des pratiques qui entraînent l'attention et nous enracinent dans le corps, dans des manières de voir qui dévoilent ce qui compte vraiment, et dans une participation où le soi et le monde se transforment ensemble.

Dans cette lumière, la *Réalité ultime* n'apparaît pas comme une affirmation métaphysique à accepter ou à rejeter. Elle surgit comme une résonance éprouvée, née d'une participation profonde à la vie elle-même. Et cette résonance n'échappe pas à l'examen. On peut l'explorer avec rigueur, aussi bien par la phénoménologie que par les sciences contemplatives et les enquêtes partagées.

ÉMERVEILLEMENT, PRÉSENCE ET RÉSONANCE

Pour William James, les états mystiques se signalent par leur ineffabilité, leur qualité noétique de connaissance, leur brièveté et une certaine passivité. Rudolf Otto approfondit ce tableau en décrivant le *mysterium tremendum et fascinans*, où le sacré se révèle comme une expérience à la fois terrifiante et attirante. La psychologie contemporaine, enfin, prolonge ces intuitions en montrant que l'émerveillement réduit la focalisation sur soi, élargit le sentiment de connexion et ouvre à une orientation altruiste.

La phénoménologie de la rencontre avec la *Réalité ultime* commence souvent dans l'émerveillement, lorsque le monde déborde le cadre étroit de l'ego et que la présence s'épaissit. Dans ces moments, la réalité paraît plus saturée, plus vivante, et le sens s'éveille, comme si des motifs invisibles jusque-là s'illuminaient soudainement de pertinence. La valeur n'est alors plus ressentie en termes d'utilité mais comme intrinsèque et irréductible. De ce socle peut naître une attirance naturelle vers la compassion et la responsabilité, ainsi qu'une transformation subtile du temps lui-même, les instants semblant se dilater, ralentir et s'ouvrir à une profondeur nouvelle.

Il est important de souligner que ces expériences ne dépendent pas de la croyance. Elles peuvent surgir dans la pratique contemplative, l'écoute attentive, l'immersion dans la nature, l'expérience visionnaire, la création artistique, le rituel, ou encore lors d'une rencontre authentique et profonde avec l'autre. Elles apparaissent parfois même chez ceux qui n'ont aucun intérêt pour le spirituel ou le métaphysique. La *Réalité ultime* n'est donc pas une doctrine abstraite mais une rencontre vécue, accessible à de multiples registres de l'existence.

L'EXTRAORDINAIRE DANS L'ORDINAIRE

Les modèles théistes traditionnels ont souvent présenté la *Réalité ultime* comme transcendance, un royaume situé au-delà ou séparé de ce monde. La réapproprier sans recours à la croyance demande de déplacer notre regard vers ce qui la fait briller à travers l'ordinaire : la chaleur d'un repas partagé, le rythme des saisons, ou la simple conscience d'être en vie.

Cette perspective entre en résonance avec la *philosophie du processus* d'Alfred North Whitehead, qui comprend la réalité comme un tissu relationnel en perpétuel devenir. Elle s'accorde aussi avec des cosmologies autochtones qui refusent la séparation entre nature et culture, et qui perçoivent la *Réalité ultime* comme un champ vivant de relations.

Ainsi, celle-ci peut être rencontrée non seulement dans des états mystiques empreints d'émerveillement, mais aussi dans la vitalité de la nature et dans la clarté tranquille de la présence quotidienne. De simples gestes—allumer une bougie, marquer une pause avant de commencer le travail, partager des récits dans les moments de deuil—deviennent des manières de charger l'ordinaire de sens. La répétition grave cette signification dans le corps et le système nerveux, tandis que l'intention partagée relie l'expérience intime à la vie commune. L'extraordinaire n'est pas ailleurs, il est ici, attendant d'être vu.

LE MONDE DES SYMBOLES VIVANTS

Henry Corbin distinguait ce qu'il appelait l'*imaginal* du simple imaginaire. Il désignait par là un domaine partagé d'images, d'archétypes et de significations. L'imaginal n'est pas une hallucination ni un paysage littéral, mais un lieu de rencontre où l'esprit et le monde s'unissent pour façonner le sens.

Nous accédons à ce domaine de multiples manières : dans un rêve qui persiste et colore notre regard sur la journée, dans un récit qui nous guide lors d'un passage décisif, dans une peinture ou une musique qui semblent vibrer d'une présence, ou encore dans une vision éprouvée au cœur d'une méditation profonde ou d'un rituel. La psychologie jungienne en a préservé une part par la pratique de l'*imagination active*, tandis que de nombreuses traditions spirituelles et artistiques ont encouragé chacun à voir sa vie comme une histoire en déploiement et à reconnaître les motifs archétypaux qui l'habitent. On le retrouve aujourd'hui dans des mouvements écologiques qui parlent de « *Terre-Mère* », ou dans des rituels de justice sociale qui s'appuient sur des images de libération et de renouveau.

Ce monde de symboles vivants offre un troisième espace, à mi-chemin entre le littéralisme rigide et la fantaisie vide, un espace où les images et les récits peuvent être considérés comme vivants et porteurs de sens sans être pris pour des dogmes. Dans la réappropriation de la *Réalité ultime* sans croyance, un tel espace est essentiel. Un rêve qui transforme notre perception de la journée, un mythe qui nous aide à franchir un seuil, ou un symbole collectif comme la torche de la liberté peuvent tous porter un sens ressenti comme réel, sans devoir être réduits à un fait brut. Ainsi, l'imaginal garde l'imagination vivante, nourrit la créativité et approfondit à la fois la dimension éthique et la dimension esthétique de l'existence.

Les symboles vivants nous rappellent que la *Réalité ultime* n'est pas seulement ressentie, mais aussi imaginée, figurée et racontée. Pourtant, symboles et images ne suffisent pas en eux-mêmes. Ce qui révèle finalement la valeur de ces rencontres, ce sont les fruits qu'elles portent dans nos vies.

LES FRUITS DE LA RENCONTRE AVEC LA RÉALITÉ ULTIME

William James soutenait que les expériences religieuses ne doivent pas être évaluées selon leur origine, mais à l'aune de leurs fruits. Ce qui importe n'est donc pas tant la source de l'expérience que ce qu'elle engendre dans l'existence. En d'autres termes, les rencontres avec la Réalité ultime valent moins par la manière dont elles se manifestent que par la façon dont elles façonnent une vie. Ainsi, les expériences authentiques se reconnaissent aux fruits de l'humilité, de la compassion et de la responsabilité, tandis que les expériences dévoyées se trahissent dans l'arrogance, le narcissisme ou l'évasion.

Cette attention aux fruits déplace notre regard de l'événement extraordinaire vers le type d'existence qui en découle. Hartmut Rosa éclaire ce chemin en proposant que ce n'est pas l'accélération mais la *résonance* qui fonde une relation saine au monde. Les relations résonantes sont celles dans lesquelles nous sommes touchés et transformés, et où la réciprocité s'écoule naturellement. Ainsi, la mesure de la rencontre ne se trouve pas dans une doctrine abstraite mais dans la qualité de vie qu'elle fait éclore.

Quand ces expériences se détachent de toute responsabilité, elles se vident et deviennent spectacle, simple performance ou fuite narcissique. L'éclat qui semblait illuminer s'éteint vite, ne laissant derrière lui qu'un ego hypertrophié. En revanche, lorsqu'elles portent les fruits du service, du soin et de la réciprocité, elles révèlent leur authenticité. Ce qui importe, au bout du compte, c'est ce que la rencontre restitue à la vie, aux relations, à la Terre et aux générations à venir.

Dans cette perspective, les fruits de la rencontre ne sont pas des possessions privées mais des responsabilités partagées, et la manière dont nous les incarnons ensemble devient essentielle. Leur endurance dépend des espaces et des pratiques communautaires, car de telles expériences ne peuvent être soutenues dans l'isolement.

LIEUX D'APPARTENANCE

Un sacré affranchi de la croyance ne peut demeurer individualiste. Il s'épanouit dans l'espace entre nous, tissé non de dogme mais de pratiques partagées. Les communautés d'appartenance doivent apprendre à s'enraciner sans se figer en idéologie, à accueillir la pluralité des voix sans sombrer dans le relativisme, et à se tenir mutuellement responsables sans ériger de trônes.

Ce qui les soude n'est pas une croyance fixe mais une orientation commune vers des valeurs telles que l'honnêteté, la compassion et le soin de la Terre. Leur force réside dans des pratiques vivantes et adaptables, où le rituel n'est pas traité comme une répétition vide mais comme une forme habitée, toujours modelable et questionnable pour rester signifiante. L'humilité préserve cette vitalité en permettant d'accueillir les éclairages de la science, de l'expérience personnelle et de l'art comme autant de regards complémentaires sur la vérité.

Lorsque l'humilité se joint à la pratique, émergent des structures qui maintiennent le pouvoir fluide et les relations résilientes. La direction change de mains pour que personne ne devienne un axe permanent, tandis qu'une culture du soin assure que les blessures soient réparées plutôt qu'ignorées. Des liturgies partagées, faites de chants, de récits ou de rituels, deviennent des ressources communes, sans cesse renouvelées par une pluralité de mains.

Dans la réalité vécue, ces principes s'incarnent de multiples façons : dans des réseaux d'entraide qui redistribuent le soin, dans des coopératives qui s'opposent aux modèles extractifs, dans des cercles de justice restaurative qui cherchent à guérir les conflits, et dans des collectifs écologiques qui enracinent l'appartenance au cœur du monde vivant.

SE PRÉMUNIR CONTRE LES NOUVEAUX DOGMES

Réapproprier le sacré sans croyance comporte ses propres périls. De nouveaux dogmes peuvent surgir, qu'il s'agisse d'un scientisme rigide, d'une dévotion sans recul envers les substances visionnaires, d'un élitisme fondé sur un prétendu savoir secret, ou encore d'un nihilisme élégant mais creux.

Chacun donne l'illusion de toucher la vérité ultime, mais en réalité enferme les esprits dans un système clos.

Les expériences doivent être éprouvées à leurs fruits, c'est-à-dire aux conséquences qu'elles engendrent. Faute de cela, les communautés risquent de dériver vers l'illusion ou la blessure. Les garde-fous consistent à puiser à de multiples sources de sagesse, en convoquant scientifiques, thérapeutes, philosophes, anciens et artistes afin de préserver l'intégrité du discours. Une gouvernance solide est tout aussi cruciale : la direction doit tourner, les finances rester transparentes, et des processus clairs de réparation des torts doivent exister pour empêcher l'ascension d'un maître autoproclamé.

Surtout, les communautés doivent rester vigilantes face à la facilité avec laquelle pouvoir et sainteté se projettent sur des dirigeants. Elles doivent créer des structures qui dispersent cette énergie plutôt que de la concentrer dans une seule personne.

Sans de tels garde-fous, des communautés qui cherchent la liberté risquent de reproduire les contrôles mêmes qu'elles espéraient fuir. Avec eux, elles préservent l'espace fragile où le sacré peut s'enraciner. Ces moments ne sont pas soutenus par la croyance, mais par les pratiques et les relations qui leur donnent forme. Quand les communautés entretiennent de tels espaces, le sacré devient moins une doctrine à défendre qu'une présence vivante tissée dans la vie quotidienne.

UN VŒU D'ATTENTION ET DE SOIN

Se réapproprier le sacré sans croyance revient à prononcer un vœu d'attention, de soin et d'humilité. C'est rencontrer la réalité comme plus qu'une ressource, accueillir les autres êtres comme plus que des instruments, et recevoir sa propre existence comme un lieu de consécration. C'est aussi résister aux certitudes creuses du dogme et au réductionnisme glacé qui dépouille la vie de sa profondeur.

Un tel vœu devient une manière d'exister : prêter attention au monde avec délicatesse, observer si les intuitions portent de bons fruits, et garder une discipline intérieure sans jamais perdre l'espérance. De cet ancrage émerge un art de vivre qui nourrit des communautés d'appartenance sans verser dans le contrôle autoritaire, qui maintient vivant l'imaginal sans l'écraser en affirmations littérales, et qui avance avec humilité devant une réalité toujours au-delà de notre compréhension.

Ce vœu ne signe pas la fin de la croyance, mais la fin de sa souveraineté. À sa place surgissent la participation, la dévotion, la pratique et le soin, cette grammaire vivante d'un sacré qui n'a pas besoin de croyance pour être réel. Vivre sans croyance n'est pas vide, c'est la naissance d'une éthique enracinée dans la conscience elle-même. Quand le sacré n'est plus imposé par la doctrine, ce qui nous guide devient la compassion née de la présence et la responsabilité jaillie de l'interconnexion.

Se réapproprier le sacré sans croyance n'est pas seulement un projet individuel, mais la semence d'une humanité au-delà de la croyance, où la responsabilité n'émane plus de l'autorité mais de l'éveil.

RÉFÉRENCES

Buber, M. (1996). *I and Thou* (W. Kaufmann, Trans.). Simon & Schuster. (Original work published 1923)

Corbin, H. (1997). *Alone with the Alone: Creative imagination in the Sufism of Ibn ʿArabi* (R. Manheim, Trans.). Princeton University Press. (Original work published 1969)

James, W. (1985). *The varieties of religious experience: A study in human nature.* Harvard University Press. (Original work published 1902)

Keltner, D. (2023). *Awe: The new science of everyday wonder and how it can transform your life.* Penguin Press.

Kimmerer, R. W. (2013). *Braiding sweetgrass: Indigenous*

wisdom, scientific knowledge, and the teachings of plants. Milkweed Editions.

Otto, R. (1958). *The idea of the holy* (J. W. Harvey, Trans.). Oxford University Press. (Original work published 1917)

Rosa, H. (2019). *Resonance: A sociology of our relationship to the world* (J. C. Wagner, Trans.). Polity Press. (Original work published 2016)

Taylor, C. (2007). *A secular age.* Harvard University Press.

Vervaeke, J. (2019). *Awakening from the meaning crisis* [Video series]. YouTube. https://www.youtube.com/playlist?list=PLND1JCRq8Vuh3foP 5qjrSdb5eC1ZfZwWJ

Vervaeke, J., Ferraro, L., & Herrera-Bennett, A. (2023). *Wisdom in practice: Cognitive science and the cultivation of meaning.* Oxford University Press.

Whitehead, A. N. (1978). *Process and reality: An essay in cosmology* (Corrected ed., D. R. Griffin & D. W. Sherburne, Eds.). Free Press.

Chapitre 17

Éduquer pour l'émergence d'une conscience nouvelle

« L'esprit n'est pas un vase que l'on emplit,
mais un feu que l'on allume. »
— Plutarque

Dans les pages précédentes, nous avons vu comment l'école moderne s'est transformée en machine à uniformiser, bâtie pour l'efficacité, la surveillance et le contrôle. Cette histoire compte, car elle a façonné nos salles de classe et notre manière de concevoir l'apprentissage. Mais s'y attarder trop longuement risquerait de nous enfermer dans la contemplation de ce qui ne fonctionne plus. C'est pourquoi ce chapitre prend un autre tournant : il ne se limite plus à pointer les failles du système éducatif, mais explore les chemins nouveaux qui s'ouvrent devant nous. Si hier l'école fut conçue comme une fabrique de docilité, aujourd'hui l'enjeu est de parier sur le potentiel créateur et sensible de l'humain. Le défi de notre temps est donc de faire grandir des êtres capables d'agir avec lucidité, compassion et imagination, au milieu de tempêtes sociales et de futurs incertains.

Nous sommes à un carrefour. L'école qui jadis formait des ouvriers pour l'usine et des citoyens obéissants se retrouve face à un monde bouleversé par l'accélération technologique et la fragmentation du tissu social. Les vieilles structures, conçues pour la stabilité et la prévisibilité, ne correspondent plus à la réalité mouvante où nous vivons. Enseigner l'obéissance et la mémorisation ne suffit plus. Ces méthodes, jadis utiles pour reproduire un ordre établi, sont incapables de préparer les jeunes aux bouleversements intérieurs que notre époque exige, ni aux défis planétaires que nous affrontons. Ce qu'il nous faut, ce ne sont pas des retouches superficielles d'un système à bout de souffle, mais une vision neuve de l'éducation : une pratique vivante, en croissance avec nous, capable d'ouvrir la voie à l'émergence de possibles encore insoupçonnés.

PRINCIPES D'UNE ÉDUCATION POUR L'ÉMERGENCE DU POTENTIEL HUMAIN

L'émergence désigne ce processus mystérieux et pourtant omniprésent par lequel des parties éparses s'organisent d'elles-mêmes en un tout plus intelligent, plus souple et plus créatif que chacun de ses éléments isolés. C'est la manière dont l'ordre jaillit de l'interaction, dont la nouveauté surgit sans chef central ni plan préétabli. Les sciences de la complexité s'y intéressent depuis longtemps : elles expliquent ainsi pourquoi des nuées d'oiseaux virevoltent comme un seul corps, pourquoi des cellules se différencient en tissus, ou pourquoi des groupes humains parviennent parfois à résoudre des problèmes plus habilement que des individus isolés (Holland, 1998 ; Kauffman, 1995 ; Morin, 2008). Dans le développement humain, l'émergence est cette capacité qui permet aux communautés de produire du sens ensemble et de s'adapter à l'incertitude.

Une éducation qui accueille l'émergence repose sur trois qualités interdépendantes : l'*adaptabilité*, la *cohérence* et la *curiosité*.

L'adaptabilité, c'est la capacité de répondre au changement en créant de nouvelles formes d'ordre. Pour une école, cela signifie cultiver des écosystèmes souples, capables de plier sans se briser, d'apprendre et de se transformer au fil des bouleversements plutôt que de s'effondrer sous leur poids. Une école adaptable refuse d'enfermer les enfants dans des parcours rigides ou des scénarios figés. Elle conçoit l'apprentissage comme une exploration vivante, sans cesse révisée, ajustée aux besoins des élèves, des communautés et même des milieux naturels qui les entourent. Au lieu de fonctionner comme des filières rigides destinées à produire des résultats uniformes, ces écoles se déploient comme des forêts vivantes, foisonnantes de diversité et d'éclosions inattendues.

La *cohérence*, quant à elle, est la capacité d'intégrer. Elle agit sur plusieurs plans : physiologique, cognitif et narratif. Sur le plan physiologique, elle correspond à une régulation et une synchronisation du système nerveux qui soutiennent l'attention, l'empathie et la résilience. Le dérèglement, au contraire, fragilise la présence et empêche l'apprentissage, tandis que la cohérence rend possible une participation calme, attentive et engagée (Porges, 2011). Sur les plans cognitif et narratif, la cohérence est cette aptitude à relier des informations dispersées pour en dégager des motifs, des ensembles et, surtout, des actions pleines de sens. Dans un paysage médiatique saturé et fragmenté, la cohérence aide les apprenants à embrasser la complexité, à l'habiter sans la réduire à des slogans simplistes ou à des certitudes toutes faites (Cozolino, 2013 ; Siegel, 2012).

La *curiosité* enfin, est le moteur intérieur de tout apprentissage. Elle nous attire vers l'inconnu et alimente l'exploration. Elle prospère quand l'élève se sent autonome, compétent et reconnu comme appartenant à un collectif, mais elle se fane dès que ces conditions disparaissent (Deci & Ryan, 2000 ; Ryan & Deci, 2020). Les enfants, par nature, posent des questions : par exemple, comment fonctionne le monde, et quelle est leur place en son sein ? Honorer cette curiosité n'est pas une indulgence mais un alignement avec le cœur du développement humain.

Ces qualités ne sont pas de simples idéaux. Elles sont des capacités concrètes que l'environnement peut faire grandir ou étouffer. Lorsque la priorité est le contrôle, l'adaptabilité, la cohérence et la curiosité dépérissent. Lorsque la priorité est la culture vivante, elles se déploient. C'est pourquoi une éducation émergente se fonde davantage sur des conditions que sur des prescriptions rigides. La sécurité vient avant les standards, car la pensée ne s'épanouit que lorsque l'élève se sent en sûreté. L'autonomie est soutenue par des réseaux d'accords et d'attentions mutuelles, car une liberté sans relation vire au vide, tandis que des règles sans autonomie éteignent la motivation profonde. La curiosité, enfin, est laissée libre d'organiser l'apprentissage, parce que seules les questions authentiques portent les projets authentiques et l'effort soutenu qu'ils demandent (Barron & Darling-Hammond, 2008).

Dans ces conditions, c'est tout le développement de la personne qui se transforme. L'alphabétisation émotionnelle, la conscience corporelle et la pensée en systèmes deviennent aussi essentielles que la lecture et les mathématiques. Elles permettent aux apprenants d'affronter la complexité avec lucidité plutôt qu'avec crainte. Même l'évaluation change de visage : aux classements par centiles et aux notes réductrices se substituent des portfolios, des expositions et des récits d'apprentissage qui révèlent la croissance dans le temps et invitent à une véritable auto-réflexion. Les frontières de l'école elles-mêmes s'élargissent : le quartier, les écosystèmes et les réseaux deviennent des prolongements de la salle de classe. Quand l'apprentissage s'enracine dans des contextes réels — comme l'apprentissage auprès d'un artisan, le mentorat ou l'engagement communautaire — il gagne en rigueur tout autant qu'en sens (Lave & Wenger, 1991 ; Fullan, Quinn, & McEachen, 2018).

La diversité des esprits, des cultures et des perspectives n'est plus perçue comme une difficulté à corriger mais comme une ressource vitale pour la résilience et la créativité. Les systèmes vivants se nourrissent de diversité pour s'adapter, et les écoles doivent en faire autant. La neurodiversité, la pluralité culturelle et la multiplicité des façons de connaître deviennent autant de richesses à cultiver (Armstrong, 2010). Dans cette vision, l'enseignant n'est plus un simple transmetteur mais un véritable jardinier de l'émergence. Il crée les conditions de sécurité, de défi et de résonance où les apprenants les plus divers peuvent s'épanouir et où la pensée devient visible et partagée (Ritchhart, 2015). Le corps et l'environnement sont inséparables de cette conception. Le mouvement, l'immersion dans la nature et des lieux pensés pour respirer avec la vie nourrissent l'équilibre intérieur et l'émerveillement, tandis qu'une gouvernance démocratique partage les responsabilités et fait éclore l'autonomie. Quant à la technologie, utilisée avec discernement, elle devient une prothèse qui prolonge l'enquête sans capturer l'attention ni exploiter les données d'une manière qui minerait la souveraineté des apprenants sur leur propre processus (Newport, 2019).

LES ENFANTS COMME CATALYSEURS

Les enfants naissent prêts à grandir. Dès les premiers instants, ils cherchent des motifs, expérimentent des possibles et explorent le sens. Leurs cerveaux sont câblés pour le changement rapide, tissant et retissant sans cesse des connexions à partir de l'expérience. Le jeu devient alors leur laboratoire privilégié : c'est en jouant qu'ils franchissent ce seuil délicat, juste au-delà de ce qu'ils savent déjà, là où le défi rencontre la compétence et où l'attention se creuse. Dans le jeu imaginaire et l'exploration partagée, ils testent des idées, inventent des mondes communs, et élargissent à la fois leur pensée et leurs capacités sociales.

Mais l'enfant n'apporte pas seulement une soif de savoir. Il arrive au monde porteur d'une impulsion éthique innée. La recherche sur le développement précoce montre que même les plus jeunes manifestent de l'empathie, partagent spontanément et témoignent d'un sens de la justice que la culture peut soit nourrir, soit étouffer (Tomasello, 2019). Ces élans ne sont pas des règles imposées de l'extérieur, mais des potentialités enracinées dans notre nature sociale et dans la sensibilité de notre corps à autrui. La tâche de l'éducation n'est donc pas d'inculquer une morale artificielle, mais de créer des environnements qui protègent et déploient cette empathie native, pour qu'elle grandisse par l'expérience vécue et non sous la contrainte du dogme.

C'est précisément parce qu'ils sont ouverts à l'émergence que les enfants représentent la voie la plus directe vers une humanité nouvelle. Les adultes, engoncés depuis des décennies dans des structures rigides, opposent souvent une résistance farouche à la transformation. Les enfants, eux, vivent sur le seuil du possible. L'école peut, selon son orientation, soit perpétuer la honte, le traumatisme et la rupture des liens, soit au contraire faire naître une cohérence qui ouvre à la sécurité, à la résonance, à l'autonomie et à l'émerveillement. Ce n'est pas le destin qui tranche, mais bien la conception, la façon dont nous choisissons de modeler nos institutions et nos pratiques (van der Kolk, 2014).

CONCEVOIR POUR L'ÉMERGENCE

Les idées ne prennent sens que lorsqu'elles s'incarnent dans la vie quotidienne. Si l'école veut vraiment nourrir l'émergence, sa conception doit traverser toute l'expérience : l'espace où l'on apprend, le rythme qui guide les journées, la façon dont les programmes s'organisent, le rôle que jouent les enseignants, la manière dont les conflits sont abordés, jusqu'aux outils et aux gestes partagés qui donnent cohésion à la communauté.

L'environnement commence par l'espace, car l'architecture transmet déjà un message avant même que la première leçon ne soit donnée. Lorsque les salles sont baignées de lumière, habillées de matières naturelles et animées de verdure, elles éveillent la curiosité autant qu'elles nourrissent le bien-être. À l'inverse, des bâtiments froids et uniformes suggèrent subtilement le contrôle et la passivité. Entre ces deux pôles, certains choix spatiaux ouvrent des possibles : des zones modulables stimulent la collaboration, des recoins paisibles deviennent des refuges pour la réflexion, et des lieux de rassemblement tissent un lien vivant entre l'école et son voisinage.

Le temps, lui aussi, enseigne. Lorsqu'il est morcelé, il rend la profondeur insaisissable ; lorsqu'il s'étire en longues plages, il permet aux élèves de s'immerger dans une enquête sans interruption constante. Ces rythmes élargis prennent encore plus de sens lorsqu'ils s'accompagnent de pratiques simples comme la respiration consciente, quelques mouvements physiques ou des instants de silence qui restaurent équilibre et attention. Mais le temps n'organise pas seulement l'apprentissage individuel, il façonne aussi la vie collective. Les conseils hebdomadaires deviennent alors des moments où élèves et enseignants réfléchissent ensemble et assument une responsabilité partagée. Plus largement encore, des sessions saisonnières intensives rassemblent les disciplines dans des projets concrets, destinés à un véritable public, et donnent ainsi au savoir une portée collective et vivante.

Dans cette perspective, le programme ne se réduit plus à une liste à cocher, il devient une enquête vivante. Les savoirs fondamentaux, lire, écrire et compter, demeurent essentiels, mais ils se tissent désormais avec la pensée systémique, l'intelligence émotionnelle, la créativité et la responsabilité écologique. Les élèves ne se contentent pas d'étudier des textes ou de manier des outils : ils apprennent à repérer des motifs, à comprendre des enchaînements de causes et de conséquences, à imaginer puis à concevoir des solutions. La maîtrise ne se mesure plus seulement par des examens mais se manifeste dans des expositions, des partenariats, des recherches et des projets réellement mis en œuvre. Les portfolios, enfin, conservent la trace de cette croissance dans le temps et ouvrent la voie à des retours significatifs venus des pairs, des mentors et des élèves eux-mêmes.

Pour que cette vision s'enracine, les adultes doivent aussi redéfinir leur rôle. L'enseignant cesse d'imposer la conformité pour devenir un guide dans l'enquête, son autorité reposant sur la présence et l'authenticité plutôt que sur la coercition. Cela exige un travail de réflexion personnelle, afin de ne pas transmettre inconsciemment ses blessures non résolues, et un engagement dans des communautés professionnelles où les éducateurs se soutiennent mutuellement dans leur évolution.

La culture scolaire se révèle avec le plus de netteté dans la manière de gérer les conflits. Dans l'éducation émergente, les erreurs deviennent des occasions de dialogue et de réparation, plutôt que des prétextes à punition. Les pratiques restauratives traitent les torts tout en préservant la dignité et l'appartenance. La technologie, elle aussi, façonne la culture. Utilisée avec discernement, elle élargit la recherche et la connexion. Employée sans recul, elle fragmente l'attention. Pratiquer la souveraineté numérique, c'est apprendre à établir des limites saines avec nos appareils, à s'accorder des pauses volontaires et à cultiver une conscience critique des choix de conception et des flux de données qui orientent notre vie sur les plateformes.

Enfin, les pratiques quotidiennes constituent le terreau où la curiosité et la cohérence prennent racine. Elles donnent rythme à la journée et aident corps et esprit à retrouver leur équilibre. La respiration consciente recentre l'attention, les cercles de parole ouvrent l'écoute à la diversité des voix, et les cycles de questionnement, d'expérimentation et de réflexion entretiennent l'enquête comme un processus vivant. Le mouvement, le contact avec la nature et l'apprentissage mutuel viennent prolonger cette dynamique : ils réactivent l'émerveillement, approfondissent la compréhension et renforcent le sens de la responsabilité partagée au sein de la communauté.

MESURER CE QUI COMPTE VRAIMENT

La manière dont une culture évalue l'apprentissage révèle ce qu'elle valorise. Lorsqu'une institution se limite à mesurer ce qui est le plus facile à quantifier, elle aplatit l'esprit humain en chiffres et risque de confondre la conformité avec la croissance. L'éducation émergente exige des formes d'évaluation plus riches, multidimensionnelles, capables de refléter la complexité de devenir humain et d'orienter les communautés vers ce qui compte réellement.

Une première dimension est la *cohérence physiologique*. Les recherches en biofeedback montrent que la variabilité du rythme cardiaque, les schémas respiratoires ou les marqueurs de stress constituent des indicateurs fiables de résilience et de récupération. Une école attentive à ces signaux peut détecter des tensions invisibles et créer des environnements où les élèves ne sont pas seulement prêts mentalement, mais aussi soutenus physiquement pour s'épanouir. L'enjeu n'est pas de contrôler le corps, mais de comprendre les conditions qui permettent au système nerveux des élèves de prospérer dans la sécurité, le jeu et la confiance relationnelle (McCraty & Childre, 2010).

Une deuxième dimension est le *bien-être psychologique*. Les évaluations qui mesurent la curiosité, le sentiment d'autonomie et l'état d'esprit de croissance ne révèlent pas seulement ce que les élèves savent, mais aussi s'ils aiment apprendre et croient en leur propre capacité à évoluer. Ces indicateurs aident les communautés à ajuster leurs conditions pour stimuler la motivation, plutôt que de courir après une conformité immédiate et superficielle (Deci & Ryan, 2000; Dweck, 2006; Ryan & Deci, 2020).

Une troisième dimension est la *santé relationnelle*. L'appartenance, la confiance et l'empathie comptent autant que les compétences académiques, car l'un des plus grands dommages causés par l'école traditionnelle est d'avoir laissé tant d'élèves se sentir isolés ou déconnectés. Une école peut évaluer la qualité des relations en écoutant les voix des élèves et en reconnaissant les réseaux de soutien qui existent au sein de la communauté. Lorsqu'une institution valorise la confiance autant que les notes, elle montre que les liens humains sont au cœur de l'apprentissage.

Une quatrième dimension concerne *l'autonomie et l'autorité personnelle*. Les projets réalisés par les élèves, leur participation à la gouvernance de l'école et leurs contributions à la vie collective montrent s'ils deviennent de vrais créateurs de sens ou s'ils restent de simples récepteurs passifs d'instruction. Les expositions publiques, l'engagement civique et les stages deviennent alors des transcriptions vivantes de leur autonomie, reconnues et valorisées par les universités, les employeurs ou les quartiers (Berger, Rugen, & Woodfin, 2014).

Une cinquième dimension est le *transfert et la résolution de problèmes complexes*. La question ultime est de savoir si les connaissances acquises voyagent au-delà des exercices répétés pour s'incarner dans des situations inédites. Les projets de synthèse, les stages et les défis collaboratifs exigent créativité, adaptation et vision systémique. Ce sont là les marques d'une éducation qui prépare à un siècle troublé, où les solutions d'hier suffisent rarement aux défis de demain.

En réunissant ces dimensions, on obtient une image plus complète de la croissance. L'évaluation peut alors jouer le rôle d'un miroir, aidant les élèves comme la communauté scolaire à percevoir leur évolution dans le temps. Le risque, bien sûr, est que même les meilleurs indicateurs se réduisent à un simple tableau de bord chiffré, laissant peu de place au discernement et à l'échange. La véritable promesse réside plutôt dans leur capacité à devenir des sources de récits et de dialogues, nourrissant la réflexion, la responsabilité partagée et une action plus éclairée.

EXPÉRIENCES VIVANTES

À ceux qui redoutent que ce paradigme ne soit qu'un idéal lointain, rappelons que des fragments d'éducation émergente existent déjà tout autour de nous. Depuis plus d'un siècle, *Montessori* cultive l'autonomie et la motivation intrinsèque en créant des classes multi-âges et des environnements accordés aux rythmes du développement (Lillard, 2017). L'approche de *Reggio Emilia* prolonge cet esprit en faisant de l'environnement un véritable enseignant, et en plaçant la documentation ainsi que le dialogue démocratique au cœur de l'apprentissage. Les écoles démocratiques comme *Sudbury Valley* vont encore plus loin, en confiant aux jeunes une responsabilité réelle : élèves et adultes y gouvernent ensemble leur communauté (Gray, 2013). Au niveau secondaire, *Big Picture Learning* transpose ce même souffle dans l'adolescence, en reliant le quotidien des élèves à des stages, des mentorats et des présentations publiques, effaçant les frontières entre l'école et la communauté locale.

On trouve également des initiatives inspirantes à l'échelle nationale. La Finlande, par exemple, a réduit sa dépendance aux tests standardisés, placé l'équité au centre de son système et offert aux enseignants le cadeau d'une véritable autonomie. Ses réussites dans les comparaisons internationales prouvent que la responsabilité ne rime pas nécessairement avec surveillance constante, et que la confiance et le professionnalisme peuvent engendrer à la fois performance élevée et bien-être (Sahlberg, 2015). Des réseaux comme *High Tech High* montrent une autre voie, en intégrant l'apprentissage par projets à l'ensemble de l'école. Les expositions, les critiques constructives et les travaux authentiques y sont des pratiques quotidiennes, et non de simples activités périphériques (Berger et al., 2014).

De nouvelles expériences voient le jour un peu partout et dessinent les contours d'une autre manière d'apprendre. Certaines familles et enseignants inventent des micro-écoles pour explorer des approches inédites. Dans le secteur public, des espaces dits *"bac à sable"* offrent aux écoles la possibilité d'expérimenter l'évaluation par portfolios, la gouvernance partagée ou encore de nouvelles formes de cohérence pédagogique. Dans plusieurs villes, l'apprentissage s'étend au-delà des murs de l'école : bibliothèques, musées, parcs et commerces deviennent autant de prolongements du campus à travers des projets communs. Cette dynamique se prolonge en ligne, où des réseaux relient des apprenants du monde entier, tout en veillant à préserver attention et autonomie grâce à une utilisation plus éthique et transparente des données.

Ce que toutes ces initiatives partagent, ce n'est pas un modèle unique mais une manière d'aborder le changement. La transformation ne dépend pas de politiques parfaites. Elle commence petit, par des prototypes et des expériences capables de grandir et de s'adapter aux besoins locaux. Lorsqu'elles sont partagées et reliées, ces tentatives s'entrelacent en réseaux plus vastes. Au fil du temps, de petites communautés peuvent se relier pour former des écosystèmes d'apprentissage plus larges, enracinés dans leurs contextes mais capables de se tendre la main à travers la distance pour composer quelque chose de plus grand.

VERS UNE PÉDAGOGIE DE LA CONSCIENCE

Certains critiques rejettent l'éducation émergente comme une utopie. Mais la véritable illusion est de croire que davantage de standardisation et de contrôle pourraient nous préparer à l'avenir qui est déjà là. Une inquiétude fréquente est que l'équité recule si l'on donne plus d'autonomie aux élèves. Pourtant, l'équité n'est pas l'uniformité : c'est l'engagement à offrir à chaque apprenant le soutien, la liberté et le défi dont il a besoin pour s'épanouir. D'où une question pratique : comment savoir si cela fonctionne ? La réponse réside dans des indicateurs plus larges — cohérence, autonomie, capacité de transfert et bien-être — et, en fin de compte, dans la vie de celles et ceux qui, devenus adultes, contribuent à des communautés plus saines et à des économies régénératives. On soulève parfois aussi la question de la rigueur. Or, affronter une complexité réelle, maintenir un effort soutenu dans le temps et se rendre compte devant ses pairs lors de présentations publiques exige une rigueur plus profonde et plus durable que n'importe quel exercice standardisé (Berger et al., 2014; Ryan & Deci, 2020).

Si ce livre cherche à réhabiliter le sacré sans croyance et à nourrir une éthique post-croyance enracinée dans la conscience, alors l'éducation devient la clef de voûte d'une telle culture. Une *pédagogie de la conscience* n'est pas une idéologie de plus. Elle ne cherche pas à endoctriner, mais à ouvrir à l'expérience directe : celle du souffle et du corps, de la relation et du dialogue, et de l'émerveillement face à la nature et au mystère. Son but est de nourrir le discernement plutôt que le dogme, de faire grandir la cohérence plutôt que la conformité, et d'entretenir la curiosité plutôt que le cynisme.

Ce travail prend vie à travers des pratiques qui se renforcent mutuellement. Comme nous l'avons vu plus tôt, les cercles de dialogue invitent à une écoute attentive et permettent aux communautés de penser ensemble de façon qu'aucun individu ne pourrait accomplir seul (Bohm, 1996). Cette écoute s'approfondit grâce aux méthodes contemplatives, qui apaisent le système nerveux et ancrent l'attention dans le présent, sans nécessiter l'adhésion à un credo (Bishop et al., 2004). Avec une attention plus stable, les apprenants peuvent alors s'ouvrir à la pensée systémique, qui suit les fils de cause et d'effet à différentes échelles et leur donne les moyens d'imaginer des approches régénératives en économie comme en écologie (Meadows, 2008). Et lorsque ces manières de voir s'allient à des pratiques démocratiques inscrites dans la vie quotidienne de l'école, les élèves n'apprennent pas seulement la responsabilité et la voix : ils vivent une expérience concrète qui renforce leur résilience face aux séductions autoritaires.

À son meilleur, une pédagogie de la conscience révèle l'éducation comme à la fois profondément personnelle et fondamentalement collective. Sa finalité n'est pas de produire des citoyens pour l'économie, mais de former des êtres humains capables de vivre avec profondeur et responsabilité. Elle appelle à créer des environnements d'apprentissage où la présence éveillée devient la norme, où la curiosité est protégée, et où la cohérence se pratique chaque jour dans le corps, l'esprit et la communauté.

PRÉPARER LA VENUE DE L'HUMAIN QUI VIENT

Nous ne pouvons plus prétendre qu'un modèle scolaire hérité du XIXᵉ siècle, conçu sur le moule de l'usine, portera une civilisation du XXIᵉ siècle vers l'avenir. La vraie question n'est pas de savoir si nous pouvons nous permettre de transformer l'éducation, mais si nous pouvons nous permettre de ne pas le faire. Les écoles doivent devenir des portails d'éveil, où les enfants ne sont pas seulement vus comme des apprenants mais comme des catalyseurs d'émergence, participant à la conception, à la gouvernance, à l'évaluation et aux pratiques quotidiennes. Éduquer pour l'émergence, c'est faire confiance à l'intelligence de la vie elle-même, cette force qui façonne les cellules en corps et les individus en communautés.

Si nous créons les conditions de sécurité, d'autonomie, de relation et d'émerveillement, la cohérence et la curiosité suivront naturellement. Dans de tels environnements peut s'épanouir une humanité plus éthique, plus compatissante et plus éveillée. Encore faut-il que ces idées prennent chair, car tant qu'elles restent théoriques, elles demeurent des abstractions. L'éducation émergente ouvre un nouveau regard, mais seule l'audace permet de traduire cette vision en actes. Nous n'avons pas à attendre l'aval d'institutions conçues pour nous conditionner. L'appel est clair : agir dès maintenant, expérimenter, tisser des liens et bâtir des communautés de pratique où la rébellion devient création, et où l'avenir s'écrit déjà par celles et ceux qui osent le vivre.

RÉFÉRENCES

Armstrong, T. (2010). *Neurodiversity: Discovering the extraordinary gifts of autism, ADHD, dyslexia, and other brain differences.* Da Capo Press.

Barron, B., & Darling-Hammond, L. (2008). Teaching for meaningful learning: A review of research on inquiry-based and cooperative learning. In L. Darling-Hammond et al., *Powerful learning: What we know about teaching for understanding* (pp. 11–70). Jossey-Bass.

Berger, R., Rugen, L., & Woodfin, L. (2014). *Leaders of their own learning: Transforming schools through student-engaged assessment.* Jossey-Bass.

Bishop, S. R., Lau, M., Shapiro, S., Carlson, L., Anderson, N. D., Carmody, J., Segal, Z. V., Abbey, S., Speca, M., Velting, D., & Devins, G. (2004). Mindfulness: A proposed operational definition. *Clinical Psychology: Science and Practice, 11*(3), 230–241. https://doi.org/10.1093/clipsy.bph077

Bohm, D. (1996). *On dialogue.* Routledge.

Cozolino, L. (2013). *The social neuroscience of education: Optimizing attachment and learning in the classroom.* W. W. Norton.

Deci, E. L., & Ryan, R. M. (2000). The what and why of goal pursuits: Human needs and the self-determination of behavior. *Psychological Inquiry, 11*(4), 227–268. https://doi.org/10.1207/S15327965PLI1104_01

Dweck, C. S. (2006). *Mindset: The new psychology of success.* Random House.

Fullan, M., Quinn, J., & McEachen, J. (2018). *Deep learning: Engage the world change the world.* Corwin.

Gray, P. (2013). *Free to learn: Why unleashing the instinct to play will make our children happier, more self-reliant, and better students for life.* Basic Books.

Holland, J. H. (1998). *Emergence: From chaos to order.* Oxford University Press.

Kauffman, S. (1995). *At home in the universe: The search for laws of self-organization and complexity.* Oxford University Press.

Lave, J., & Wenger, E. (1991). *Situated learning: Legitimate peripheral participation.* Cambridge University Press.

Lillard, A. S. (2017). *Montessori: The science behind the genius* (3rd ed.). Oxford University Press.

McCraty, R., & Childre, D. (2010). Coherence: Bridging personal, social, and global health. *Alternative Therapies in Health and Medicine, 16*(4), 10–24.

Meadows, D. H. (2008). *Thinking in systems: A primer.* Chelsea Green.

Morin, E. (2008). *On complexity.* Hampton Press.

Newport, C. (2019). *Digital minimalism: Choosing a focused life in a noisy world.* Portfolio.

Porges, S. W. (2011). *The polyvagal theory: Neurophysiological foundations of emotions, attachment, communication, and self-regulation.* W. W. Norton.

Ritchhart, R. (2015). *Creating cultures of thinking: The 8 forces we must master to truly transform our schools.* Jossey-Bass.

Ryan, R. M., & Deci, E. L. (2020). Intrinsic and extrinsic motivation from a self-determination theory perspective: Definitions, theory, practices, and future directions. In R. M. Ryan (Ed.), *The Oxford handbook of human motivation* (2nd ed., pp. 1–34). Oxford University Press.

Sahlberg, P. (2015). *Finnish lessons 2.0: What can the world learn from educational change in Finland?* Teachers College Press.

Siegel, D. J. (2012). *The developing mind: How relationships and the brain interact to shape who we are* (2nd ed.). Guilford Press.

Tomasello, M. (2019). *Becoming human: A theory of ontogeny.* Harvard University Press.

van der Kolk, B. (2014). *The body keeps the score: Brain, mind, and body in the healing of trauma.* Viking.

Chapitre 18

N'attendez pas la permission : bâtissez la révolution maintenant

> « Nous devons être les architectes
> de l'avenir, non ses victimes. »
> — R. Buckminster Fuller

À l'aube, les bouilloires solaires sifflent, laissant filer dans l'air frais un mince panache de vapeur. Un enfant traverse la ruelle sur une bicyclette forgée dans l'atelier du village, apportant du pain cuit dans le four collectif à un voisin convalescent. Dans la cour, les anciens suspendent des lanternes pour la fête des moissons qui s'annonce. Au-dessus d'eux, un discret signal lumineux sert de relais d'apprentissage, reliant les groupes voisins grâce à des leçons partagées qui circulent librement dans l'air, comme une radio locale ou un petit réseau sans fil communautaire.

Il n'y a ni voitures, ni publicités, ni même de policiers. Pourtant règnent l'ordre, le rire et une profonde sensation d'appartenance. Cet endroit n'a pas été décrété d'en haut, il a émergé peu à peu, fruit de conversations patientes, d'expérimentations, d'échecs surmontés, de repas partagés, de rêves éclos au cœur de la nuit et de la terre encore collée sous les ongles.

De telles scènes se déroulent déjà au Chiapas, au Pays basque, au Kerala, dans certains quartiers de Séoul, dans des campagnes portugaises ou dans des petites villes apparemment banales, au Nord comme au Sud de la planète. Chacun de ces lieux est un nœud d'un réseau grandissant de sociétés parallèles, liées moins par l'idéologie que par le travail concret consistant à répondre aux besoins hors des systèmes de contrôle. La véritable question n'est plus de savoir si ces espaces peuvent exister. Ils existent déjà. La question brûlante est désormais : *comment en faire éclore suffisamment, et les tisser entre eux, pour soutenir nos communautés dans les bouleversements qui s'annoncent ?*

CONSTRUIRE HORS DES MURS

Ce que beaucoup appellent la *Matrice* n'est pas une poignée de dirigeants tirant les ficelles. C'est tout un système composé de l'argent, des gouvernements, des lois, des écoles et des médias, qui nous maintient dans la dépendance, canalise la contestation et oriente notre attention.

Elle agit à travers le crédit et la dette, comme l'a montré Graeber (2011), et par l'intermédiaire de règles bureaucratiques qui, selon Scott (1998), étouffent les savoirs locaux pour les remplacer par des procédures standardisées. À sa racine, ce système est soutenu par un mythe qu'Eisenstein (2013) appelle l'histoire de la séparation et de la rareté, où le salut ne peut venir que d'une autorité centrale. Ensemble, ces dynamiques forment une toile invisible qui oriente silencieusement notre manière de vivre et de concevoir ce qui est possible.

C'est pourquoi les sociétés parallèles ne gaspillent pas leur énergie à demander à la *Matrice* de se réformer. Plutôt que de supplier pour obtenir un changement, elles choisissent de s'en retirer, ce qu'Hirschman (1970) appelle *la voie de la sortie*. Sortir ne signifie pas fuir, mais créer des alternatives. Les communautés qui empruntent ce chemin bâtissent des réseaux décentralisés (Ostrom, 1990, 2010), centrés sur l'humain (Illich, 1973) et organisés en *pair-à-pair* (Bauwens & Kostakis, 2014).

Ces alternatives fonctionnent sans demander la permission aux pouvoirs centraux. Elles apportent à la fois du sens et une autonomie matérielle, et elles sont conçues pour être résilientes, régénératrices, et même renforcées par l'épreuve (Taleb, 2012). En ce sens, la sortie n'est pas un retrait mais une construction, une manière de bâtir la vie en dehors du système de dépendance.

DE L'EFFONDREMENT AU RENOUVEAU

Partout dans le monde, la confiance envers les institutions s'effrite. Les gouvernements perdent leur légitimité, les médias leur crédibilité, et même la science, entremêlée à l'industrie et à la politique, est de plus en plus jugée à travers le prisme du pouvoir et de l'argent (Mirowski, 2011). À première vue, cela ressemble à un effondrement. Mais dans la nature, l'effondrement n'est que rarement une fin. La décomposition nourrit la renaissance, le compost devient un sol fertile, et de même, lorsque des systèmes complexes se brisent, ils se réorganisent souvent sous une forme nouvelle (Capra & Luisi, 2014).

Les *sociétés parallèles* sont l'une des manières dont cette réorganisation prend corps. Elles ouvrent des espaces où de nouvelles formes de vie et de coopération peuvent croître, enracinées dans la régénération, la réciprocité et la confiance. Comme l'incendie de forêt qui prépare l'éclosion de jeunes pousses, ou comme le compost qui transforme les déchets en nourriture, l'effondrement peut créer les conditions de la résilience. Après la chute de l'Union soviétique, par exemple, les communautés russes et cubaines ont survécu grâce aux jardins de quartier et aux réseaux de troc qui maintenaient les villes en vie malgré l'écroulement de l'État. À Porto Rico, après le passage de l'ouragan Maria, les habitants ont mis en place des cuisines collectives et de petits réseaux solaires. Ces initiatives ont marqué le début d'un nouveau mode de vie, prouvant que même au cœur de la catastrophe, le renouveau peut éclore.

À travers la planète, des communautés poursuivent aujourd'hui ces leçons. Les *écovillages* associent jardins, énergies renouvelables et gouvernance coopérative dans la vie quotidienne. Des *coopératives numériques*, comme les applications de taxi détenues par leurs chauffeurs à New York ou *Fairbnb* en Europe, permettent aux travailleurs et aux usagers de co-posséder les outils dont ils dépendent. Sur Internet, des communautés appelées *organisations décentralisées et autonomes* (ou DAO) utilisent la technologie de la *chaîne de blocs* pour mettre leurs ressources en commun et financer des projets, sans avoir besoin d'un chef ou d'une autorité centrale. Dans l'éducation, des centres d'apprentissage autogéré, de l'Inde aux États-Unis, offrent aux jeunes la liberté de construire leur propre chemin hors des carcans scolaires. Même si leurs formes varient, toutes ces initiatives naissent d'un même élan : reprendre en main les besoins essentiels de la vie grâce à la coopération plutôt que de rester dans la dépendance.

Cet élan se manifeste avec force dans l'économie. Les sociétés parallèles créent des réseaux où la valeur circule localement, où les richesses sont partagées plus équitablement, et où les ressources sont restaurées plutôt qu'épuisées. À *Arrasate*, une ville basque, caissiers, ingénieurs et ouvriers sont copropriétaires des usines où ils travaillent. Les bénéfices reviennent à la communauté, les écoles enseignent la gestion coopérative en même temps que les mathématiques, et lorsque l'une des entreprises faiblit, les autres interviennent pour préserver les emplois. Ailleurs, on retrouve des modèles semblables. En Suisse, le *système WIR* permet aux entreprises d'échanger grâce à une monnaie parallèle, soutenant l'activité même en période de crise (Stodder, 2009). En Espagne, la *coopérative de Mondragón*, tout comme les *Evergreen Cooperatives* de Cleveland (Ohio, É-U), ancrent les richesses localement au lieu de les laisser s'évaporer (Guinan & O'Neill, 2019). Au Kenya, le

Bangla Pesa offre aux voisins un moyen d'échanger quand l'argent liquide se fait rare, tandis que dans de nombreux pays, les banques du temps transforment les heures de soin et de service en une véritable monnaie (Cahn, 2004). Même la chaîne de blocs, une fois débarrassée de la spéculation, peut servir les communautés en leur permettant de mutualiser leurs ressources et de prendre leurs décisions collectivement (De Filippi & Wright, 2018 ; Hassan & De Filippi, 2021).

Mais le renouveau prend aussi des formes qui échappent à la monnaie. Au-delà des nouvelles devises et des coopératives, les sociétés parallèles ne survivent que si elles transforment leurs bases matérielles : la terre, la nourriture et les infrastructures. Le système dominant considère la terre comme une marchandise, la nourriture comme une simple ressource à exploiter, et les infrastructures comme des leviers de contrôle centralisé. Les communautés régénératrices suivent une autre voie : elles enracinent leur autonomie dans le soin porté à leur territoire, et reconnaissent que la véritable résilience dépend du sol, de l'eau, de l'abri et de l'énergie. On le voit dans les écovillages qui intègrent énergies renouvelables, conception écologique et gouvernance partagée dans le quotidien (Litfin, 2014), ou encore à *Tamera*, au Portugal, où la restauration des écosystèmes s'accompagne de structures sociales fondées sur la confiance et de pratiques culturelles partagées (Schweiger, 2010).

La nourriture, elle aussi, devient un pilier de la résilience. L'agroécologie et la permaculture appliquent les principes de l'écologie à l'agriculture, mariant savoirs traditionnels et conception moderne pour favoriser la souveraineté alimentaire et l'abondance (Altieri, 2018 ; Mollison & Holmgren, 1978/1990). À Cuba, quand l'effondrement de l'Union soviétique a coupé l'accès aux énergies fossiles, les toits et les terrains de quartier de La Havane se sont transformés en potagers, et la nécessité a donné naissance à une infrastructure durable de résilience. Quant à la terre, elle peut être soustraite à la spéculation grâce aux fiducies foncières communautaires qui garantissent une propriété collective et abordable dans la durée (Davis, 2010).

Ces exemples montrent que l'effondrement n'est pas nécessairement une fin. Ils révèlent aussi que la rareté n'est pas une fatalité mais une manière de concevoir nos systèmes, que nous pouvons transformer en suffisance, en réciprocité et en abondance (Hopkins, 2008 ; Knapp, Flach & Ayboga, 2016 ; Guinan & O'Neill, 2019 ; Whyte & Whyte, 1991). Enfin, ces expériences nous rappellent que le renouveau n'est pas un concept abstrait, mais un vécu au quotidien, qui prépare le terrain pour repenser en profondeur nos façons de gouverner, d'apprendre et de prendre soin les uns des autres.

UNE GOUVERNANCE SANS MAÎTRES

Les sociétés parallèles explorent aussi de nouvelles façons de décider ensemble, qui partagent le pouvoir plus équitablement et permettent aux groupes de s'adapter en chemin. En *sociocratie*, les personnes se réunissent en cercles, où les décisions sont prises par consentement et où la rétroaction fait partie intégrante du processus, afin que chaque voix puisse être entendue (Buck & Villines, 2007). L'*holacratie* suit une autre voie : elle organise le travail autour de rôles plutôt que de titres figés, ce qui rend les groupes plus flexibles et moins dépendants des hiérarchies (Robertson, 2015).

D'autres expérimentations en matière de gouvernance apparaissent à l'échelle des villes et des régions. À Porto Alegre, au Brésil, les habitants ont été parmi les premiers à mettre en place le *budget participatif*, un processus par lequel les communautés décident directement de l'utilisation des fonds publics, un modèle aujourd'hui adopté dans de nombreuses régions du monde (Wampler, 2007 ; Sintomer, Herzberg, Röcke

& Allegretti, 2012). *Porto Alegre* illustre comment la participation peut transformer les institutions officielles, tandis que le *Rojava*, en Syrie, montre que les communautés peuvent bâtir des structures entièrement nouvelles : assemblées de quartier, conseils de femmes et économies coopératives, le tout maintenu même en pleine guerre (Knapp, Flach & Ayboga, 2016). Au Chiapas, au Mexique, les *communautés zapatistes* offrent un autre exemple durable : depuis des décennies, elles gèrent leurs propres écoles, cliniques et pratiques agricoles en dehors du contrôle de l'État (Esteva & Prakash, 1998). Et à Barcelone, un *mouvement municipaliste* transpose ces principes dans un cadre urbain européen, en réclamant la ville comme un bien commun et en concevant la gouvernance comme une responsabilité partagée plutôt qu'une hiérarchie (Rubio-Pueyo, 2017).

Ces modèles ne se répandent pas sous la forme de plans rigides. Ils évoluent comme des protocoles ouverts, adaptés à chaque lieu et à chaque culture.

AUX RACINES, LA CULTURE ET LE RÉCIT

Les institutions ne survivent guère sans une culture pour les porter. La *Matrice*, elle, cherche à substituer au mythe la marque, au rituel les cérémonies de consommation, et à l'art un divertissement formaté. Les sociétés parallèles choisissent un chemin inverse : elles réenchantent la culture en la recréant et en la partageant. On y retrouve des rites de passage qui accompagnent le passage de l'enfance à l'âge adulte, des fêtes saisonnières célébrant les cycles de la nature, des cercles où anciens et jeunes échangent leurs récits et leurs savoirs, ainsi que des guildes artisanales qui redonnent sens et vitalité à des savoir-faire que la production de masse avait réduits à de simples objets.

Dans les *villes en transition* (*Transition Towns*) du Royaume-Uni, des communautés s'organisent pour imaginer une vie affranchie de la dépendance aux énergies fossiles et de la consommation effrénée. Nées à Totnes, en Angleterre, ces initiatives locales se sont depuis propagées à travers le monde, invitant les quartiers à relocaliser leur alimentation, leur énergie et leur culture. Dans ces villes, on célèbre des fêtes des récoltes et des journées de partage de savoir-faire qui mêlent fête et construction de résilience. En Scandinavie, des coopératives artisanales redonnent vie aux arts textiles, à la menuiserie et aux traditions culinaires locales, réinscrivant ces pratiques dans la trame du quotidien communautaire.

Ici, la culture n'est pas un produit à acheter mais une pratique à vivre. L'historien Peter Linebaugh parle de *mise en commun* : une culture envisagée comme une pratique partagée plutôt qu'une marchandise (Linebaugh, 2008). Le récit joue lui aussi un rôle central. Comme le note Eisenstein (2013), nous traversons un changement d'histoire. Les sociétés parallèles racontent de nouveaux mythes de parenté, de réciprocité et de co-création. Dans ces récits, l'être humain n'est plus un consommateur ou un rouage, mais un gardien et un participant d'une trame vivante. Et parce que le récit précède la structure, ces mutations culturelles fournissent les fondations à partir desquelles de nouvelles institutions peuvent naître.

LA TECHNOLOGIE COMME SERVANTE, NON COMME SOUVERAINE

Le contrôle de la technologie commence par une question simple : *qui possède les réseaux, les plateformes et les appareils dont nous dépendons* ? Les sociétés parallèles privilégient les outils ouverts et partagés, comme les logiciels libres que chacun peut utiliser et améliorer, les services Internet gérés par les communautés qui gardent l'accès local, et les architectures de réseau qui permettent aux habitants de contrôler eux-mêmes leurs données et leurs ressources (Brock, Harris-Braun & Luck, 2019). Dans certaines villes, des voisins ont mis en place des réseaux Wi-Fi communautaires, tandis que dans des zones rurales d'Amérique latine, des réseaux maillés permettent aux villages de rester connectés sans dépendre des grandes compagnies de télécommunications. Ces infrastructures ne sont pas périphériques : elles sont le système nerveux de l'autonomie au XXIe siècle.

Dans le même esprit, les sociétés parallèles adoptent les *technologies appropriées* (Schumacher, 1973). Un four solaire, un atelier collaboratif de réparation ou une bibliothèque d'outils communautaire peuvent faire davantage pour la souveraineté qu'un oracle artificiel dernier cri. Les technologies simples ne rejettent pas l'innovation. Elles misent plutôt sur la sobriété, la facilité de réparation et la solidité face aux aléas de la vie (König, 2020). Dans cette approche, la technologie est mise au service de la liberté et du renouveau, au lieu d'être un instrument d'exploitation et de contrôle.

LA COHÉRENCE INTÉRIEURE

Les sociétés parallèles ne se contentent pas de bâtir de nouvelles architectures pour la terre, l'économie ou la gouvernance. Elles accordent aussi une attention profonde à la vie intérieure. Car la *Matrice* ne modèle pas seulement les institutions, elle façonne aussi nos esprits et nos corps, en inscrivant la peur, la honte et la division jusque dans le système nerveux. Si ces blessures ne sont pas reconnues et apaisées, les nouvelles communautés risquent de répéter les mêmes schémas de domination qu'elles espéraient quitter.

C'est pourquoi les pratiques de guérison et de réflexion sont intégrées au tissu collectif. Une gouvernance consciente des traumatismes reconnaît que les blessures non résolues peuvent influencer les conflits et les décisions (van der Kolk, 2014). Les *cercles restauratifs* prolongent ce travail en offrant des espaces où les blessures sont abordées par le dialogue et la réparation plutôt que par la punition ou le silence. Des pratiques contemplatives comme la méditation, les exercices respiratoires ou la prière proposent aux communautés des moyens partagés pour stabiliser l'attention, apaiser la réactivité et cultiver l'empathie (UNESCO, 2021). Ainsi, le système nerveux lui-même devient une infrastructure sociale.

De tels exemples existent déjà. Dans certaines communautés autochtones d'Amérique du Nord, les cercles restauratifs sont depuis longtemps utilisés pour réunir les personnes après un tort subi, permettant que les récits soient entendus, les responsabilités assumées et la confiance reconstruite. Ce modèle a depuis été adapté dans des écoles, des coopératives et des communautés intentionnelles partout dans le monde, comme une manière d'aborder les conflits sans recourir à la punition.

Quand les communautés apprennent à cultiver ensemble le calme et la cohérence, elles deviennent moins vulnérables aux manipulations et aux divisions venues de l'extérieur. La cohérence intérieure n'est donc pas un luxe privé, mais une nécessité publique. Elle est le socle invisible qui permet aux institutions extérieures de rester libres, souples et humaines, au lieu de retomber dans des réflexes autoritaires.

DE LA VISION À LA PRATIQUE

Construire une société parallèle ne repose pas sur de grandes déclarations, mais sur une pratique constante, patiente et disciplinée. Chaque communauté trace son propre chemin, mais certains motifs reviennent sans cesse. La culture vient toujours en premier, car la confiance et le sens partagé sont le ciment qui tient l'ensemble. Puis vient l'ancrage dans une terre ou un lieu, qui rend la souveraineté tangible et inscrit les idéaux dans la vie quotidienne.

La vie économique est maintenue plurielle, sans dépendance à un seul système. Les coopératives, les crédits mutuels, les banques de temps et les monnaies locales permettent de garder la valeur à l'intérieur de la communauté, au lieu de la voir s'échapper (Cahn, 2004). Ce principe de distribution s'étend aussi à la gouvernance, où l'autorité se partage par des cercles, des chartes et des processus participatifs qui rendent les communautés capables de s'adapter en grandissant (Ostrom, 2010; Wampler, 2007). L'éducation prolonge le modèle d'une génération à l'autre, en alignant l'apprentissage sur la curiosité, la responsabilité et la capacité à s'auto-diriger (Illich, 1971; Gray, 2013).

Pour mesurer le succès, ces communautés s'éloignent du PIB et s'orientent vers de nouvelles boussoles qui évaluent le bien-être, la réciprocité et la santé écologique. La *Théorie du beignet* de Kate Raworth offre l'un de ces repères, montrant comment la vie peut prospérer à l'intérieur des limites écologiques tout en respectant des fondations sociales (Raworth, 2017). La résilience grandit encore lorsque des groupes locaux se relient en réseaux plus larges de solidarité et de partage de ressources, afin qu'aucune communauté ne reste isolée. Les leçons tirées de l'expérience ne sont pas gardées secrètes : elles sont consignées, partagées et adaptées, les chartes de gouvernance et les pratiques coopératives circulant librement d'un réseau à l'autre (Bauwens & Kostakis, 2014).

Même avec des fondations solides, les communautés reconnaissent que la structure seule ne suffit pas. La vie intérieure doit aussi être cultivée. Le travail du deuil, les célébrations et la gratitude maintiennent vivant l'élan humain, nourrissant le sol émotionnel sur lequel reposent des sociétés durables et résilientes (van der Kolk, 2014).

Ces motifs nous rappellent qu'une société parallèle ne se construit pas en une nuit. Elle croît lentement, par la répétition, l'affinement et l'attention, comme un jardin qui mûrit à travers les saisons.

QUITTER LA MATRICE

Le travail de la liberté ne s'écrit pas dans les hémicycles parlementaires ni ne se polit au sein des conseils d'administration. Il grandit discrètement dans les espaces du quotidien, là où les gens réapprennent à vivre ensemble. Il peut commencer dans la chaleur d'une cuisine où une récolte partagée devient le repas d'un voisin, puis se poursuivre dans une coopérative qui maintient la richesse au sein de la communauté, ou dans une assemblée où l'eau et la terre ne sont pas considérées comme des marchandises, mais comme des responsabilités communes. On retrouve ce même esprit dans le rythme tranquille d'un café-réparation, où des objets usés retrouvent vie, où les savoir-faire passent de main en main, et où la communauté se tisse dans le bourdonnement des conversations partagées.

À partir de ces commencements, le renouveau ne tarde pas à s'élargir. Un simple jardin peut devenir une forêt nourricière, tandis que les pratiques de permaculture redonnent vie à des sols qu'on croyait stériles. Des assemblées locales ouvrent des espaces où les voix directes peuvent se faire entendre, et des réseaux en ligne prolongent ce même principe, en mutualisant des ressources sans passer par un contrôle centralisé. La continuité de ce renouveau se transmet dans les cercles de récit, où les anciens partagent la mémoire et les jeunes apportent leur vision, chaque génération enrichissant la trame du sens. Aucune de ces pratiques n'existe isolément. Ensemble, elles expriment le refus d'attendre l'effondrement de la *Matrice* et la volonté de tisser des réseaux de soin et de réciprocité, jusqu'à ce que le système, peu à peu, se transforme en compost.

Suivre ce chemin, c'est devenir les jardiniers du futur. Cela commence par prendre soin de la terre et planter des arbres, mais ce soin s'étend naturellement au monde humain : nourrir les communautés, réparer les maisons, transmettre des histoires capables d'abriter les générations à venir. C'est un engagement à ne plus attendre l'autorisation, mais à se retrouver les uns les autres dans les cuisines, les ateliers, sous les canopées, ou dans les conseils de quartier — partout où la vie se construit ensemble. De ces rassemblements jaillit à la fois la continuité et le changement : les anciens langages du soin reviennent, tandis que de nouveaux dialectes de liberté numérique apparaissent. Avec le temps, ces pratiques reconfigurent la texture même de la vie quotidienne, transformant les rues, les bassins versants et les réseaux en biens communs où la liberté peut à nouveau prendre racine.

La *Matrice* n'annoncera jamais le moment où elle perd son emprise. Mais les signes seront évidents. Nous les reconnaîtrons dans la solidité tranquille de la résilience, dans la confiance partagée entre voisins, et dans cette profonde certitude que, déjà, nous avons commencé à bâtir la prochaine civilisation.

RÉFÉRENCES

Altieri, M. A. (2018). Agroecology: The science of sustainable agriculture (2e éd.). CRC Press.

Bauwens, M., & Kostakis, V. (2014). Network society and future scenarios for a collaborative economy. Palgrave Pivot.

Brock, A., Harris-Braun, E., & Luck, M. (2019). Holochain white paper: Scalable agent-centric distributed computing. Fondation Holochain.

Buck, J., & Villines, S. (2007). We the people: Consenting to a deeper democracy: A guide to sociocratic principles and methods. Sociocracy.info Press.

Cahn, E. (2004). No more throw-away people: The co-production imperative. Essential Books.

Capra, F., & Luisi, P. L. (2014). The systems view of life: A unifying vision. Cambridge University Press.

Davis, J. E. (2010). The community land trust reader. Lincoln Institute of Land Policy.

De Filippi, P., & Wright, A. (2018). Blockchain and the law: The rule of code. Harvard University Press.

Eisenstein, C. (2013). The more beautiful world our hearts know is possible. North Atlantic Books.

Esteva, G., & Prakash, M. S. (1998). Grassroots post-modernism: Remaking the soil of cultures. Zed Books.

Gray, P. (2013). Free to learn. Basic Books.

Graeber, D. (2011). Debt: The first 5,000 years. Melville House.

Guinan, J., & O'Neill, M. (2019). The case for community wealth building. Polity.

Hassan, S., & De Filippi, P. (2021). Decentralized autonomous organizations and the challenge of governance. Journal of Institutional Economics, 17(2), 1–20.

Hirschman, A. O. (1970). Exit, voice, and loyalty: Responses to decline in firms, organizations, and states. Harvard University Press.

Hopkins, R. (2008). The transition handbook: From oil dependency to local resilience. Green Books.

Illich, I. (1971). Deschooling society. Harper & Row.

Illich, I. (1973). Tools for conviviality. Harper & Row.

Knapp, M., Flach, A., & Ayboga, E. (2016). Revolution in Rojava: Democratic autonomy and women's liberation in Syrian Kurdistan. Pluto Press.

König, G. (2020). Low tech: Rethinking the future of technology. Riemann Verlag.

Linebaugh, P. (2008). The Magna Carta manifesto: Liberties and commons for all. University of California Press.

Litfin, K. (2014). Ecovillages: Lessons for sustainable community. Polity Press.

Mirowski, P. (2011). Science-mart: Privatizing American science. Harvard University Press.

Mollison, B., & Holmgren, D. (1990). Permaculture one. Transworld Publishers. (Ouvrage original publié en 1978)

Raworth, K. (2017). Doughnut economics: Seven ways to think like a 21st-century economist. Chelsea Green.

Robertson, B. J. (2015). Holacracy: The new management system for a rapidly changing world. Henry Holt.

Rubio-Pueyo, V. (2017). Municipal socialism and the politics of the commons. Rosa Luxemburg Stiftung.

Schumacher, E. F. (1973). Small is beautiful: Economics as if people mattered. Harper & Row.

Schweiger, D. (2010). Tamera: A model for the future. Verlag Meiga.

Scott, J. C. (1998). Seeing like a state: How certain schemes to improve the human condition have failed. Yale University Press.

Sintomer, Y., Herzberg, C., Röcke, A., & Allegretti, G. (2012). Transnational models of citizen participation: The case of participatory budgeting. Journal of Public Deliberation, 8(2), Article 9.

Stodder, J. (2009). Complementary credit networks and macroeconomic stability: Switzerland's Wirtschaftsring. Journal of Economic Behavior & Organization, 72(1), 79–95.

Taleb, N. N. (2012). Antifragile: Things that gain from disorder. Random House.

UNESCO. (2021). Reimagining our futures together: A new social contract for education. UNESCO Publishing.

van der Kolk, B. (2014). The body keeps the score: Brain, mind, and body in the healing of trauma. Viking.

Whyte, W. F., & Whyte, K. K. (1991). Making Mondragon: The growth and dynamics of the worker cooperative complex (2e éd.). ILR Press.

Épilogue :

L'Éveil du Robot Humain

« La vérité de la chose, c'est que le monde est vivant, et que nous faisons corps avec lui. Nos corps ne sont pas séparés de la terre qui respire ; ils naissent de son souffle, se nourrissent de sa chair, et s'abreuvent de son sang invisible. Refuser cela, c'est trahir notre essence, c'est oublier qui nous sommes. »
— David Abram

Le grand mensonge de notre ère n'est pas seulement de nous faire croire que nous sommes des machines. Il est bien plus perfide : c'est d'affirmer que nous ne sommes que des machines, des entités isolées, programmables, destinées à obéir, et conçues pour l'optimisation et la productivité. Mais sous cette fiction glaciale, sous ce mythe mécanique, une lumière ancienne n'a jamais cessé de brûler. Elle palpite dans nos rêves, frémit dans nos poèmes, se dresse dans nos chants, et ce n'est que dans le silence qu'elle se laisse entendre. Aujourd'hui, après des générations d'amnésie, ce souffle oublié se lève, farouche et insaisissable.

Ce soulèvement n'a rien d'une révolution ordinaire. Il ne renverse ni palais ni régimes, car son terrain n'est pas celui du pouvoir visible. Il ne brandit ni armes ni couronnes, car sa force se situe ailleurs, dans l'invisible qui se transmet de cœur en cœur. Il ne s'offre pas en marchandise sur les étals du monde, car il échappe au commerce comme au calcul, et ne se laisse pas réduire au spectacle vorace des écrans. L'éveil du *Robot Humain* est d'une autre nature : une insoumission douce mais irrémédiable (Berry, 1999), une sortie discrète hors de la

Matrice, une exode silencieuse qui échappe au langage du pouvoir. Nous ne quittons pas ce monde en frappant du poing : nous le quittons en nous souvenant. Et dans ce souvenir, nous nous retrouvons, car c'est là que nous redevenons pleinement vivants et profondément humains.

LA MATRICE NE PEUT NOUS CONTENIR

Chaque empire survit grâce à une histoire. Toujours la même, toujours répétée, modulée, travestie, mais inchangée dans son essence : sans lui, nous serions impuissants ; sans ses lois, nous serions dangereux ; sans son autorité, l'ordre s'effondrerait dans le chaos. Les formes se renouvellent et les outils se transforment, qu'il s'agisse de sceptres ou d'algorithmes, de monnaies ou de dogmes, de trônes ou de systèmes d'exploitation. Mais derrière ces métamorphoses, le mythe demeure.

La *Matrice* contemporaine avance masquée, parée de vertus : elle promet la sécurité, l'innovation et la commodité. Pourtant, sous cette surface séduisante, son socle est construit sur l'oubli. L'oubli de nos corps, de nos racines, de nos instincts, et surtout de la dimension sacrée de l'existence, celle qui échappe aux chiffres, aux calculs, aux réseaux et aux écrans (Kumar, 2002). Comme annoncé dès le commencement de ce livre, le *Robot Humain* n'est pas une métaphore : il est l'horizon voulu d'une guerre patiente, d'une lente offensive contre le mystère vibrant de la vie.

Cette guerre ne tonne pas de bombes ni de canons. Elle se mène par les récits, par les tests standardisés, par les flux infinis que nous défilons du pouce, par les scores de crédit et les identités biométriques, par les extrêmes idéologiques et les boucles de dopamine. Elle s'infiltre dans nos jours et dans nos nuits, et finit par susurrer partout le même ordre : « *Ne pense pas. Ne ressens pas. Obéis.* »

La *Matrice* est allée trop loin. Chaque machine vibre avec exactitude, mais creuse un vide là où elle touche. La surveillance se mue en obsession, nourrissant une paranoïa sans répit. Le contrôle se resserre tant qu'il s'écroule dans la caricature. Les bannières jadis brandies avec fierté pendent désormais en loques, déchirées par le vent, leurs promesses effritées en lambeaux. La vérité a été occultée : dépouillez l'humanité de la chaleur des liens, et nul empire, nul spectacle, nulle machine ne pourra jamais apaiser la faim qui demeure. La *Matrice* resserre son étreinte autour du souffle du monde, mais dans cette suffocation s'ouvrent les premières fissures. Et dans les interstices de l'ombre, une force s'éveille, une présence s'assemble, une sève croît. Et lorsqu'elle surgira enfin, nul pouvoir ne pourra plus jamais l'enchaîner.

D'ESCLAVES À SOUVERAINS

Jamais nous ne sommes nés pour être esclaves. Ni des gouvernements, ni des marchés, ni des machines, ni même de nos propres esprits (Freire, 1970). Être souverain ne signifie pas dominer autrui, mais cesser d'abandonner sa propre vie. C'est réintégrer l'autorité arrachée aux institutions distantes et la réenraciner dans l'expérience vécue, dans l'intuition et dans la relation authentique. La souveraineté n'est pas l'individualisme farouche, mais une cohérence radicale, une verticalité intérieure, le moment où le masque de l'impuissance tombe.

Cette reconquête ne peut être donnée : elle ne peut qu'être retrouvée.

Elle commence lorsque nous apercevons les chaînes invisibles : le défilement compulsif qui nous enchaîne aux écrans, la honte intériorisée qui nous mutile, la peur de ne pas suivre la cadence, l'addiction à la productivité qui nous dévore, et cette fuite subtile devant notre propre monde intérieur (Maté, 2022). Être souverain, c'est ralentir assez pour ressentir ce que nous avons anesthésié, voir ce que nous avons sacrifié au nom de la sécurité, et dire « non » à tout ce qui outrage notre âme.

Comme le rappelle Eisenstein (2018), la révolution véritable est amour. Pas l'amour mièvre, sentimental, décoratif, mais l'amour qui brise les chaînes, qui se dresse pour protéger le sacré, qui refuse le marché de la facilité contre la conscience. Le souverain n'est pas un héros, une marque ou un spectacle : il est la vie elle-même, enracinée, lumineuse, et implacable dans sa vigilance.

BRISER LA TRANSE

Le programme est un prêtre dans le temple du contrôle. Il observe, anticipe, calcule et incite. Il façonne la réalité, non pour servir la vérité, mais pour préserver les profits, le pouvoir et l'inertie. Ce programme ne veut pas que nous pensions. Il veut que nous réagissions, vite, encore, mécaniquement.

La conscience est la sortie, l'état déprogrammé, la lampe dans le labyrinthe. Aucune statistique ne peut la mesurer, aucune caméra ne peut la saisir. Elle est plus vaste que la pensée : elle est l'espace où la pensée se lève. Plus profonde que la résistance, elle est une présence si stable que la manipulation s'y dissout comme brume au soleil.

L'éveil ne vient pas de l'empilement de savoirs nouveaux, mais de la reconnaissance de ce qui sommeillait déjà en nous ; il ne naît pas de la volonté de dominer le système, mais du courage tranquille de le refuser (McGilchrist, 2009). La conscience dévoile le programme et s'en écarte, rompant la transe. Vivre consciemment, c'est marcher entre deux mondes : à l'intérieur du système sans lui appartenir, visible sans être capturé, vivant sans être réduit à une copie. C'est le fondement même de la spiritualité : non une croyance ni un dogme, mais l'acte simple de revenir, encore et encore, à la réalité nue de l'instant présent.

De cette conscience ne naît pas le retrait, mais une rencontre plus profonde avec la vie. Elle s'oppose à la fausse vie qu'on nous vend : des contenus calibrés, des plaisirs artificiels, des distractions sans fin, une existence vidée de mystère, de profondeur et de ferveur (Schumacher, 1973). Tout y brille, mais rien n'est vraiment vu. Et c'est justement dans ce vide que la vérité réapparaît : le sacré ne se fabrique pas et ne se simule pas.

Le sacré vit dans l'imprévisible, dans le désordre fertile, et dans le silence habité. Il se glisse dans le regard entre amis, dans l'odeur de la terre après l'orage, dans les larmes soudaines qui jaillissent sans cause, et dans une quiétude si dense qu'elle fend le cœur. Le sacré n'est pas doctrine mais relation, un mystère qui surgit lorsque nous rencontrons le moment sans vouloir le nommer.

La vie sacrée s'ouvre quand nous renonçons à la dominer et que nous nous inclinons à son écoute profonde. Y revenir n'est pas fuir le monde, mais y entrer pleinement, les yeux lavés du voile étroit de l'utilité (Watts, 1972). Participer à cette vie sacrée, c'est manger avec gratitude, parler avec vérité, semer des graines dont les fruits nourriront d'autres mains. C'est aussi se souvenir que l'arbre est une présence, que l'enfant demeure un mystère et que l'amour est une force qui enfante des mondes.

VOICI LE MOMENT

Combattre la *Matrice* est encore un piège (Berry, 1999). Le système se nourrit de l'opposition : il prospère tant que nous restons réactifs, divisés, et enfermés dans ses règles. Il existe une autre voie. Nous pouvons nous en aller, non dans la colère mais dans la mémoire retrouvée. Nous pouvons aussi refuser de jouer selon les règles que nous n'avons pas écrites et devenir ingouvernables par l'intégrité, et non par la violence. Le changement ne naît pas de la destruction du vieux monde, mais de l'édification d'un monde plus beau, et du refus d'alimenter la machine avec la peur ou le silence.

Sortir de la *Matrice*, c'est se rappeler ce que signifie être humain. Redevenir humain n'est pas une régression : c'est une plénitude retrouvée. C'est réintégrer ce que nous avons abandonné au nom du progrès (Kumar, 2002). Nous ne sommes pas ici pour perfectionner la productivité ni devenir de meilleurs robots. Nous sommes ici pour incarner la présence, vivants dans la contradiction, dans le mystère et dans la magnificence.

L'éveil n'est pas une fuite mais un retour sacré. Retour au corps et à la terre, retour les uns vers les autres, et retour à la vérité que nul système ne peut atteindre. De ce retour naît une civilisation nouvelle. Elle ne jaillit pas des institutions mais de nous-mêmes : dans les gestes par lesquels nous enseignons, dans les récits que nous transmettons, dans les valeurs que nous incarnons, et dans les soins que nous prodiguons. La *Matrice* ne peut percevoir cela, car la création ne se modèle pas : elle ne peut que se vivre.

L'invitation est simple et éternelle : choisir ce que nous servirons, ce que nous créerons, et ce que nous refuserons. Le *Robot Humain* n'était qu'un rêve prolongé, une illusion étendue comme une ombre persistante sur le cours du temps. Son éveil marque le tournant où l'histoire s'infléchit, où la lumière converge et s'embrase. Que cet éveil soit à la fois tendre et farouche. Que la souveraineté se propage comme un incendie fertile dans les champs. Que la vie elle-même se dresse, invincible, au cœur du monde.

Et lorsque l'avenir se retournera vers nous, qu'il ne soit pas dit que nous avons laissé la machine dévorer l'essentiel. Qu'il soit proclamé, au contraire, que nous avons su nous souvenir, que nous sommes revenus, et que nous avons rebâti le monde.

RÉFÉRENCES

Abram, D. (1996). *L'enchantement du sensible : Perception et langage dans un monde plus qu'humain.* Pantheon Books.

Berry, T. (1999). *La grande œuvre : Notre chemin vers l'avenir.* Bell Tower.

Eisenstein, C. (2018). *Climat — Une histoire nouvelle.* North Atlantic Books.

Freire, P. (1970). *Pédagogie des opprimés.* Herder and Herder.

Kumar, S. (2002). *Tu es, donc je suis : Déclaration de dépendance.* Green Books.

Maté, G. (2022). *Le mythe de la normalité : Trauma, maladie et guérison dans une culture toxique.* Avery.

McGilchrist, I. (2009). *Le maître et son émissaire : Le cerveau divisé et la fabrication du monde occidental.* Yale University Press.

Schumacher, E. F. (1973). *Small is Beautiful : Étude d'économie comme si les gens comptaient.* Harper & Row.

Watts, A. (1972). *Le Livre : Sur l'interdit de savoir qui vous êtes.* Pantheon Books.

Notice biographique
Dr Mario Beauregard, PhD

Le Dr Mario Beauregard, PhD, est un neuroscientifique et auteur canadien, originaire du Québec, reconnu internationalement pour ses travaux portant sur l'interaction entre le cerveau, la conscience, l'expérience spirituelle et la nature de la réalité. Formé à l'Université de Montréal, il a également mené des recherches à l'Université du Texas à Houston et à l'Université de l'Arizona à Tucson. Tout au long de sa carrière, il s'est attaché à dépasser les limites de la science conventionnelle afin de mieux comprendre l'ensemble des expériences humaines, y compris les états élargis et transformateurs de la conscience.

Ses premières recherches scientifiques ont porté sur les mécanismes neuronaux de la gestion des émotions. Cette voie de recherche l'a progressivement conduit vers un champ plus audacieux: la neurobiologie des états mystiques et transcendants. L'une de ses contributions les plus connues est une étude de neuroimagerie réalisée auprès de religieuses carmélites vivant un état de communion mystique avec Dieu. Il s'agit de l'une des premières investigations neuroscientifiques rigoureuses consacrées aux signatures cérébrales de l'expérience spirituelle profonde.

Reconnu comme l'un des « *Cent pionniers du XXIe siècle* » par World Media Net et USA Book News, le Dr Beauregard a également reçu plusieurs distinctions scientifiques au cours de sa carrière. Son expertise lui a valu d'être invité sur des scènes internationales majeures, notamment à prendre la parole aux Nations Unies à New York en 2007 et à participer, en 2013 à Melbourne, à un dialogue public avec le Dalaï-Lama portant sur l'émergence d'une nouvelle science de la conscience.

Considéré comme l'une des figures de proue du mouvement pour une science post-matérialiste, il est coauteur du *Manifeste pour une science post-matérialiste*, un texte qui a rassemblé une communauté internationale de chercheurs et de penseurs défendant une vision plus ouverte et intégrative de la science. Cette perspective conçoit la conscience non pas comme un simple produit du cerveau, mais comme une dimension fondamentale de la réalité.

Le Dr Beauregard est l'auteur de plusieurs ouvrages influents, dont *Du cerveau à Dieu, Les pouvoirs de la conscience, Experiantia et les milliards de visages de l'Infini, Un saut quantique de la conscience* et *Le Néant, les Ténèbres et la Lumière*. Ses travaux sur les états élargis de conscience et les expériences transcendantes ont été largement présentés dans des revues scientifiques, dans la presse internationale comme *Time, Newsweek* et *The Huffington Post*, ainsi que dans de nombreux documentaires et conférences à travers le monde.

À travers ses recherches, ses écrits et ses interventions publiques, il invite le public à revisiter plusieurs des questions les plus anciennes et fondamentales de l'existence humaine: *qu'est-ce que la conscience? Quelle est la nature de la réalité? Jusqu'où s'étend véritablement le potentiel de l'esprit humain?*

Il est également le créateur de l'approche psychospirituelle *Holosynthèse*©, conçue pour aider les individus à réaliser le Grand Moi en intégrant et en harmonisant les différentes dimensions de l'expérience humaine. Cette approche, tout comme l'ensemble de ses travaux scientifiques, reflète une vision unifiée et profondément humaniste de l'évolution de la conscience.

En 2025, le Dr Beauregard a fondé l'*Institut Mario Beauregard (IMB)* en Suisse. La mission de l'IMB est de contribuer à l'émergence d'une conscience élargie en offrant des outils qui favorisent le bien-être, optimisent les capacités mentales et donnent accès aux dimensions plus profondes de l'être.

Son ouvrage, *Éveiller le Robot Humain: Démanteler l'empire de la peur, des croyances et du contrôle*, est un texte puissant, rebelle et résolument révolutionnaire. Il réunit les thématiques qu'il explore depuis plusieurs décennies et propose une critique profonde des forces psychologiques, sociales et culturelles qui façonnent la perception humaine. L'ouvrage ouvre également une voie claire pour reconquérir la maîtrise de son esprit et retrouver une véritable liberté intérieure.

Commentaires

Si vous avez apprécié ce livre et y avez appris quelque chose, veuillez laisser un commentaire sur Amazon. Votre opinion m'encouragera à continuer d'écrire et de partager ma passion avec le reste du monde. Merci.

https://eveillerlerobothumain.com/commentaire

Pour vous remercier

Merci d'avoir acheté ce livre. Pour prolonger l'expérience, du contenu complémentaire sera offert aux lecteurs : ressources, matériel additionnel ou mises à jour.

Vous pouvez vous inscrire ici :
https://eveillerlerobothumain.com/exclusif

www.ingramcontent.com/pod-product-compliance
Lightning Source LLC
Chambersburg PA
CBHW020434130626
46549CB00001B/127